权威·前沿·原创

皮书系列为
"十二五""十三五""十四五"时期国家重点出版物出版专项规划项目

BLUE BOOK

智 库 成 果 出 版 与 传 播 平 台

北京市科学技术研究院首都高端智库研究报告

国际科技合作蓝皮书
BLUE BOOK OF INTERNATIONAL COOPERATION FOR
SCIENCE AND TECHNOLOGY

北京国际科技合作发展报告
（2024）

ANNUAL REPORT ON BEIJING INTERNATIONAL COOPERATION FOR
SCIENCE AND TECHNOLOGY DEVELOPMENT (2024)

主 编 / 李军凯
副主编 / 耿 楠 刘 畅

社会科学文献出版社
SOCIAL SCIENCES ACADEMIC PRESS（CHINA）

图书在版编目（CIP）数据

北京国际科技合作发展报告 . 2024 / 李军凯主编；
耿楠，刘畅副主编 . --北京：社会科学文献出版社，
2025. 1. --（国际科技合作蓝皮书）. --ISBN 978-7
-5228-4417-6

Ⅰ . F125. 4

中国国家版本馆 CIP 数据核字第 2024KX5853 号

国际科技合作蓝皮书

北京国际科技合作发展报告（2024）

主　　编 / 李军凯
副 主 编 / 耿　楠　刘　畅

出 版 人 / 冀祥德
责任编辑 / 陈　颖
责任印制 / 王京美

出　　版 / 社会科学文献出版社·皮书分社（010）59367127
　　　　　地址：北京市北三环中路甲 29 号院华龙大厦　邮编：100029
　　　　　网址：www. ssap. com. cn
发　　行 / 社会科学文献出版社（010）59367028
印　　装 / 天津千鹤文化传播有限公司

规　　格 / 开本：787mm×1092mm　1/16
　　　　　印张：24.5　字数：365 千字
版　　次 / 2025 年 1 月第 1 版　2025 年 1 月第 1 次印刷
书　　号 / ISBN 978-7-5228-4417-6
定　　价 / 168.00 元

读者服务电话：4008918866

主编简介

　　李军凯　管理学博士、研究员、博士生导师、享受国务院政府特殊津贴专家。北京市科学技术研究院国际与区域合作中心主任、中关村全球高端智库联盟秘书长、"一带一路"国际科技合作培训中心主任。曾任北京大学工学院党委副书记、河北大学副校长（挂职），长期从事科技战略、国际合作、区域经济等领域的科研与管理工作，主持40余项国家级、省部级重点课题，发表论文百余篇，出版学术著作28部，80余篇内参报告获得政府部门采纳，其中40余篇获得党和国家领导人、省部级领导批示。

序

习近平总书记 2024 年 6 月在全国科技大会、国家科学技术奖励大会、两院院士大会上指出："科技进步是世界性、时代性课题，唯有开放合作才是正道。国际环境越复杂，我们越要敞开胸怀、打开大门，统筹开放和安全，在开放合作中实现自立自强。"北京作为全国政治中心、文化中心、国际交往中心和科技创新中心，加快推动国际科技合作、构建开放创新生态是提升城市竞争力、实现高质量发展的必由之路。

建设北京国际科技创新中心，是党中央赋予北京的光荣使命和重大责任，也是推动首都高质量发展、率先基本实现社会主义现代化的重要支撑。高水平的科技创新国际化、具有全球竞争力的开放创新生态，是北京全面建成国际科技创新中心的重要特征之一。近年来，北京积极探索和实践国际科技合作的新模式、新路径，凭借其独特的首都定位、深厚的文化底蕴、丰富的科教资源以及开放的创新生态，已成长为最具竞争力和影响力的全球科技创新重要城市。

作为以国际科技合作为主题的蓝皮书，本书将国际科技合作定义为有关知识、技术和人才等要素的跨国交流与共享合作以及支撑这些活动的平台、制度、政策环境等，主要形式包括科学研究合作、技术转移转让、科技人才交流、科技合作生态，从而清晰表达了本研究涉及的国际科技合作内涵与形式。

全书通过翔实的数据和丰富的案例，从创新生态、国际组织、国际智库、国际借鉴等多视角勾勒出北京国际科技合作发展状况，从科学研究合

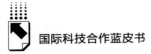

作、技术转移转让、人才交流合作以及科技合作生态等多个维度分析了国际科技合作的新形势和新任务，探讨了相关理论问题与实践挑战，提出推进北京国际科技合作的新举措、新思路、新建议。纵观全书，逻辑严谨，层次清晰，既梳理了北京国际科技合作的"现在式"，又探索了开展国际科技交流合作的"将来式"，其中富有前瞻性和操作性的政策建议，为提升北京国际科技创新中心的国际化水平提供了宝贵的借鉴和启发。

衷心希望本书能为所有关心、支持和从事国际科技合作的读者们深入了解北京国际科技合作现状与趋势，激发创新思维提供帮助。

北京市人大常委会副主任

北京市欧美同学会（北京市留学人员联谊会）会长

摘　要

　　《北京国际科技合作发展报告（2024）》以首都高端智库建设试点单位——北京市科学技术研究院的研究人员为核心团队，联合知名科研机构和研究管理机构专家学者共同撰写。总报告聚焦北京国际科技合作发展现状及未来创新发展路径，梳理北京国际科技合作的"现在式"，探究当前北京国际科技合作中存在的问题和困境，从机制、路径和模式切入，探索北京开展国际科技交流合作的"将来式"。本报告认为，当前，北京加快推进国际科技合作，国际科技创新中心建设取得良好成效。与此同时，北京在联合申报国际科研项目竞争力、国际技术转移与海外研发中心建设、国际合作频次与人才培养引进力度、民间国际科技交流与合作效能、支持科技合作的国际化制度环境等方面有待进一步优化。在此背景下，北京可通过进一步完善市级层面国际科技合作统筹协同机制、大力支持国际科研项目申报和国际人才交流培养、积极推动企业"走出去"开展海外研发布局、进一步加强国际科技合作成果转化应用和知识产权保护、强化提升对民间科技交流合作的支持和保障与优化支持科技合作的国际化制度环境等举措，持续推进国际科技合作创新发展，开创国际科技交流合作新局面。

　　在创新生态方面，本报告深入探讨了北京构建开放合作创新生态的模式与机制，建议北京可优化资源配置，进一步依托大科学装置推动科技资源的开放共享，减少科技依赖，灵活运用民间科技外交扩大利益交汇点，构建以科技成果需求侧为导向的国际合作路径；在国际组织方面，本报告认为，北京应立足现有资源优势，错位发展优势学科，加快引进、培育并创新管理国

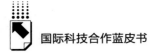

际科技组织，培养与引进国际组织专业化人才。在北京加快国际高端智库建设路径、智库交流合作的创新模式与合作机制方面，本报告进行了深入剖析，建议北京丰富合作模式、健全国际交流机制、完善资源联动、优化智库建设环境，同时进一步加强与国际智库的合作。同时，本报告研究了欧盟、英国、德国、新加坡的国际科技合作机制，美国智库人才建设与管理机制，世界城市引进落地国际会议的经验及其对北京的启示，并建议通过进一步完善国际科技合作顶层设计、明确优先合作领域、积极融入全球科技创新网络、完善国际研究创新经费投入和监督评估机制、加强民间科研创新主体的国际交流合作、合理配置科研及人才资源、系统化发力打造国际会议之都等举措，持续推进北京国际科技合作新发展。

关键词： 国际科技合作　开放交流　科技创新　北京

目　录 ⤶

Ⅰ　总报告

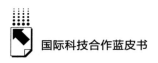
Ⅲ 国际组织篇

Ⅳ 国际智库篇

Ⅴ 国际借鉴篇

皮书数据库阅读**使用指南**

总 报 告

B . 1
2024年北京国际科技合作发展报告

李军凯　耿楠　任蓉　王辛未　马向南*

摘 要： 国际科技合作是有关知识、技术和人才等要素的跨国交流与共享合作以及支撑这些活动的平台、制度、政策环境等，主要形式包括科学研究合作、技术转移转让、科技人才交流、科技合作生态。当前，北京加快推进国际科技合作，国际科技创新中心建设取得良好成效。但与此同时，北京在联合申报国际科研项目竞争力、国际技术转移与海外研发中心建设、国际合作频次与人才培养引进力度、民间国际科技交流与合作效能、支持科技合作的国际化制度环境等方面还有待进一步优化。北京可通过进一步完善市级层面国际科技合作统筹协同机制、大力支持国际科研项目申报和国际人才交流

---

* 李军凯，博士，北京市科学技术研究院国际与区域合作中心主任、研究员，研究方向为科技战略与国际合作；耿楠，北京市科学技术研究院国际与区域合作中心副主任、高级经济师，研究方向为科技管理与国际合作；任蓉，北京市科学技术研究院国际与区域合作中心平台管理部主任、高级经济师，研究方向为科技创新与国际合作；王辛未，博士，北京市科学技术研究院国际与区域合作中心助理研究员，研究方向为国际关系、国际科技合作；马向南，北京市科学技术研究院国际与区域合作中心综合办公室主任、高级经济师，研究方向为人才发展、科技创新管理。

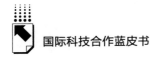
培养、积极推动企业"走出去"开展海外研发布局、进一步加强国际科技合作成果转化应用和知识产权保护、强化提升对民间科技交流合作的支持和保障与优化支持科技合作的国际化制度环境等举措，持续推进国际科技合作创新发展，开创国际科技交流合作新局面。

关键词： 国际科技合作　开放交流　创新生态　北京

一　北京国际科技交流合作新形势和新任务

（一）北京国际科技交流合作新形势

从国际上看，当今世界国际力量对比和全球格局正在经历深刻演变，世界多极化、经济全球化、社会信息化、文化多样化深入发展。创新是推动经济社会发展和应对全球性挑战的核心要素，当前对于科技领先地位的竞争正达到一个新的高度。在科技发展的战略布局中，高新技术前沿领域的竞争已成为核心焦点，各国在这些领域的关注点出现了明显的交汇与重叠，竞争热点趋于统一，尤其是在人工智能、量子科技、5G/6G 无线通信技术、新材料、新能源等领域的竞争愈加激烈。

从国内看，党的二十大报告指出"扩大国际科技交流合作，加强国际化科研环境建设，形成具有全球竞争力的开放创新生态"。营造具有全球竞争力的开放创新生态，是推进新一轮科技革命和产业变革的重要一环。全面提高开放水平，建设更高水平开放型经济新体制，促进国内国际双循环的畅通，确保创新链、产业链和供应链安全与稳定。加快发展新质生产力，系统谋划新质生产力的产业发展路径，在这个关键时刻，我们更加需要坚持实施"走出去，引进来"战略，进一步加大国际交流合作力度。

在新的发展阶段，北京致力于构建新的发展格局，更加需要强化"五子"（国际科技创新中心建设、"两区"建设、全球数字经济标杆城市建设、国际消费中心城市建设、京津冀协同发展）联动推进，其中关键一步是要落好国际科技创新中心建设这个"第一子"。党中央已明确支持北京建设国际科技创新中心的战略目标，并将其贯穿于"五子"联动全过程，形成叠加效应与集成优势，以此促进北京在科技创新和产业发展上的深度融合与协同发展，进而提升北京在国际科技创新体系中的地位和影响力。

（二）北京国际科技交流合作新任务

面对新形势，加强国际科技交流与合作已成为北京建设成为国际科技创新中心的必由之路，也是构建国内国际双循环相互促进新发展格局的核心环节。在新形势下，北京将借助"两区"发展推动对外开放的契机，以"一带一路"倡议为核心，提升全球创新资源的调配能力，主动参与国际科技创新治理。此外，北京还将致力于构建一个更具包容性、便捷性和公正性的国际创新合作环境，从而形成符合首都定位与标准的国际科技交流合作新局面。

1. 建立多层次的国际交流平台，持续增强科技创新合作支撑力量

建立高水准的国际创新合作平台，强化资源共享与优势互补。推进北京中日创新合作示范区、北京中德国际合作产业园、北京飞镖国际创新平台以及中关村朝阳国际创投集聚区等重要国际交流平台的建设和完善，以此促进更深层次的国际合作与交流。通过这些平台，加强技术创新与产业发展的跨国界协作，尤其是在先进技术转移、新兴产业集群发展以及国际资本对接等领域，力求形成资源共享、优势互补的国际合作新格局。推进品牌化国际交流活动，包括但不限于中关村论坛、中国国际服务贸易交易会、全球能源转型高层论坛以及其他国际级会议、研讨会、峰会等交流活动，为国内外学者提供交流机会。着力打造具有国际影响力的科技文献与数据共享平台，支持在北京创办科技类国际学术期刊，促进国际科研学术资源的开放与共享。

2. 增强创新政策供给，构建高质量的开放创新环境

充分利用"两区"政策的双重优势。稳步扩大制度型开放，特别是在技术创新领域的规则、管理和标准上。参与制定国际规则，实现互惠互利、合作共赢。探索在信息技术安全、数据隐私保护、跨境数据流动等关键领域制定与国际标准相契合的规则，推动中国在科技创新法律法规、知识产权保护、行业技术标准，以及科技成果转化等领域与国际标准对接，吸引全球优质的创新资源，促进全球技术转移和知识分享。探索并推动国际创新合作的政策创新，建立和完善促进外资研发机构发展的政策措施。同时，探索境外科研机构和科学家作为负责人角色承担科研项目的新路径。加大对国际科技合作项目、专项和基金的支持力度，引导社会资本参与国际科技合作。此外，还应探索在科研资金跨境使用、境外职业资格认可、外资总部企业和高新技术企业认定等方面的政策创新，为国际创新合作提供更为灵活且强有力的支持。

3. 深化政府间和民间的交流合作，持续巩固科技创新合作的基础

继续深化政府间的科技合作，发挥国际交往中心的优势，积极推动国家间高层对话机制，丰富国际创新合作内涵。利用科技创新作为桥梁，拓展与国际重点创新国家与城市的交流合作，在政府合作框架下，加强与国外科技管理部门、高校及研究机构的联系，促进各部门与机构之间的创新合作，实施针对重点国家（地区）的联合研发计划，进一步巩固国际化的创新伙伴关系。同时，深入推进"一带一路"倡议下的民间科技合作，推动"一带一路"科技创新北京行动计划，聚焦沿线的重点城市，支持建设一批高水平特色科技园区。支持共建高水平联合实验室和研发中心。探索创建科技创新共同体，促进"一带一路"创新网络的建设。推进数字丝绸之路建设，利用北京在信息技术方面的优势，加强与共建"一带一路"国家在数字经济领域的合作。

4. 搭建多元化国际科技合作平台，探索符合新形势新要求的国际合作新路径

依托"三城一区"平台，吸引众多国际顶尖创新资源。支持北京怀柔综合性国家科学中心建设，加快推进基础设施、交叉研究平台和前沿学科建设，实施国际国内开放合作计划或科技项目，会聚国内外战略科学家、顶尖研究团队和科研机构。支持设立外资研发中心，鼓励其承担科技研发、国际科技合作、重点应用场景示范等项目，与新型研发机构、科技领军企业等合

作开展科技创新活动，同时发起或者加入设立创新基金、成果转化基金。加速国际创新资源的聚集。持续吸引国际科技组织、行业协会、外资研发机构、跨国公司、国际科技服务机构等在京聚集和发展。支持具有较大影响力、先进创新理念和强大资源整合能力的跨国公司在京建设多样化的开放创新平台，促进创新要素的流通与融合。支持国际科技组织在京设立代表机构。鼓励在京成立国际科技组织或与科技创新相关的国际产业与标准组织，建设国际科技组织总部聚集地。加快海外研发部署，设立研发中心、联合实验室、科技园区或孵化平台。支持企业在海外创新资源丰富的国家和地区建立研发中心，开展研究与开发活动。建设协同创新平台，整合全球专业人才、先进技术与品牌资源，推动国际协同创新合作前移，实施离岸研发策略，主动融入海外创新网络，并通过国际研发突破和创新孵化，构建海外研发、创新孵化以及在北京落地转化的国际循环路径。鼓励企业通过战略合作科研、技术交叉授权、投资并购等方式，提升在全球范围内获取优质资源的能力。

5. 激发人才创新活力，加快构建世界人才中心和创新高地

党的二十大报告强调，"加快建设世界重要人才中心和创新高地，促进人才区域合理布局和协调发展，着力形成人才国际竞争的比较优势"。提出推进国家战略性人才力量建设，全力培养和造就一批具有宽阔国际视野与国际级水准的战略科技人才、领军科研人才、青年科技精英及高层次创新团队；全力打造吸引人才的国家级创新基地、新型研究开发机构等创新平台，吸引世界顶级科研精英来华开展科学研究；统筹兼顾、整体推动构建世界级的人才枢纽和创新高地，强化国际科技人才的培育和交流，推动科研从业者国际流动，增强不同文化和知识背景下的学术交流与合作；优化海外人才相关服务措施，包括签证办理、就业许可证发放、居住证管理等方面，还将推出中国永久居民积分评定体系，以便吸引更多优秀的外国创新人才来华创新创业。另外，北京将尝试推行海外高端人才职称直通机制，推动各类资质认证的相互认可。允许符合条件的外国专家学者参与重点科研项目，担任项目负责人或首席科学家。

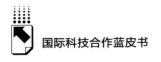

二　北京国际科技合作的现状与问题

（一）国际科技合作的内涵与形式

1. 国际科技合作的概念内涵

当前，国际科技合作在国家对外战略部署中占据日渐重要的位置。随着新一轮科技革命和产业变革的发展，国家倾向于通过开展国际科技合作促进国际科技创新资源优势互补，加强全球和区域科技合作交流以提高创新水平。[①] 在此进程中，国际科技合作效益差异将带来国家间相对收益的变化以及国家间关系的调整，推动国际科技合作成为国家实施对外政策的重要手段。[②] 联合国教科文组织将国际科技合作定义为科学和技术知识的共享，即两个或两个以上国家的公民在彼此接受的协议条件下进行的知识交流。[③] 我国高度重视国际科技合作，目前，学界对国际科技合作展开了多维度研究。张颖指出，国际科技创新合作是一种跨国的、以获取科学技术和创新知识为目的的合作，包括新知识的发现或已有知识的转移。[④] 许治等认为，国际科技项目合作是为解决两国或多国之间共同面临的重大技术性难题，在达成国家利益一致的基础上所进行的联合技术攻关活动，是提升国家或区域国际科技竞争力的重要举措。[⑤] 陈强指出，国际科技合作是与科学或技术有关的一切跨国交流或合作活动，包括科技创新和创业过程的合作，以及与此有关的

[①] 王智新：《国际科技合作融入全球创新网络研究评述与展望》，《科学管理研究》2021年第1期，第163~167页。

[②] The Royal Society. "New Frontiers in Science Diplomacy: Navigating the Changing Balance of Power." *Revista Conjuntura Austral*, 2020, 11（54）: 9-34.

[③] 转引自周婕峥《构建我国新型国际科技合作机制研究》，《科学管理研究》2015年第3期，第119~122页。

[④] 张颖：《RCEP框架下中国参与国际科技创新合作的路径》，《当代世界》2022年第9期，第45页。

[⑤] 许治、杨芳芳、陈月娉：《重大科研项目合作困境——基于有组织无序视角的解释》，《科学学研究》2016年第10期，第1515~1521页。

围绕科技创新创业人才的培养、科技创新文化的建设、重大科研基础设施的建设和运行以及大科学计划等内容。①

综上可见，国际科技合作具有重要战略意义和价值。尽管在界定上存在一定差异，但国际科技合作的基本概念存在一定共性，主要包含两个要素：其一是跨越国界的主体互动，其二是以科学和技术知识的交流和共享为基本互动内容。基于此，本文主要借鉴陈强等学者的概念界定，将国际科技合作定义为有关知识、技术和人才等要素的跨国交流与共享合作以及支撑这些活动的平台、制度、政策环境等，主要形式包括科学研究合作、技术转移转让、科技人才交流、科技合作生态。

2.国际科技合作的主要形式

（1）科学研究合作。科学研究合作主要是知识层面的交流合作，主要是指由不同国家科研人员组成的跨学科、跨国界团队开展的联合科研项目、合作发表学术论文等国际合作。此外，在知识交流中，研究者、机构及组织间也通过相互交流其拥有的科研资源，为国际科技合作提供信息和物质支撑。

（2）技术转移转让。技术转移转让是不同科技合作主体之间专有技术或专利技术所有权或使用权的转移，是国际科技合作进行经济效益转化的重要途径。技术转移转让包括但不限于专利、商标、技术许可、技术服务与咨询等方面的转移转让，还包括直接投资、国际生产合作与工程承包等方式，既为技术输出国提供了新的市场机会和利润来源，也有助于技术接受国加速工业化进程促进科技创新发展、提升产业竞争力。

（3）科技人才交流。科技人才交流包括访学交流、海外留学、海外人才招聘引进等形式，为国际科技合作的推进奠定人才基础。科技人才交流是双向的，既包括科技人才的引进，也包括人才"走出去"开展相关科技交流。

（4）科技合作生态。科技合作生态包括国际合作平台建设、国际化制度环境建设、国际规制伦理治理等内容。国际合作平台建设是联合科学技术研究的常态化发展形式，通过联合研究平台网络构建，推动国际科技合作稳

---

① 陈强教授课题组：《主要发达国家的国际科技合作研究》，清华大学出版社，2015。

定发展。国际化制度环境建设是推动国际交往合作的相关制度支撑和环境保障建设。国际规制伦理治理是不同国际科技合作主体协调建立统一技术标准规范和推进价值观念发展，为促进各主体科研成果的兼容、科技产品的跨境流通，以及推动科技道德伦理治理发展奠定了基础。科技合作生态为知识与技术合作、科技人才交流提供重要支持，营造有利的环境，能够在较大程度上推动国际科技合作发展。

（二）北京国际科技合作的现状

1. 科学研究合作

（1）联合申报国际科研项目。近年来，北京持续推进国际科学研究项目的联合申报和合作研究。2018 年，北京国际科技合作专项联合研发课题立项 8 项。2019 年，北京国际科技合作专项联合研发课题、大科学计划项目培育课题、联合实验室和研发中心工作任务共 15 项。据北京市科委、中关村管委会发布的四个季度《2022 年度市科委、中关村管委会项目（课题）验收公开清单》公告，2022 年北京市验收通过国际和港澳台科技合作项目数量为 12 项。① 此外，北京积极参与科技部"政府间国际科技创新合作重点专项"。北京大学 2023 年获批"政府间国际科技创新合作"重点专项和"战略性科技创新合作"重点专项（统称"合作类"重点专项）项目 20 项。

（2）共同发表学术论文。近年来，北京国际合作的 SCI 论文数量整体呈现增加趋势。根据 Web of Science 数据库，合作发文数量从 2012 年的 12178 篇

---

① 2022 年四个季度北京市验收通过科技项目及国际科技合作专项项目数量参见：北京市科学技术委员会、中关村科技园区管理委员会《2022 年度市科委、中关村管委会第一季度项目（课题）验收公开清单》（2022 年 4 月 25 日），https：//kw. beijing. gov. cn/art/2022/4/25/art_736_628534. html；北京市科学技术委员会、中关村科技园区管理委员会《2022 年度市科委、中关村管委会第二季度项目（课题）验收公开清单》（2022 年 7 月 13 日），https：//kw. beijing. gov. cn/art/2022/7/13/art_736_632400. html；北京市科学技术委员会、中关村科技园区管理委员会《2022 年度市科委、中关村管委会第三季度项目（课题）验收公开清单》（2022 年 10 月 18 日），https：//kw. beijing. gov. cn/art/2022/10/18/art_736_635768. html；北京市科学技术委员会、中关村科技园区管理委员会《2022 年度市科委、中关村管委会第四季度项目（课题）验收公开清单》（2023 年 1 月 17 日），https：//kw. beijing. gov. cn/art/2023/1/17/art_736_638672. html。

上升至 2022 年的 37752 篇，2023 年出现一定幅度下降，为 34501 篇。近 5 年（2019～2023 年），北京国际合作平均论文数量达到 34894 篇（见图 1）。

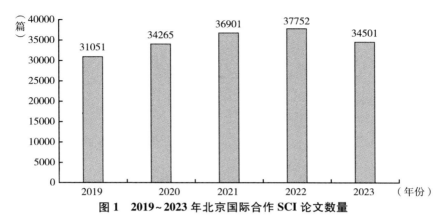

图 1　2019～2023 年北京国际合作 SCI 论文数量

资料来源：根据 Web of science 数据库整理。

北京依托强大的科技资源优势和开放合作基础，成为中国作者作为第一作者的国际合著论文发表数量最多的地区。在 SCI 收录的中国论文中，中国作者作为第一作者的国际合著论文发表数量，北京从 2018 年的 14074 篇，上升到 2022 年的 17208 篇，2023 年出现一定幅度下降，为 15448 篇（见图 2）。

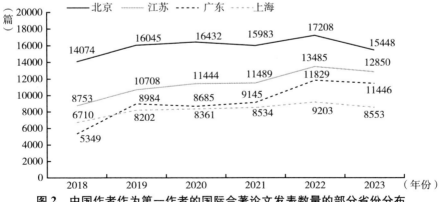

图 2　中国作者作为第一作者的国际合著论文发表数量的部分省份分布

资料来源：中国科学技术信息研究所、中国科技论文统计与分析课题组：《中国科技论文统计与分析简报》（2018～2022）；中国科学技术信息研究所：《中国科技论文统计报告》（2023、2024），2023、2024。

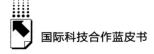
北京市自然科学基金参与资助的国际合作发文量也整体呈现增长态势。资助发文量从 2012 年的 263 篇，上升到 2023 年的 1490 篇。近 5 年（2019～2023 年），平均资助发文量达到 1519.2 篇（见图 3）。

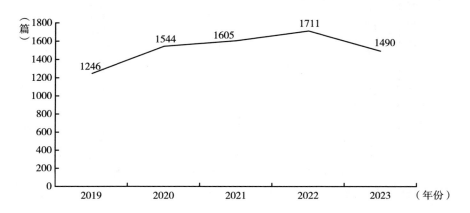

图 3 2019～2023 年北京自然科学基金资助国际合作论文数量

资料来源：根据 Web of science 数据库整理。

2. 技术转移转让

（1）"走出去"

对外技术投资。创新主体是北京开展海外技术投资的重要力量，推动科技研发和技术转让合作。2020～2022 年，北京非金融类直接投资分别为 59.85 亿、70.48 亿和 60 亿美元。在京企业积极"走出去"，推动国际科技合作，促进科技成果转化。截至 2019 年末，在北京市企业对外投资中，信息传输、软件和技术服务业，以 84.84 亿美元的投资存量位居次席，占比 11.5%，主要分布在软件和信息技术服务业领域。[①] 北京市对外投资超 10 亿美元的项目有 10 项，北京控股集团有限公司以 155.2 亿美元的投资存量稳居北京市对外投资企业首位（见图 4）。

---

① 中华人民共和国商务部：《中国对外投资合作发展报告 2020》，2021 年 2 月 2 日，http：//images. mofcom. gov. cn/fec/202102/20210202162924888. pdf。

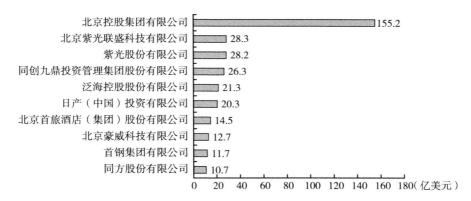

图4　北京市对外投资超10亿美元项目企业
（截至2019年末）

资料来源：中华人民共和国商务部：《中国对外投资合作发展报告2020》，2021年2月2日，http：//images. mofcom. gov. cn/fec/202102/20210202162924888. pdf。

技术交易与技术输出。近年来，北京技术交易活跃，技术合同额显著上升。2023年，北京技术市场的增长势头稳固，技术合同的签署与执行均取得显著成果。登记的技术合同数量首次超过10万项，总计达106552项，与2014年相比增长幅度达到了58.4%；技术交易金额突破8000亿元门槛，达到8536.9亿元，相比9年前增长比例大幅提升至172.2%。与此同时，北京市的高技术产业彰显出强大的创值潜能，全年贡献的增加值总计11875.4亿元，对比前一年增长率高达7.1%。这一贡献值占全市经济总量的份额跃升至27.1%，同比提升了0.4个百分点。[①] 在技术输出合同方面，北京技术输出合同出口合同额稳中有升，从2014年的696.8亿元上升到2022年的1460.3亿元，增长超过1倍。出口合同额占总成交额的比重在出现一段时间下降后，2022年出现明显回升，达到18.4%（见图5）。

设立海外研发中心。在京企业通过在海外设立研发中心，推动科技研发

①　《稳中求进——从十大超千亿产业集群看高精尖之变》，《北京日报》2024年2月21日。

图 5　2014～2022 年北京技术输出出口合同额及占总成交额比重

资料来源：北京技术市场统计年报。

成果转化，助力北京科技创新发展。2023 年，通过申报、评审、公示等程序，13 家在京企业成为中关村国家自主创新示范区提升国际化发展水平项目"支持在国（境）外设立研发中心"支持单位。① 通过加强科学技术转化政策引导，北京促进科技资源的高效配置与区域创新协同，通过广泛的国际伙伴网络合作，实现科技成果的国际化流动与吸收创新。

（2）"引进来"

国外技术引进。近年来，北京技术合同进口成交额超过百亿元。2018～2021 年，北京技术进口额分别为 184.7 亿元、480 亿元、244 亿元和 225.1 亿元，占比分别为 7.6%、13%、7.2% 和 6.1%。② 同时，北京高技术产业引进国外技术经费支出自 2012 年起始终保持下降态势。2021 年，北京引进国外技术经费支出为 0.2 亿元。③

外资研发投入。外资企业数量和合同外资额持续增长。2020 年以来，

---

① 北京市科学技术委员会、中关村科技园区管理委员会：《关于公示 2023 年中关村国家自主创新示范区提升国际化发展水平项目拟支持单位的通知》（2023 年 7 月 12 日），https://kw. beijing. gov. cn/art/2023/7/12/art_736_645446. html。

② 参见《北京统计年鉴》（2019～2022 年）。

③ 张振伟、庞立艳、李冬梅编著《数说北京科技创新（2023）》，北京科学技术出版社，2024，第 181 页。

新设外商投资企业共计 1026 家，合同外资额新增 57.9 亿美元，总计达 258.83 亿美元。[①] 外商投资企业 R&D 保持稳定。从规模以上工业企业研究与试验发展（R&D）活动情况来看，外商投资企业在京 R&D 保持了稳步增长。2019~2022 年，外商投资企业 R&D 经费内部支出均超过 44 亿元。2022 年为 46.7 亿元。同时，申请专利数量呈现稳定增长态势，从 2019 年的 2101 项稳步上升到 2022 年的 3056 项（见图 6）。

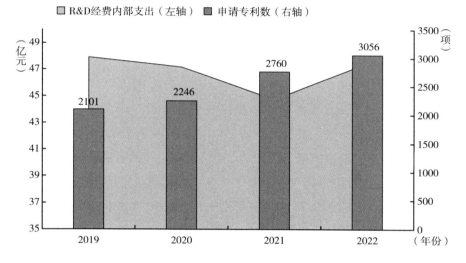

图 6 2019~2022 年外商投资企业研究与试验发展（R&D）活动情况

资料来源：历年《北京统计年鉴》。

但同时，国外资金在北京地区 R&D 经费内部总支出则呈现一定下降态势。2012~2017 年，国外资金在北京地区 R&D 经费内部支出整体保持稳定，均超过 30 亿元。2017 年达到近年来最高的 49.1 亿元。但 2018~2022 年，国外资金在北京地区的 R&D 支出出现较大幅度下降，2022 年为 14.7 亿元（见图 7）。

---

① 《北京国际交往中心功能建设实现"五个全面提升"，一核两轴多板块空间新格局加速形成》，《北京日报》2023 年 6 月 27 日，第 1 版。

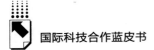

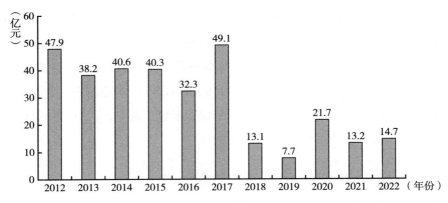

图7 2012~2022年北京地区 **R&D** 经费内部支出：国外资金情况

资料来源：历年《北京统计年鉴》。

外资研发中心。北京多措并举积极吸引外资设立研发中心。2022年，北京市发布《北京市关于支持外资研发中心设立和发展的规定》，在技术转让所得税收优惠、项目申请、人才工作生活便利化等方面采取相关措施，支持外资研发中心持续发展。截至2023年9月，北京认定了包括微软、英特尔等领军企业在内的总计73个外资研发中心，其中10家获选单位被纳入研发促进规划，聚焦于信息科技、医疗保健与智能制造范畴，相关投资总额超过8亿元，较上年增长44%。2023年发布了《北京市关于进一步支持外资研发中心发展的若干措施》，从支持外资研发中心提级扩容、开展前沿科技创新、提高研发便利化水平、加强全方位要素保障和完善服务工作体系五大方面支持外资研发中心建设发展。[1] 2024年中关村论坛年会期间，又有50余家外资研发中心在京揭牌。截至2024年，北京先后公布5批外资研发中心名单。北京市外资研发中心总数已达到149家，其中经济技术开发区有46家。[2] 北京成为外国企业开展科技研发的优选地。

---

[1] 《北京出台16条措施，进一步激发外资研发中心发展活力》，北京时间（2023年9月3日），https://item.btime.com/f1ne1b5vrh49seas130glv99b90。

[2] 《约占全市总数的1/3！北京经开区外资研发中心总数增至46家》，北京市人民政府网站（2024年7月8日），https://www.beijing.gov.cn/ywdt/gzdt/202407/t20240708_3740986.html。

3. 科技人才交流

（1）出访交流

国际人才交流。北京国际科技合作专项助力开展国际人才交流。例如，北京市科委、中关村管委会每年拨出专项经费持续支持国际人才交流项目。根据2022年《中关村国家自主创新示范区提升国际化发展水平支持资金管理办法（试行）》，支持开展国际人才交流合作项目，对重点产业领域科技企业开展境外培训和国际人才交流项目给予资金支持。①

参与国际会议。近年来，在京高校参与国际学术会议的人数保持在全国首位。从2017年的34365人上升到2021年的68329人。京属高校参与国际学术会议人数保持5000人以上，2020年为6496人。京属高校主办的国际会议数量则在25~42次。2017年，北京主办了31次国际会议，2021年为37次（见图8）。

图8　2017~2021年京属高校主办国际学术会议情况

资料来源：中华人民共和国教育部科学技术司编《高等学校科技统计资料汇编》（2018~2020年），中华人民共和国教育部科学技术与信息化司编《高等学校科技统计资料汇编》（2021~2022年）。

（2）访学留学

访问学者国际交流。北京高校派遣访问学者从1993年的549人次到

---

① 《北京市科学技术委员会、中关村科技园区管理委员会：关于支持开展国际人才交流合作项目的通知》（2022年4月24日），https://kw.beijing.gov.cn/art/2024/4/24/art_10704_2402.html。

2016 年的 5487 人次，接受访问学者从 1993 年的 912 人次到 2016 年的 5433 人次，实现快速增长。[①] 2017~2019 年，北京高校访问学者国际交流保持较高水平，派遣和接受访问学者数量均超过 4300 人次。2020 年和 2021 年，受新冠疫情影响，北京高校访问学者国际交流大幅减少。整体而言，北京派遣和接受的访问学者人数大致平衡（见图 9）。

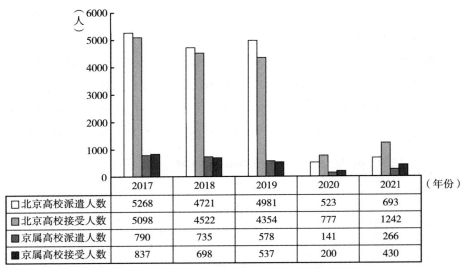

（人）	2017	2018	2019	2020	2021	（年份）
□北京高校派遣人数	5268	4721	4981	523	693	
▨北京高校接受人数	5098	4522	4354	777	1242	
■京属高校派遣人数	790	735	578	141	266	
■京属高校接受人数	837	698	537	200	430	

图 9　2017~2021 年北京访问学者国际交流情况

资料来源：中华人民共和国教育部科学技术司编《高等学校科技统计资料汇编》（2018~2020 年），中华人民共和国教育部科学技术与信息化司编《高等学校科技统计资料汇编》（2021~2022 年）。

留学生交流。教育部数据显示，北京是外国来华留学生的热门选择城市。[②] 从人数来看，在 2012 年、2015 年、2018 年，北京均是留学生最多的省份，分别达到 77706 人、73779 人和 80786 人，整体呈现增长态势。但从全国占比来看，北京在全国的留学生占比呈现下降趋势，2012 年、2015 年、2018

---

① 杨楠：《北京高校国际学术交流与"一带一路"教育行动》，《北京教育（高教）》2019 年第 4 期，第 5 页。
② 参见教育部网站数据，http://www.moe.gov.cn/jyb_xwfb/gzdt_gzdt/s5987/201904/t2019 0412_377692.html；http://www.moe.gov.cn/jyb_xwfb/gzdt_gzdt/s5987/201604/t20160414_238263.html；http://www.moe.gov.cn/jyb_xwfb/gzdt_gzdt/s5987/201303/t20130307_14 8379.html。

年的占比分别为 23.7%、18.6%、16.4%。整体显示，北京对留学生人才的吸引力保持较高水平。

（3）国际人才引进

北京加大国际科技人才引进。截至 2024 年，在京长期工作的外籍人才超过 2.2 万人。[①] 在北京高新技术企业中，留学归国人员数量稳步提升，从 2013 年的 1.3 万人，上升到 2021 年的 5.4 万人（见图 10）。

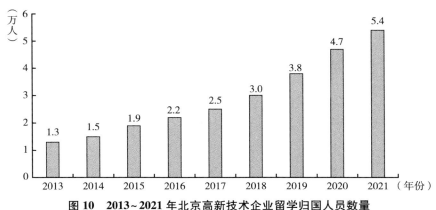

图 10　2013~2021 年北京高新技术企业留学归国人员数量

资料来源：参见张振伟、庞立艳、李冬梅编著《数说北京科技创新（2023）》，北京科学技术出版社，2024，附录。

北京市政府已授权 65 个核心单位拥有关键人才计划的独立评定资格，同步推出一揽子联合人才引进扶持举措。此类举措强化了 81 所国家级高校、研究机构及跨国企业之间的合作。

4. 科技合作生态

（1）国际合作平台建设

大科学装置。打造综合性科学中心，参与国际科技合作网络建设。北京怀柔综合性国家科学中心是国家批复的全国 4 个综合性科学中心之一，正在建设一批涵盖物质科学、生命科学、地球系统科学等多个前沿科学领

---

① 《2024 年首都国际人才发展报告发布 在北京长期工作的外籍人才已超 2.2 万人》，《人民日报海外版》，2024 年 11 月 6 日，第 10 版。

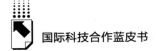

域的国家重大科技基础设施。目前，该中心的综合极端条件实验装置、高能同步辐射光源和清洁能源材料测试诊断与研发平台等超 10 个科技设施已投入使用，其中共计 37 个大科学装置已向全球范围内的科研机构和人员开放。① 同时，北京怀柔综合性国家科学中心作为成员之一，参与由中国、德国、西班牙等 8 个国家的 17 个科学中心和实验室联手成立的"国家科学中心国际合作联盟"，共同推动国际大科学计划和大科学工程等方面的共建共享。其他国家重点大科学装置，如地球系统数值模拟装置、多模态跨尺度生物医学成像设施、综合极端条件实验装置等设施均位于北京，已参与了多项国际科技合作项目，在推动北京市国际科技合作方面做出了重要贡献。

开放共享平台。持续搭建科技开放共享平台，加强在京各科研主体聚合联动。首都科技条件平台是北京地方科学研究设施和仪器开放使用平台，旨在促进全市乃至全国的科技资源开放共享。自 2022 年以来，首都科技条件平台累计促进 83 家开放单位的 1.43 万台（套）科研设施与仪器向社会开放共享，为 1.5 万家次企业提供服务，科技创新券累计支持 111 家小微企业与 34 家开放单位合作。② 由北京大学计算中心牵头构建的"中国教育和科研计算机网联邦认证与资源共享基础设施"（CARSI），如今也已成功与全球超过 60 个国家的学术网络达成互认协议。这一平台不仅涵盖了 3500 余家海外院校及科研机构，还与 2700 余家国际学术资源供应商建立了紧密联系，为国内外教育与科研人员访问全球知名出版商和数据库运营商的丰富资源提供了便捷通道。③ 国际科技资源共享平台推动了科技信息资源的流动和传

---

① 《北京向世界发出科技设施共享"邀请函"》，《北京青年报》2024 年 4 月 29 日。

② 北京市科学技术委员会、中关村科技园区管理委员会：《高促中心：促创提新与科技创新企业并肩而行》，（2024 年 7 月 12 日），https://kw.beijing.gov.cn/ztzl/rdzt/fcyx/202407/t20240712_3798286.html。

③ 中国教育和科研计算机网联邦认证与资源共享基础设施（CARSI），全称为 CERNET Authentication and Resource Sharing Infrastructure，主要为已经建立校园网统一身份认证的高校和科研单位提供联邦认证和全球学术信息资源共享服务。相关数据参见《北京大学发起的全球学术资源共享平台 CARSI 助力科技战"疫"》，北京大学新闻网（2020 年 3 月 24 日），https://news.pku.edu.cn/xwzh/96d9acaad5ef4ab08d07ff7f8ed2edce.htm。

播。此外，中国科学院空天信息创新研究院、清华大学出版社有限公司、中国科学院文献情报中心、北京市科学技术研究院和中国科学院计算机网络信息中心等5家单位成为中关村国家自主创新示范区提升国际化发展水平项目支持科研开放共享单位。

论坛赛事会展平台。北京打造系列品牌项目推动国际科技合作。持续推进中关村论坛作为面向全球科技创新交流合作的国家级平台建设。2024年，来自100余个国家和地区的120余位顶尖专家、上千名演讲嘉宾，参与论坛会议、技术交易、成果发布、前沿大赛、配套活动等中关村论坛五大板块128场活动，围绕全球重大科技方向，开展深入交流，凝聚广泛共识，取得了丰硕的成果。论坛年会期间发布了研究报告、标准规范、榜单指数倡议等近100项成果，共促成309个项目签约，签约金额673.17亿元。[1] HICOOL品牌是由北京海外高层次人才协会作为主办方的一站式创业生态平台，设置了全球创业大赛/全球创业者峰会等六大板块。其中，HICOOL创业大赛会聚了全球145个国家和地区的32001名创业人才、24171个创业项目参与。[2] 大赛评选出的228个优胜项目中，有156个已成功扎根北京，落地转化率达到68%。[3] 大赛已累计孵化16家"独角兽"企业、127家"专精特新"企业。[4] 此外，北京发挥在科技创新和国际交往方面的优势，举办高水平国际赛事。2023年，据北京体育局统计，北京市共举办各级各类国际赛事39项。[5]

民间国际交流合作平台。在京各科研主体依托丰富的科研资源，通过开

[1] 《同世界一道瞰未来——写在2024中关村论坛闭幕之际》，中国政府网（2024年4月30日）https://www.gov.cn/yaowen/liebiao/202404/content_6948364.htm。
[2] 《HICOOL全球创业者峰会5年吸引2.4万个创业项目》，《工人日报》2024年8月25日，第1版。
[3] 《建设万余套国际人才公寓 打造创业者"嘉年华"北京加速建设高水平人才高地》，《北京日报》2022年9月17日。
[4] 《这个比赛5年培育出16家"独角兽"——HICOOL 2024全球创业者峰会观察》，新华网，https://baijiahao.baidu.com/s?id=1808280674231197499&wfr=spider&for=pc。
[5] 《2023年北京市共举办各级各类国际赛事39项》，北京市体育局网站（2023年6月27日），https://tyj.beijing.gov.cn/bjsports/gzdt84/zwdt/326139136/index.html。

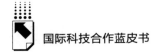
展多种形式的国际交流合作，进一步加强民间国际交流合作平台建设。在京智库主动推动国际科技交流合作。中关村全球高端智库联盟（以下简称"智库联盟"）通过在科技创新与产业发展领域积累的科技与智力资源，搭建交流平台，开展合作研究。智库联盟推出的《全球变局下的中国机遇与发展》英文版 *China's Opportunities for Development in an Era of Great Global Change* 由人民出版社与斯普林格·自然（Springer Nature）联合出版，会聚智库联盟 20 位国内知名专家，全方位解读百年未有之大变局下，中国面临的发展机遇。科学合作联盟助力专业领域交流发展。北京国际城市科学节联盟（Beijing Global Network of Science Festivals）由北京市科学技术协会倡议共同发起，目前已有 22 个国家的 31 个机构加入。北京国际城市科学节联盟致力于秉承对话、共创、协同、进步的理念，与全球各地的科研主体深化协作。[①]

（2）国际化制度环境建设

国际化制度建设。在开放合作方面，2019 年制定实施《"一带一路"科技创新北京行动计划》。2021 年印发《北京市推进"一带一路"高质量发展行动计划（2021—2025 年）》，以创新、数字、绿色、健康丝绸之路建设为重点，打造国际交往、科技合作、经贸投资、人文交流、综合服务五大功能平台，成为推动"一带一路"高标准建设的试验示范，为共建"一带一路"高质量发展做出北京贡献。[②] 2022 年 6 月，印发《中关村国家自主创新示范区提升国际化发展水平支持资金管理办法（试行）》通知，从融入全球创新网络、集聚国际创新资源、国际交流合作 3个方面为创新主体提供支撑。在人才政策方面，在中央部委支持下，北京先后开展五轮政策创新，出台 71 条人才新政，并通过优化流程将"绿卡"审核周期压缩。2016～2020 年，"绿卡"申请的处理数量达到前 12 年总

① 北京科学中心：《北京国际城市科学节联盟》，https：//www.bjsc.net.cn/#/union。
② 《〈北京市推进"一带一路"高质量发展行动计划（2021-2025 年）〉解读》，北京市发展和改革委员会网站（2021 年 12 月 7 日），https：//fgw.beijing.gov.cn/fgwzwgk/zcjd/202112/t20211207_2555716.htm。

量的2.5倍。①

国际化环境建设。北京积极推进国际交往中心建设。2018 年，北京引进国外机构在京落户工作任务 9 项。2019 年，北京推进国际交往中心功能建设领导小组设立国际组织专项工作组，2022 年制定实施了《支持国际组织落户的若干措施》。2020 年，在北京推进国际交往中心功能建设领导小组的领导下，市规划自然资源委、市外办组织编制了《北京推进国际交往中心功能建设专项规划》。2023 年，全国首个国际科技组织总部集聚区在北京市朝阳区东湖国际中心落户。国际动物学会、国际数字地球学会、国际氢能燃料电池协会、国际智能制造联盟、国际介科学组织等 8 家国际科技组织首批入驻。截至 2023 年 6 月，共有 113 家国际组织在京落户。其中政府间国际组织及其驻华代表机构 32 家，非政府间国际组织总部 38 家、非政府间国际组织代表机构 43 家，各类国际组织总部和代表机构数量均居全国首位。在京跨国公司地区总部 226 家、外资企业总量达 5 万家。②

（3）国际规制伦理治理

技术规范治理。北京在多个前沿科技领域积极参与国际技术标准的制定。近年来，北京市在引导技术标准建设方面出台了一系列政策规制。2022 年北京市推行《北京市标准化办法》，鼓励引导团体、企业等主体参与，推进北京科学技术国际标准建设，促进国际贸易发展。③ 同年，《首都标准化发展纲要（2035）》出台，旨在构建一套凸显北京特色、服务首都高质量发展目标的标准体系框架，并以顶层设计的高度引领标准化工作的全面发展。④ 2023 年

---

① 《北京全面建设高水平人才高地和国际科技创新中心》，新华社（2021 年 10 月 1 日），https://www.gov.cn/xinwen/2021-10/01/content_5640643.htm。

② 《北京国际交往中心功能建设实现"五个全面提升"，一核两轴多板块空间新格局加速形成》，《北京日报》2023 年 6 月 27 日，第 1 版。

③ 《北京市发布〈北京市标准化办法〉，将于 9 月 1 日起施行》，北京市人民政府网站（2022 年 8 月 3 日），https://www.beijing.gov.cn/zhengce/zcjd/202208/t20220803_2785102.html。

④ 《中共北京市委北京市人民政府关于印发〈首都标准化发展纲要 2035〉的通知》，北京市人民政府网站（2022 年 10 月 10 日），https://www.beijing.gov.cn/zhengce/zhengcefagui/202210/t20221014_2835588.html。

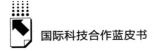
正式施行的《北京市数字经济促进条例》也明确鼓励各类科研机构及个人在数字经济领域加强国际交流与合作，同时倡导相关主体在全球规则、标准与协议的构建中扮演关键角色。① 在相关政策指导之下，北京高校、科研院所和企业在国际技术规制协调领域展现出强劲的推动力。2024 年，北京邮电大学基于对移动通信信道测量、建模研究和标准转化的长期积累，成为国际标准化组织第三代合作伙伴计划无线接入网络全会上相关研究项目立项成员中的全球唯一高校。② 在京研究中心主导编写的网络防护规则得到国际社会的认可和接纳，成功融入全球互联网技术标准框架。③ 2022 年，北京企业率先构建了首个新型电力系统关键技术创新国际标准架构体系，为相关领域的技术标准制订做出贡献。④

科技伦理治理。北京高度重视科技伦理的治理和创新文化的培育发展。北京坚持尊重人类文明、环境友好、开放共享、平等互利等伦理道德和国际合作原则，着力营造崇尚人才、推崇创造精神、激励创新思维的优良生态。搭建多种渠道和平台，北京积极参与科技治理、创新文化建设。多次通过国际会议平台汇聚国际智慧，推动落实国际科技合作的中外文化交流原则，打破科学研究的边界壁垒。加深科技领域相互理解和信任。⑤ 积极融入全球框架，营造开放氛围，拓展海外业务的国际合作科技战略方向与准则。⑥ 在京高校和企业积极参与科技伦理治理。通过成立科技伦理委员会，参与、引导

① 《北京将重点培育数字经济核心产业，支持参与制定国际规则与标准》，中国新闻网（2022 年 11 月 25 日），https：//www. chinanews. com. cn/cj/2022/11-25/9902407. shtml。

② 《全球 6G 信道模型标准化工作拉开序幕 北京邮电大学成为立项成员中全球唯一高校》，央视网（2024 年 3 月 9 日），https：//politics. cntv. cn/2024/03/09/VIDE4WFrZUAms9SsttRD p3Io24 0309. shtml。

③ 《中国互联网安全标准被国际接纳，取得重大进展》，中国网络安全审查认证和市场监管大数据中心网站（2022 年 9 月 28 日），https：//www. isccc. gov. cn/xwdt/xwkx/11/893939. shtml。

④ 《北京创拓国际标准技术研究院研究成果》，北京创拓国际标准技术研究院网站，http：//www. itis-bj. com/master/html/business. html？channel＝4&type＝1&secondColumn＝44。

⑤ 《"青春志筑梦十载，同心力共创未来"——国际杰青计划十周年研讨对话活动成功举行》，中华人民共和国科学技术部网站（2023 年 11 月 17 日），https：//www. most. gov. cn/kjbgz/202311/t20231117_188831. html。

⑥ 《首届中国 GEO 大会成功召开》，中华人民共和国科学技术部网站（2022 年 9 月 21 日），https：//www. most. gov. cn/kjbgz/202209/t20220921_182501. html。

国际科技伦理规则制定，达成加强国际交流合作的共识，助力在人工智能伦理领域的治理推进。

北京市正致力于构建全球科研协作的新范式，通过吸引并协同世界顶级科研人才及国际科技机构，开展联合科学研究以合力攻克关键科学难题。北京通过加强与全球科技创新体系的融合，不断提升自身科技创新能力和国际影响力，在国际科技合作领域展现出广阔视野和强劲动力。在由清华大学产业发展与环境治理研究中心和自然科研（Nature Research）团队联合开发的《国际科技创新中心指数2023》（GIHI2023）中，北京综合排名全球城市第三（见表1）。其中，北京在科学中心维度的科学基础设施指标得分为100分，成为全球第一名。[①] 吸引全球科学家合作，加速融入全球创新网络的发展进程。通过搭建信息和基础设施资源共享平台，北京构建了多层次资源共享体系，深化了与全球科研机构及人才的合作伙伴关系。

表1 2023国际科技创新中心指数

城市或区域(群)	综合		科学中心		创新高地		创新生态	
	得分（分）	排名	得分（分）	排名	得分（分）	排名	得分（分）	排名
旧金山·圣何塞	100.00	1	93.43	4	100.00	1	100.00	1
纽约	88.65	2	100.00	1	75.89	3	91.49	3
北京	83.18	3	94.66	2	75.74	4	79.24	11
伦敦	82.11	4	84.68	6	68.31	17	98.80	2
波士顿	81.13	5	94.41	3	70.92	7	80.08	8
粤港澳大湾区	80.25	6	84.55	7	75.19	5	81.81	6
东京	78.58	7	74.68	12	82.55	2	75.98	24
巴尔的摩·华盛顿	76.01	8	86.57	5	67.03	19	77.81	15
巴黎	75.90	9	79.98	8	68.72	14	82.39	4

① 清华大学产业发展与环境治理研究中心、自然科研团队：《国际科技创新中心指数2023》，https://www.ncsti.gov.cn/kjdt/ztbd/cxzs2023/。

城市或区域(群)	综合		科学中心		创新高地		创新生态	
	得分(分)	排名	得分(分)	排名	得分(分)	排名	得分(分)	排名
上海	73.98	10	77.25	9	68.69	15	79.03	13
首尔	73.92	11	70.61	17	71.50	6	82.10	5
新加坡	72.49	12	70.15	21	69.50	12	80.89	7
洛杉矶-长滩-阿纳海姆	71.86	13	75.88	10	66.59	22	76.69	20
芝加哥-内珀维尔-埃尔金	71.54	14	74.40	13	66.80	20	76.98	19

（三）北京国际科技合作的主要问题

面对全球科技创新浪潮，北京作为中国的科技创新中心，国际科技合作的重要性日益凸显。然而，在深入推进国际科技合作的过程中，尽管北京已经在各方面取得了显著成效，仍面临一系列挑战和问题，主要总结为以下五点。

1. 联合申报国际科研项目竞争力需提升

尽管北京在联合申报国际科研项目方面取得了一定成绩，但相较于国际科技合作的前沿城市，其竞争力仍有待提升。一是北京的科研环境有待进一步开放。对外科研投入经费有限，仅少量科技基金项目允许外籍研究学者申报，同时与国际一流科研环境相比，北京仍存在行政干预较多、科研自由度不足等问题，在某种程度上限制了国际科研项目的联合申报。二是与国际合作伙伴的沟通和协调机制尚不完善。在项目申报和实施过程中，存在信息交流不够畅通、资源共享不够充分等问题，影响了项目的申报和顺利进行。三是科技工作者对国际科研项目的申报积极性有待提高。申报国际合作项目未与科技人员的考核激励等直接挂钩，且申报过程费时费力，导致科技人员申报积极性不高，申报数量较少。

2. 国际技术转移与海外研发中心建设待加强

在推动国际科技合作的过程中，北京市仍面临创新体系效能相对不足的问题，尤其在国际技术转移和海外研发中心建设方面亟须加强。一是国际技术转移政策环境需进一步优化。尽管北京市已建立了较为完善的技术转移转化政策法规体系，但在实际运作中，仍存在对国际科技合作规则的理解和对接不足、市场对接不畅、转化链条过长、市场准入门槛过高以及应用场景拓展不足等问题。二是技术输出合同数量与金额有待提升。北京市在技术输出方面仍有较大潜力可挖，技术输出合同的数量和金额与北京市庞大的技术储备和创新能力相比，仍有较大的提升空间。三是海外研发中心建设存在数量有限和布局不均的问题。一方面，北京市企业在海外设立的研发中心数量增长缓慢，整体规模有限；另一方面，海外研发中心的布局不均衡，主要集中在少数几个国家和地区，而在其他具有科技创新潜力的地区则布局较少。这限制了北京市企业充分利用全球创新资源的能力发挥。

3. 国际合作频次与人才培养引进力度亟须加大

北京市作为全国科技创新和人力资源集聚的中心地区，在国际科技合作频次和人才培养引进方面仍有待加强。一是尽管北京在国际合作平台建设方面取得了显著进展，但与国际顶尖科技城市相比，其平台的数量、影响力和合作频次仍显不足。现有的国际科技合作项目中，部分合作层次较浅，主要停留在技术交流和信息共享层面，缺乏深层次的合作研发、联合攻关和成果转化等实质性合作内容。特别是国外资金在北京地区 R&D 经费内部总支出的下降态势，从 2017 年的 49.1 亿元下降至 2022 年的 14.7 亿元，进一步凸显了深层次合作研发的缺失。二是在人才交流、引进与培养方面，北京虽然加大了力度，但在吸引海外高端人才方面的政策优势不够明显，与海外顶尖科研机构的合作不够紧密，以及人才评价和激励机制尚需进一步完善，导致北京市引进的海外科技人才从数量和结构上尚难以满足北京科技发展的需求。三是北京在国际科技人才的培养上还存在不足。从总体上看，北京对于科技人才的国际交流合作投入有待提升，仍有大量科技工作者难以有机会开展国际交流合作，熟悉国际科技治理规则、熟练掌握跨文化沟通能力，且具有较强创新能力的国际科技人才还比较缺乏。

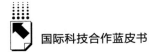

4. 民间国际科技交流与合作有待深化

北京作为国际交往中心，拥有丰富的科技资源和国际交流渠道，但在民间国际科技交流与合作方面仍存在不足。一是北京民间国际科技交流合作的实效有待提升。虽然目前参与国际科技合作的项目和机构数量在逐年增加，但合作的深度和广度仍需进一步加强，真正形成实质性合作成果的比例并不高。二是民间科技交流主体间的协同互动不足，缺乏有效的合作机制和平台支撑。民间主体参与外交外事平台的渠道还不够通畅，较难及时掌握和分享国际科技前沿的信息和数据，较难参与更高平台的活动。这导致科技资源与信息未能充分共享，合作潜力未能充分挖掘。三是北京民间国际科技组织的发展相对滞后。一方面，在京发起成立国际科技组织审批流程多、周期长。尽管北京市加大了对发起成立国际科技组织的支持力度，但在政策实施层面，不仅对发起单位的门槛要求较高，而且需要经过多个国家级部门审批。另一方面，在京国际学术组织起步晚，截至 2023 年 12 月，北京市共有 38 家国际学术组织，不仅在数量上落后于巴黎（68 家）、伦敦（59 家）等城市，而且缺乏有学术和社会影响力的国际科学组织的总部或者分支机构。

5. 支持科技合作的国际化制度环境有待优化

北京在支持科技合作的国际化制度环境建设方面已取得显著进展，但仍面临一些挑战和有待优化的问题。一是国际化制度环境的吸引力仍有提升空间，特别是在吸引国际顶尖科研机构和企业的入驻方面。近年来，北京加大力度吸引国际组织和跨国公司，并在朝阳区东湖国际中心落户了全国首个国际科技组织总部集聚区，截至 2023 年 6 月，共吸引 113 家国际组织在京设立机构①。但与众多国际知名城市相比，北京在吸引国际高端创新资源方面的能力仍有待提升。二是国际化制度环境建设中的政策创新力度仍需加大。针对国际科技合作中的新情况、新问题，北京需要出台更加具有针对性的政

---

① 《北京日报：113 家国际组织在京落户，数量居全国首位！》，北京市人民政府外事办公室官网（2023 年 6 月 26 日），https://wb.beijing.gov.cn/home/index/wsjx/202306/t20230626_3146174.html。

策措施，并加大政策落实力度。同时，还需加强与国际科技合作前沿城市的政策对接和协同创新，共同推动国际科技合作的深入发展。三是在国际规制伦理治理方面，北京需更加积极地参与国际技术标准的制定和协调，提升在国际科技合作领域的影响力和话语权，同时加强科技伦理建设，确保国际科技合作在符合伦理规范的前提下进行。

三 推进北京国际科技合作的政策建议

（一）进一步完善市级层面国际科技合作统筹协同机制

增强顶层设计的主动性、联动性、前瞻性，完成从"参与"到"主持"、从"跟跑"到"领跑"的转变。深入推进落实《北京市科技创新国际化提升行动计划（2024-2027年）》，进一步强化关键性技术战略布局，在最需要科技合作的核心技术、前沿技术和关键技术方面，充分发挥政府引领作用，开展国际科技合作项目；主动发起并积极参与基础研究领域和全球性创新议题，深度参与全球科技治理。

不断扩大北京国际"朋友圈"。充分利用市区两级国际友好城市资源，结合各国家、地区和城市科技、产业、人才资源，打造分类型、分层次、分领域的国际科技合作网络。进一步明确合作目标和方向，确定合作的重点领域和重点国家地区，分类制定国际科技合作计划，并根据新形势新要求新变化适当进行动态调整。

建立市级层面国际科技合作交流的联席会议机制，加强资源共享和政策联动。增强科技主管部门、高校、科研院所、企业等部门和机构的工作联动，加强国际科技合作与科技、教育、人才、企业一体化布局和有机衔接。加强市级国际科技合作项目与国家科技计划、行业应用项目、国家和地方行业支持政策统筹，建立部门间、项目间和行业间的对接机制，实现有效联动。

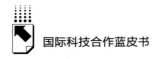

（二）大力支持国际科研项目申报和国际人才交流培养

加强政策统领，提升国际科研项目开放和申报水平。研究制定科技计划对外开放的指导意见和实施细则，持续稳定推进北京市自然科学基金外籍学者"汇智"项目，推进软科学研究计划和项目开放，支持外籍科学家领衔和参与联合研究。通过设立专项经费、与绩效考评和职称评审挂钩、实施额外奖励、开展专项培训等措施，鼓励科研人员积极申报政府间国际科技合作项目，并提升项目申报的效率和成功率。

打出政策和经费组合拳，积极鼓励各主体选派科研人员"走出去"。通过简化审批手续、加强经费支持等措施，鼓励通过参加国际会议、人才联合培养、联合研究等方式选派优秀人员出访交流。推动更多科学家在国际组织和协会任职、参与国际标准制定。"支持科技人才到国（境）外高水平科研机构开展学习培训和合作研究。支持青年科技人才参加国际学术会议，鼓励青年学术带头人发起和牵头组织国际学术会议，提升青年科技人才国际活跃度和影响力。"[1]

深入探索多种模式，吸引和培养顶尖科技人才。探索"推荐制"和推广人才特区模式，优化外国专家来华来京工作和居留许可审批流程，采取项目合作、技术咨询、短期兼职等"柔性引进"方式，吸引顶尖科学家等全球人才来京工作。创新国际科技人才管理机制，用好中关村"先行先试"等政策。构建与国际接轨的人才服务体系，支持国际化人才服务中介组织健康快速发展。加大对"高精尖缺"人才的经费支持力度，进一步拓宽尖端和紧缺人才培养渠道，加快培育高水平国际化本土科技人才。

（三）积极推动企业"走出去"开展海外研发布局

加强政策倾斜，支持企业积极"走出去"。鼓励企业通过参加国际会

---

[1] 《中共中央办公厅 国务院办公厅印发〈关于进一步加强青年科技人才培养和使用的若干措施〉》，中华人民共和国中央人民政府网站（2023年8月27日），https://www.gov.cn/zhengce/202308/content_6900456.htm。

议、人才联合培养、联合研究等方式选派优秀人员出访交流。"支持企业以北京创新成果为媒介，参加国际知名展览展会、在境外举办国际会议，服务国际科技合作创新发展。"① 鼓励企业积极将科技创新成果推向国际市场，加大技术输出力度。

支持企业通过多种方式开展海外布局。"支持企业通过开展国际联合研发、协同创新、共建联合实验室、国际孵化器、海外科技园区等创新载体，开展海外研发布局，充分利用全球创新资源。支持企业参与国际创新治理，鼓励牵头制定一批国际标准，推动创新资源、科学要素共享。"②

搭建互联互通的一流国际科技合作和技术转移平台，为企业牵线搭桥，增强企业与各国际科技合作主体的横向对接，发挥"政产学研金服"合力。为企业开展技术输出、设立海外机构、国际科技合作政策等相关培训和服务。采取多种激励措施，如分别设立市级优秀国际科技合作基地/机构、国际性科技人才奖等，表彰奖励在国际科技合作方面做出突出贡献的企业和顶尖科技人才，充分激发企业国际科技创新活力。

（四）进一步加强国际科技合作成果转化应用和知识产权保护

进一步完善政策法规体系，加强国际科技合作成果转化应用。坚持正确的科技成果评价导向，明确国际科技合作成果转化路径和收益分配机制，激发创新主体和科研人员开展国际科技合作成果转化的积极性。加强高水平国际技术交易市场、技术转移机构和专业化技术转移人才团队建设，提升技术转移服务水平。实施税收优惠、资金补贴等举措，引导社会资本投融资支持，完善多渠道、多元化资金投入。加强国际科技合作规则和国际科技成果转化培训，提升科研人员相关专业技能。

进一步加大国际科技成果的知识产权保护力度。进一步做好完善知识产权、专利成果登记、论文发表专利化等工作。全面完善知识产权保护法律体

---

① 勒川：《中关村论坛：扩容国际科创"朋友圈"》，《中关村》2022年第10期。
② 《北京支持企业参与国际创新治理 打造开放科学"北京样板"》，中国新闻网（2022年9月13日），https://baijiahao.baidu.com/s? id=1743854571674736636&wfr=spider&for=pc。

系，为创新主体提供更加高效、便捷、低成本的维权渠道，为国际科技合作的顺利开展保驾护航。加强与世界各国的知识产权保护联通合作，"推动同各国在市场化法治化原则基础上开展技术交流合作"①。加强对知识产权相关知识的宣传和培训，提升科研人员知识产权意识，助力促进国际科技成果转化。

（五）强化提升对民间国际科技交流合作的支持和保障

政府牵头完善配套政策与激励制度，为开展民间科技合作提供政策支持。研究制定专项行动方案，充分发挥民间科技力量作用，促进政府力量和民间力量"双轮驱动"形成"一盘棋"。完善有关民间科技交流的配套法规。健全对民间科技交流主体参与国际科技交流的奖励机制，加大资金扶持。支持成立民间科技创新服务联盟，建立民间国际科技合作基金，建立政府民间科技资源共享、对外联络和统一协作渠道，探索机制灵活、多样化、自下而上的民间科技交流与合作途径。

充分利用现有平台，搭建民间科技交流合作网络。充分发挥北京已有的"两区""三平台"等开放合作平台，建立持续交流机制。坚持采取国际化办刊和成立科学家联谊会等方式，促进产业供需合作与人文交流，助力优化创新创业生态。充分调动海内外资源，建立聚合国内外民间科技组织的多边科技合作平台，依托平台建立相对稳定的中外科技交流关系网络。

加强民间国际科技组织建设，鼓励民间科技组织参与国际合作。落实落细吸引国际组织落户的措施，用快用实用好为国际组织打造的便利化政策包，吸引更多国际科技组织入驻总部集聚区。探索简化相关审批流程和手续，鼓励在京发起成立国际科技组织。加强对北京地区民间科技组织的政策支持，提升其国际影响力和话语权。

充分利用并整合发挥各年龄段人员优势，壮大民间国际科技交流人才队

---

① 习近平：《齐心开创共建"一带一路"美好未来——在第二届"一带一路"国际合作高峰论坛开幕式上的主旨演讲》，《对外经贸实务》2019 年第 5 期。

伍。"吸纳一批学术上有造诣、技术上有专长、管理上有经验、社会上有影响的专家、学者参与科技型民间组织的工作。"[1] 高度重视并挖掘青少年、本科生、研究生潜力，培养其国际视野和跨文化交流能力，着力打造一支青年人才后备军。充分发挥离退休专家学者及国际知名人士的影响力，推动民间国际科技创新合作。

（六）优化支持科技合作的国际化制度环境

多措并举，进一步提升外籍人员来京在京便利化。切实考虑国际科技人才生活配套"软环境"，健全完善优秀国际人才及其亲属的有关政策，进一步完善与国际接轨的社保、医疗等服务保障体系。持续优化提升涉外政务服务和公共服务，打通外籍人员在京工作、学习、生活的堵点，增强外籍人士出入境、停居留业务的便利化程度。在一定范围内，为国际科技人才登录外网提供便利。

培育良好的营商环境，吸引更多跨国科技企业。进一步在优化营商环境的问题上发力。在资金支持方面，进一步加大对科技企业的资金扶持力度。在便利度方面，持续深化"放管服"改革优化营商环境，最大限度提升跨国企业投资建设的便利度，优化外贸外资企业经营环境。

进一步加强国际规制伦理治理建设。鼓励和支持各主体积极参与国际技术标准制定，贡献中国智慧和方案，提升国际技术标准领域的话语权和影响力。支持各主体积极参与各类国际性专业标准组织的活动，推动国内外技术标准互认，促进技术交流与合作，推动形成有利于自身发展的国际技术规制体系。进一步完善科技伦理规范，针对人工智能、生物技术等新兴科技领域，完善相应的伦理规范和指导原则；加强科技伦理教育和培训，建立健全科技伦理审查机制，确保国际科技合作在符合伦理规范的前提下进行，为全球科技合作与创新的健康发展贡献中国智慧和力量。

---

[1] 吴忠泽：《加强民间组织建设 促进国际科技合作》，《学会》2006年第1期。

创新生态篇

B.2
北京依托大科学装置构建开放合作
创新生态研究

高菲 李军凯 张睿勃*

摘 要： 大科学装置具有巨大的科学研究和应用潜力，是推动基础研究、原始创新和国际科技合作的重要平台。近年来，北京加速推进大科学装置的建设和运行，积极在各学科领域开展国际科技合作。本文总结了全球大科学装置的分布、历史发展和国际合作模式，为构建开放共享国际科技合作生态提供了有益参考。北京可优化资源配置，进一步依托大科学装置推动科技资源的开放共享，积极参与国际科技合作、加强科研人才的国际交流与合作。

关键词： 大科学装置 国际科技合作 创新生态 北京

---

* 高菲，博士，北京市科学技术研究院国际与区域合作中心副研究员，研究方向为创新战略与评价；李军凯，博士，北京市科学技术研究院国际与区域合作中心主任、研究员，研究方向为科技战略与国际合作；张睿勃，赛迪研究院咨询师，研究方向为区域经济。

2023 年 11 月 6 日，在"一带一路"科技交流大会上，中国政府提出《国际科技合作倡议》，明确"人类社会比以往任何时候都更需要国际合作和开放共享，通过科技创新合作探索解决全球性问题，共同应对时代挑战，共同促进和平发展"。2024 年 6 月 11 日，中央全面深化改革委员会第五次会议审议通过《关于建设具有全球竞争力的科技创新开放环境的若干意见》。习近平在主持会议时强调，要坚持以开放促创新，健全科技对外开放体制机制，完善面向全球的创新体系，主动融入全球创新网络。

大科学装置是催生原始创新和尖端科技的"利器"，是世界各国开展高水平科研活动、推动国际科技合作、具有国际影响力的国家公共设施。截至 2023 年底，我国已布局建设 77 个国家重大科技基础设施即大科学装置，在建和运行的大科学装置达 57 个，覆盖主要科研领域，部分设施综合水平迈入全球"第一方阵"。学习借鉴世界各国大科学装置的工程建设、技术攻关、人才培养、运行管理等方面的先进模式和成功经验，积极参与国际大科学计划和工程，挖掘和用好大科学装置的最大潜能，构建开放共享的国际科技合作生态，对提升中国科技实力和国际影响力具有重要意义。

一　大科学装置概况

（一）大科学装置的起源与发展

科学装置的使用贯穿了人类认知自然的整个过程。远在现代科学形成之前，研究者们便开始利用各类装置进行测量、记录及分析工作。最早的科学装置主要用于天文学的研究，从简单的日晷到复杂的巨石阵，都是古人用来观测天体的工具。在古代美索不达米亚，泥砖建筑被专门设计用于观测星星和行星。在埃及，人们利用一种名为"merkhet"的星象工具借助铅垂线来确定方向，以协助金字塔的建造。希腊人通过数学研究改进了早期的工具，托勒密改进了日晷，希腊人在天文学中还引入了展示天体运动的复杂球体和小型手持设备。随着现代科学的诞生和技术的发展，人类认知世界的尺度和

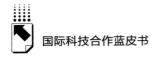

范围不断扩大，为验证理论所需的装置也日益复杂。

大科学装置诞生于核物理学领域。1919 年，欧内斯特·卢瑟福（Ernest Rutherford）及其团队通过粒子轰击氮原子，成功实现了核反应，从而揭示了原子的内部结构，这标志着核物理学的诞生，并为后来的粒子加速器发展奠定了基础。20 世纪 30 年代，核科学的先驱欧内斯特·劳伦斯（Ernest Lawrence）在探索原子核内部结构的过程中，不断加大回旋加速器的尺寸。随着回旋加速器尺寸的扩大，劳伦斯开始寻求通过由政府或者其他团体投入所需要的人力和资金，用以组建大型团队来制造更大型的机器。20 世纪 40 年代初期，劳伦斯将加速器技术应用于军事领域，并不断宣传推广通过大科学装置开展大型科学研究项目的理念。从第二次世界大战到冷战时期，美国政府在科学家的建议下，建造了一系列核反应堆和加速器等计划支撑设备。冷战结束后，这一系列核反应堆和加速器等设施逐渐成为支撑核能发展以及核物理、粒子物理研究的长期性大型科学研究装置，大科学装置的概念也由此诞生。

以加速器和反应堆为代表的核物理大科学装置在科学研究中的重大作用受到了各国政府和科学家的关注。20 世纪 50 年代，各国政府纷纷开始在粒子物理、聚变物理和天文学等领域投资建设大型科学装置，旨在为多学科交叉前沿领域探索物质世界结构及其相互作用规律提供研究平台。如大型强子对撞机、先进光源、先进中子源、强磁场装置、强激光装置、各类大型天文望远镜等大科学装置先后诞生。

随着大科学装置规模的不断扩大，大科学装置的建设资金也由私人或社会捐款转变为由国家出资主导。如早期，卢瑟福的研究就得到了威廉·卡文迪许公爵的私人捐款。之后，各国政府开始动用国家力量建设大科学装置，并进行相关的管理工作，例如，美国政府对劳伦斯伯克利国家实验室进行资助，美国能源部下设国家实验室体系等。此外，由于大科学装置建设周期长，投资规模大，欧洲的大科学装置一般会由几个国家联合投资建设。

（二）大科学装置的定位及作用

大科学装置是为探索未知世界、发现自然规律、实现技术变革而提供极限研究手段的大型复杂科学研究系统，是突破科学前沿、解决经济社会发展和保障国家安全等重大科学技术问题的物质技术基础。大科学装置本质上是一种科学研究设施或装置，通常也被称为"重大科技基础设施"。

从西方国家建设大科学装置的发展历程来看，大科学装置既是开放合作以推动科学进步的平台，又是保持国家科技实力处于领先地位的利器，具有科学无国界—国家实力目标的对立统一性。区别于一般的科学设施，大科学装置有以下几个特征：一是大科学装置体现国家意志，是国际科技竞争的重要手段；二是大科学装置瞄准科学研究中的最前沿问题，目标定位于基础性研究的重大突破和工程应用的重大成果；三是大科学装置所需要的投资规模巨大、技术难度极高，很多时候超过一个国家能够负担的极限。为此，许多大科学装置是由多个国家联合建设。例如，欧洲的大科学装置基本采用"多国联盟、形成合力"的建设方式。这一建设方式也就自然而然让大科学装置成为世界各国科技合作交流的重要枢纽。

（三）国际大科学装置的分布情况

截至 2023 年底，全球范围内正在建设和运行的大科学装置中，美国和中国的大科学装置数量最多，德国、瑞士、法国、日本、英国、意大利和瑞典等国家也拥有一定数量的大科学装置。表 1 展示了当前国际主要大科学装置的基本情况。这些大科学装置在各自的学科领域内取得了诸多突破性成果。例如，北京正负电子对撞机（BEPC）在粒子物理学领域，通过对撞物理实验研究粒子结构和相互作用，为科学界提供了大量重要的数据和理论支持。美国斯坦福线性加速器中心（Stanford Linear Accelerator Center，SLAC）在材料科学、化学和生物医学领域，通过新直线加速器相关光源（Linac Coherent Light Source-II，LCLS-II）的强大 X 射线激光器，推动了化学反应、材料科学和生物医学的研究进程。这些大科学装置不仅在基础科学研究中发挥了关键作用，还在应用科学和技术开发中产生了广泛影响，促进了各个领域的科学发现和技术进步。科学家们通过这些装置能够进行前沿研究，探索自然界的奥秘，推动技术创新和社会进步。因此，大科学装置不仅是各国科技实力的象征，更是国际科学合作和知识共享的重要平台。

表1 国际主要大科学装置基本情况

城市（国家）	科学装置名称	建设年份	所在学科领域	主要科学成果
北京（中国）	北京正负电子对撞机	1988	粒子物理学	对撞物理实验，研究粒子结构和相互作用
合肥（中国）	全超导托卡马克实验装置	2006	核聚变研究	为实现可控核聚变提供实验数据
上海（中国）	上海同步辐射光源	2009	材料科学、生物医学	X射线同步辐射光源，应用于物质科学、生命科学和环境科学的研究
门洛帕克（美国）	斯坦福线性加速器中心	1962	材料科学、化学、生物医学	LCLS-II：最强大的X射线激光器，用于研究化学反应、材料科学和生物医学
帕洛阿尔托（美国）	联邦电子自由激光实验室	2009	材料科学、化学、生物医学	世界上首个硬X射线自由电子激光器，研究物质的基本性质
雷斯顿（美国）	费米国家加速器实验室	1967	粒子物理学	夸克-胶子等离子体的研究，粒子物理基础研究
日内瓦（瑞士）	欧洲核子研究组织	1954	粒子物理学	大型强子对撞机（LHC）发现希格斯玻色子，推动粒子物理学发展
茨城县（日本）	日本高能加速器研究机构	2001	粒子物理学	质子加速器和中微子实验，为基础物理学和材料科学提供数据
阿德莱德（澳大利亚）	澳大利亚同步加速器	2007	材料科学、生物医学	高精度X射线分析，材料科学、化学、生物医学研究
里约热内卢（巴西）	巴西同步加速器	1997	材料科学、纳米技术	同步辐射用于材料科学、纳米技术和生命科学研究
比勒陀利亚（南非）	南非射电天文台	1961	射电天文学	射电天文观测，参与国际VLBI网络
阿雷西博（波多黎各）	阿雷西博天文台	1963	射电天文学	射电天文观测，地外文明搜索（SETI），行星雷达研究

说明：资料来源于互联网，由作者整理而得。

二　大科学装置促进国际科技合作的成功经验

作为科学研究的大型基础性设施，大科学装置在培养和凝聚高水平科学人才、促进国际科技合作方面发挥着独特的作用。就大科学装置的建设和运营而言，发达国家拥有较长的发展历史，在工程建设、技术攻关、人才培养、运行管理等方面积累了丰富的经验，学习借鉴国际大科学装置开展国际合作的模式，可为依托大科学装置通过项目合作、数据共享、联合攻关等方式开展国际科技合作提供参考。

（一）美国利用大科学装置开展国际科技合作的案例

费米国家加速器实验室（Fermi National Accelerator Laboratory，Fermilab）位于美国伊利诺伊州巴塔维亚市，是美国领先的高能物理研究中心之一。实验室于 1967 年成立，以著名物理学家恩里科·费米（Enrico Fermi）的名字命名，致力于探索宇宙的基本组成部分和自然界的基本力量。Fermilab 的旗舰项目包括 Tevatron 对撞机（已退役）、NOvA 中微子实验和未来的国际线性对撞机项目。实验室在中微子研究领域取得了重要成果，推动了对中微子质量和混合角的理解，同时在暗物质探测和暗能量调查方面也取得了重大进展。

1. 资金来源方面

Fermilab 主要通过国家拨款和国际合作项目获得资金支持。作为美国领先的高能物理研究中心之一，Fermilab 的主要资金来源为美国能源部（United States Department of Energy，DOE）的科学办公室。政府每年根据实验室的研究需求和发展计划提供充足的财政支持。此外，Fermilab 参与多个国际合作项目，通过签署合作协议和备忘录，吸引全球各地的科研机构和大学共同出资，确保大型研究项目如国际线性对撞机项目的顺利进行。

2. 人才培养方面

Fermilab 与全球多所大学和研究机构合作，开展联合培训和教育项目，培养新一代的高能物理学家。通过设立博士生联合培养计划和博士后研究员项目，Fermilab 为年轻科学家提供了宝贵的培训机会和研究平台。此外，Fermilab 设立了国际科学家访问和交流计划，邀请来自世界各地的科学家到实验室进行短期或长期研究。通过提供研究经费、实验设施和技术支持，Fermilab 帮助国际科学家在实验室内开展前沿研究，同时鼓励实验室的科学家到其他国家的研究机构进行学术交流与合作。这一举措不仅促进了国际科研人员之间的合作与交流，也提高了其在全球科学界的影响力。

3. 资源对外开放方面

Fermilab 向国际科研团队开放其先进的实验设施，如加速器和探测器，支持全球科学家的研究工作。通过制定设施使用政策和程序，确保公平和高效地分配实验时间和资源。例如，NOvA 和 DUNE 项目利用 Fermilab 的设施在中微子研究领域取得了重要成果，推动了对中微子质量和混合角的理解。此外，在暗物质探测和暗能量调查方面也取得了重大进展。Fermilab 还通过国际用户会议和研讨会，分享研究成果和经验，进一步加强了国际科研合作。

4. 政策支持方面

Fermilab 的管理政策强调科学家的主导地位，确保研究项目的科学性和创新性。实验室的日常运营由 Fermilab 的管理团队负责，包括实验室主任和多个科学部门的领导，他们共同制定实验室的研究战略和项目优先级。虽然美国能源部（DOE）提供了资金支持和政策保障，但 Fermilab 的科学委员会由来自全球的顶尖科学家组成，负责评估和建议科学项目的优先级和执行方式。DOE 通过定期评估和审核实验室的工作，提供必要的政策支持和监督，但不直接干预具体的科研决策。

（二）欧洲利用大科学装置开展国际科技合作的案例

欧洲核子研究组织（Conseil Européen pour la Recherche Nucléaire，CERN）位于瑞士日内瓦，是世界上最大的粒子物理实验室之一。CERN 成立于 1954 年，由 12 个欧洲国家共同创建，旨在推动粒子物理学的研究和促进欧洲各国的科学合作。它也是世界上最早的大科学装置"飞地"之一。CERN的旗舰项目包括大型强子对撞机、超级质子同步加速器和全球中微子监测站。其中，大型强子对撞机是世界上最大的粒子加速器，致力于探索宇宙的基本组成部分和自然界的基本力量。

1. 资金来源方面

CERN主要由其成员国提供年度财政支持，每个成员国根据其经济实力按比例出资。此外，CERN还通过参与国际合作项目和科研基金项目获得额外资金支持。例如，大型强子对撞机项目得到了全球多个国家和机构的资助和支持。这种多元化的资金来源确保了CERN的研究项目能够持续、稳定地进行。

2. 人才培养方面

CERN设立了广泛的国际科学家访问和交流计划，邀请全球顶尖科学家到CERN进行短期或长期研究。通过提供研究经费、实验设施和技术支持，帮助国际科学家在CERN开展前沿研究，同时鼓励CERN的科学家到全球其他研究机构进行学术交流与合作。CERN与世界各地的大学和研究机构合作，开展联合培训和教育项目，培养新一代的粒子物理学家。CERN每年举办多次国际暑期学校和研讨会，吸引全球的年轻科学家参与。通过提供丰富的培训资源和实践机会，包括使用LHC等先进实验设施进行实验和研究，CERN提升了参与者的专业技能，促进了国际学术交流，培养了具有全球视野的科研人才。

3. 资源对外开放方面

CERN向国际科研团队开放其先进的实验设施，如大型强子对撞机和超级质子同步加速器，支持全球科学家的研究工作。通过制定设施使用政策和程序，确保公平和高效地分配实验时间和资源。例如，大型强子对撞机的数据和实验时间被分配给全球的科研团队，推动了跨国科学研究的协作。通过国际用户会议和研讨会，CERN分享研究成果和经验，进一步加强了国际科研合作。CERN的设施和数据对外开放，不仅提升了研究效率，也推动了科学发现和技术创新。

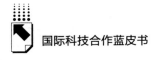
4. 政策支持方面

CERN 的管理政策由其成员国共同制定和执行，确保科学家对研究项目拥有主导权。CERN 的管理结构由理事会和科学政策委员会组成，理事会由各成员国的代表组成，负责制定总体政策和预算安排，而科学政策委员会由来自各成员国的科学家组成，负责评估和建议科学项目的优先级和执行方式。CERN 的日常运营由总干事负责，确保科学研究和技术开发的顺利进行。通过这种管理模式，CERN 确保科学家在研究项目中的主导地位，政府则负责提供必要的资金支持和政策保障。

（三）日本利用大科学装置开展国际科技合作的案例

日本高能加速器研究机构（High Energy Accelerator Research Organization，KEK）位于茨城县筑波市，是世界领先的高能物理研究机构之一。日本高能加速器研究机构成立于 1971 年，旨在推动粒子物理学、材料科学和生命科学的研究，并促进国际科学合作。日本高能加速器研究机构的主要设施包括超级对撞机（SuperKEKB）、质子同步加速器和日本质子加速器。其中，SuperKEKB 加速器是世界上最强大的电子—正电子对撞机之一，致力于研究 B 介子的衰变和 CP 破坏（CP violation）现象。

1. 资金来源方面

KEK 的资金主要来源于日本政府的科学技术振兴机构和文部科学省。此外，KEK 通过参与国际合作项目，获得来自全球各地的科研机构和大学的资金支持。通过这些多元化的资金来源，KEK 能够持续、稳定地进行其高能物理研究项目。

2. 人才培养方面

KEK 与世界各地的大学和研究机构合作，开展联合培训和教育项目，培养新一代的物理学家。KEK 每年举办多次国际暑期学校和研讨会，吸引全球的年轻科学家参与。通过提供丰富的培训资源和实践机会，包括使用 SuperKEKB 加速器等先进实验设施进行实验和研究，KEK 提升了参与者的专业技能，促进了国际学术交流，培养了具有全球视野的科研人才。KEK

设立了广泛的国际科学家访问和交流计划，邀请全球顶尖科学家到 KEK 进行短期或长期研究，进一步促进国际科研人员之间的合作与交流。

3. 资源对外开放方面

KEK 向国际科研团队开放其先进的实验设施，如 SuperKEKB 加速器和质子同步加速器面向全球科学家开放，并以严格的使用制度和科学的使用流程，确保公平和高效地分配实验时间和资源。例如，SuperKEKB 加速器的数据和实验时间被分配给全球的科研团队，实现大科学装置设施的国际共享。KEK 还通过不定期召开国际用户会议和研讨会方式，分享研究成果和经验，进一步加强了与国际科研网络的交流合作。

4. 政策支持方面

KEK 的管理政策强调科学家的主导地位，确保研究项目的科学性和创新性。KEK 由科学委员会负责评估和建议科学项目的优先级和执行方式，科学家在研究方向和项目管理中具有决定性作用，确保研究工作的高效推进和科学目标的实现。虽然日本政府通过科学技术振兴机构和文部科学省提供资金支持和政策保障，但 KEK 的科学家在研究项目中拥有充分的自主权，能够灵活调整研究方向和资源分配，确保科研工作的创新性和前沿性。通过这种管理模式，KEK 保持了科学主导、政府支持的平衡，使其在国际科技合作中取得显著成果，提升了其在全球科学界的影响力和声誉。

（四）案例启示

1. 跨国合作是推动科学研究不断发展的重要方式

复杂和前沿的科学问题往往需要全球科学家的共同努力。Fermilab、CERN 和 KEK 的成功案例表明，通过联合研究项目和国际合作，可以集全球智慧和资源，推动科学发现和技术创新。大科学装置自诞生之日起，便不只是科研基础设施，更是一个开放的供全世界科学家探索沟通碰撞的平台。

2. 稳定的资金支持和合理的资助机制至关重要

大科学装置的建设和运行需要巨额资金。Fermilab、CERN 和 KEK 通过联合资助机制和国际合作，确保了项目的长期稳定运行。各国政府、科研机构和私人基金的共同支持，是大科学装置成功的关键。此外，GOCO（Government-owned，Contractor-operated）模式，即"政府所有，委托管理"模式，也是 Fermilab 等大科学装置长期成功运转的重要因素。在管理过程中，将来自学术界、工业界的专家置于核心地位有着巨大的积极作用。

3. 共享研究设施和数据是推动全球科学研究合作的有效途径

向国际科研团队开放实验设施和数据，有助于最大化提升科研资源的利用率，推动科学研究的跨国协作。Fermilab、CERN 和 KEK 通过共享先进的实验设施和数据，支持全球科学家的研究工作，提升了全球科学研究的整体水平。

4. 大科学装置是培养国际化高水平人才的重要平台

通过国际科学家交流计划和联合培训项目，培养新一代科学家和工程师，促进国际学术交流，推动科研的可持续发展。其中，在优质科研设施和开放学术环境之外，充分尊重来自世界不同国家科技人才的文化背景与生活习惯，也是国际人才交流获得成功的关键。Fermilab、CERN 和 KEK 在人才培养方面的成功经验，展示了国际合作在提升科研能力和培养科研人才方面的巨大潜力。

5. 明确的政策和法律框架是依托大科学装置开展国际合作的制度基础

通过签署国际合作协议和备忘录，明确各方的责任和贡献，可确保合作的顺利进行。CERN 与多个国家签署合作协议，建立国际合作框架，为其他科学研究机构提供了重要的参考和借鉴。

三　北京依托大科学装置促进国际科技合作生态建设的政策建议

北京拥有全国最多的大科学装置，如北京正负电子对撞机、高能同步辐射光源、强磁场实验装置等，这些装置在国内外具有重要影响力和领先地位。依托这些大科学装置的集群效应，北京要积极参与国际科技合作，通过构建开放共享的国际科技合作生态，吸引全球顶尖科研力量，共享科研资源，推动科技创新与新质生产力发展，促进国际科技交流与合作，提升北京的国际形象和城市活力。

（一）依托在建和运行的大科学装置，在重点前沿学科领域布局国际科技合作项目，既要"走出去"也要"引进来"

在"走出去"方面，北京应根据大科学装置所在学科领域，在重点前沿学科领域布局国际科技合作项目。积极加入现有的国际大科学项目，通过合作共享全球科学资源。例如，参与欧洲核子研究组织的大型强子对撞机项目，这些项目涉及来自100余个国家的科学家，北京通过参与此类项目，能够分享先进的科研设施和技术，提升科研水平，并建立国际科研网络。在"引进来"方面，北京应利用现有的大科学装置的先进性及多学科交叉的促进作用，吸引各国学术组织和高水平科学家来京开展研究合作。例如，北京正负电子对撞机在高能物理研究中具有重要地位，可以吸引国际科学家进行合作研究。此外，北京的其他重要科学装置，如高能同步辐射光源、中国散裂中子源等，也可以向世界致力于生命科学和新材料研究的科学家与企业开放共享。这些开放共享举措不仅能够提高北京在相关领域的科研水平，还能促进全球科学家的互动与合作。

（二）依托在建和运行的大科学装置，加速培育和引进高水平科技人才

北京应充分利用现有大科学装置，加强与世界各地大学和研究机构的合作，开展联合培训和教育项目，培养新一代的科学家。例如，通过设立博士生联合培养计划和博士后研究员项目，提供优厚的奖学金和研究经费支持，为年轻科学家提供良好的科研环境和发展机会。同时，设立国际科研交流计划，鼓励北京的科学家赴国外顶尖研究机构进行访问学习，提升科研能力和视野。此外，通过国际科学家访问和交流计划，邀请全球顶尖科学家到北京进行短期或长期研究，促进国际科研人员之间的合作与交流。为了进一步扩大国际影响，北京应定期开放科学设施，向世界各国，尤其是发展中国家的

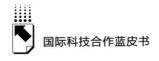
科研人员和学生开展科普教育，分享前沿科技成果，提升全球科学素养，吸引更多的有志人才从事科学研究工作。

（三）拓展资金来源渠道，为大科学装置的建设运行提供持续的资金保障

设立专门用于大科学装置的建设、维护和更新的专项基金。通过预算拨款、专项科研项目资助以及国际合作资金支持等多种途径筹集资金。开放社会捐赠通道，引导各类社会资本参与大科学装置的建设和运营。同时，鼓励国际合作项目的参与国共同出资，分担大科学装置的建设和维护费用，制定明确的国际合作资金管理办法，确保各国出资和使用透明公正，推动多边合作的持续发展。为参与大科学装置投资和建设的企业提供优惠政策。例如，减免参建企业一定比例的税收，或提供财政补贴和税收优惠。设立企业专项研发基金，支持企业利用大科学装置进行技术创新和产品开发，确保企业在创新活动中获得应有的收益。

（四）加快科学数据开放共享的制度建设，提高科学数据的使用效能

依托现有大科学装置形成的科学数据资源，在充分评估数据价值和安全性的基础上，面向全球建设科技共享开放示范区，制定明确的数据管理和使用规范，确保各国科学家能够公平地获取和使用数据资源，促进全球科学研究的协作和进步。对重要科学数据经评估后设立数据保护期，在确保国家和科研人员对数据的权益基础上，让其他有数据需求的科研人员能够尽早使用数据开展研究工作。优化和完善科学数据开放共享的配套政策，为科学数据的人才培养和资金使用等提供支持。如出台政策吸引高水平人才从事与科学数据相关的软件开发、运行维护等工作；对科学数据开放共享的绩效进行评价，并依据评价结果为其提供经费支持。

参考文献

孙扬：《从掌心加速器到大科学装置》，《科学通报》2020 年第 35 期。

陈套：《重大科技基础设施内涵演进与发展分析》，《科学管理研究》2021 年第 5 期。

尚智丛、陈晨：《国家目标对大科学装置发展的影响——以美国康奈尔同步辐射光源为例》，《自然辩证法研究》2010 年第 12 期。

刘庆龄、曾立：《国家重大科技基础设施的功能性质与建设策略》，《科学管理研究》2023 年第 2 期。

王贻芳、白云翔：《发展国家重大科技基础设施 引领国际科技创新》，《管理世界》2020 年第 5 期。

林娴岚：《大国科技竞争与国际大科学合作的国家战略选择——基于中美案例比较分析》，《东北亚论坛》2024 年第 3 期。

薄力之：《国内外大科学装置集聚区》，《国际城市规划》2023 年第 2 期。

许鑫：《依托大科学设施群推进国际科技合作》，《科学发展》2019 年第 7 期。

胡艳、张安伟：《新发展格局下大科学装置共建共享路径研究》，《区域经济评论》2022 年第 2 期。

李凡：《以大科学装置触发形成新质生产力》，《南方经济》2024 年第 5 期。

B.3
推动北京国际科技创新中心建设的
科技合作体系研究

李军凯 张新俏*

摘　要：　在大国科技博弈和全球科技创新格局重塑的大背景下，北京国际科技创新中心建设面临新形势。以科技合作驱动创新要素与创新资源集聚成为北京国际科技创新中心建设的重要内容。日本、美国和新加坡在建立灵活的科技合作政策与科研资助体系、建立多方协同机制推进研发合作、以产业为导向深化合作方面表现亮眼。在借鉴各国科技创新中心建设经验的基础上，本文提出通过立足国际合作大框架以减少科技依赖、灵活运用民间科技外交扩大利益交汇点、构建以科技成果需求侧为导向的国际合作路径，并不断健全国际科技合作评估体系，推动北京国际科技创新中心的建设。

关键词：　国际科技创新中心　科技合作　北京

国际科技交流合作是促进科技创新事业发展的必由之路，是加强世界文明交流互鉴、应对全球共同挑战的重要途径。党的二十大报告指出："扩大国际科技交流合作，加强国际化科研环境建设，形成具有全球竞争力的开放创新生态。"当前全球科技局势复杂多变，国际科技竞争加剧，合作与限制并存。各国在关键技术领域竞相突破，推动创新的同时，也面临技术壁垒和地缘政治博弈的挑战。科技全球化进程放缓，部分国家加强自主研发与技术

---

* 李军凯，博士，北京市科学技术研究院国际与区域合作中心主任、研究员，研究方向为科技战略与国际合作；张新俏，中国社会科学院大学新闻传播学院硕士研究生，研究方向为科技传播、网络传播。

保护，全球科技合作格局正在重塑。

应对世界百年未有之大变局，中国开展了北京国际科技创新中心建设，这也是深度融入全球科技创新体系的重要一步。党和政府提出，要统筹推进国际科技创新中心、区域科技创新中心建设，支持北京、上海、粤港澳大湾区形成国际科技创新中心。其中，"全国科技创新中心"转变为"国际科技创新中心"，体现了北京日益成为中国科技创新重要地区。我国迫切需要与其他国家展开深度合作，加速其在全球科技领域的崛起。新形势下，我国要以更高的起点、更广阔的全球视野，积极推动和策划科技创新并实施高水平的对外开放项目。如何在国际和国内两个层面打破制度壁垒、拓宽创新资源对外开放和自由流动的范围和加大深度，成为科技创新发展的关键议题。

一 全球科技创新格局的重塑

在全球科技博弈背景下，各国加快科技创新步伐。从历史维度看，全球科技创新格局的演变经历了多个阶段。从早期以欧美发达国家为主导的科技创新模式，到后期随着新兴经济体的崛起，全球科技力量逐步呈现多极化趋势。20 世纪八九十年代以来，伴随着全球科学技术的进步，新兴经济体对科技创新愈加重视，其科技能力持续提升，甚至出现科技创新投入"东升西降"的态势，这使得世界范围内的科技创新展现出多元化特征。[①] 在过去十年的时间里，关键技术如人工智能、量子计算和生物技术等领域呈现井喷式发展，技术流动和应用速度显著提升，科技产业链与产业组织形式也更有独占鳌头之势。美国、欧盟等传统科技强国仍然保有主导地位，以中国、印度和巴西为首的新兴科技强国正在快速崛起。大国博弈的核心问题在于，在科技领域的竞争已经超越了传统的市场份额争夺，而演变成了涵盖技术标准制定、知识产权保护、科技产业政策等多个维度的综合性挑战。

---

① 陈宝明：《国际科技创新合作格局的一种分析框架与其应用》，《全球科技经济瞭望》2022年第 7 期，第 15~20 页。

在此背景下，我国国际科技创新中心的建设显得尤为重要。一方面，随着全球创新格局的变革，我国必须加速构建科技创新平台，以应对日益激烈的国际竞争和大国博弈。例如，美国国会通过《2021 年战略竞争法案》（Strategic Competition Act of 2021）等系列法律条款，通过强化对华技术出口管控、切断中国科技企业的供应链、限制中美科技交流等方式，大肆干扰中国科技交流合作。在这种竞合关系中通过加强科技基础设施建设和加大研发投入，提升自主创新能力，确保我国在关键技术领域的领先地位极为关键。另一方面，国际科技合作的深化为我国引进全球优质创新资源和高端人才提供了宝贵机会，促进科技成果的转化与应用。在合作模式上，新兴科技强国通常采取更加灵活的合作机制，相比传统科技强国，更加注重资源共享与技术转移。此外，随着多极化科技合作模式的逐步形成，我国有望在国际科技标准的制定中发挥更加重要的作用，从而增强自身在全球科技治理中的话语权和影响力。面对新的科技创新格局，国际科技创新中心不仅是一个地点，也是构建跨国科技合作网络、走向全球创新网络的重要枢纽。总体而言，我国国际科技创新中心的建设不仅是对全球科技创新趋势的积极响应，也是提升国家竞争力的战略举措，旨在进一步提升我国在全球科技生态系统中的参与度和影响力。

二 科技合作赋能国际科技创新中心建设

（一）国际科技创新中心的内涵与特征要素

"全球科技创新中心"的概念最早在 2000 年提出，并在 2001 年被联合国开发计划署正式使用在其官方文件中。根据杜德斌等人的研究观点，该概念是指在全球科技创新领域中起主导作用和支配地位、具有高度集中的创新资源、频繁且富有活力的创新活动、强大的创新实力以及广阔的影响力的一类城市或地区。[①] 国际科技创新中心的建设需要一切创新要素的充分涌流。

---

① 杜德斌、何舜辉：《全球科技创新中心的内涵、功能与组织结构》，《中国科技论坛》2016年第 2 期，第 10~15 页。

我们必须聚天下之科技英才、集全国之科创企业、融全球之科创网络，为国际科技创新中心建设创造优秀发展条件。综观全球，其他领先全球的科技创新核心地区也往往具备上述条件，但要进一步成为国际科技创新中心，还需要强大的国际影响力和凝聚力。在这方面，欧美国家长期以来一直处于世界前沿。20 世纪 50 年代起，一系列科技创新中心崭露头角，在世界舞台上引起热烈反响。其中，美国纽约、波士顿与日本东京等中心呈现城市圈型形态，以色列特拉维夫等中心采取城市型发展模式，而美国硅谷则以科技园区为核心，发展起科技创新中心。经济全球化背景下，人才、资金、信息、技术等创新要素跨国高效流动，相互关联的创新参与者通过跨区域同全球的创新合作团队建立了全球创新网络。全球创新网络并不是简单地叠加了各个区域创新网络，因为在网络中存在权力不均衡的情况。国际科技创新中心在这个过程中充当了重要的角色，重新组织了创新主体和创新要素，直接影响了网络内的供应商、分包商等非核心参与者的地位、战略取向和发展前景[①]。某些凭借地理优势、产业基础、创新生态的区域能够集聚更丰富、更高质量的创新资源，从而成为全球创新网络的枢纽，旧金山、东京、纽约等国际科技创新中心就是如此。

（二）科技合作推动科创中心建设的作用机制

国际科技创新中心建设要走在时代最前沿，就必须从整合高质量创新要素、激发创新主体积极性和优化地区创新环境入手。[②] 国外学者 Van 从科技创新参与主体的角度对国际科技创新中心进行了研究，指出全球科技创新中心需要多主体协同合作，是研究型大学、公私研究机构、企业和私人投资者高度聚集的知识密集型区域。[③] 此外，Khorsheed 等人从社会文化和创新政

---

① 司月芳、曾刚、曹贤忠等：《基于全球-地方视角的创新网络研究进展》，《地理科学进展》2016 年第 5 期，第 600~609 页。

② 方力、李军凯、高菲等：《国际科技创新中心的典型特征与运行逻辑》，《科技智囊》2023 年第 1 期，第 5~13 页。

③ Van G. M. Cience Parks: "What They Are and How They Need to Beevaluated" [J]. *International Journal of Foresight &Policy*, 2008, 4 (1/2): 90~111.

策的角度分析了欧洲和亚洲部分发达国家的创新生态系统，强调基础设施、人力资本、金融资本是科技创新中心科研能力提升的重要保障。[①] 科技创新的关键条件是规模化、集团化组织，但是，综观我国创新主体，各方在组织创新要素、发挥创新潜能、对外开放程度等方面还较为落后，因此，我国亟须促进各类创新主体提升创新资源集聚能力。[②]

国际科技合作通常包括跨国界的科研项目、科学家和研究人员之间的跨国界交流、共享研究设施、知识和技术的转移，以及共同融资等要素。科技合作在推动国际科技创新中心建设中发挥着重要的作用，其作用机制多层次而复杂。首先，科技合作引入了创新要素的跨境流动和共享，促进了不同国家和地区的科技资源的相互补充与协同。这包括科研项目、科学家之间的跨国界合作，以及知识和技术的跨境传递，从而丰富了国际科技创新中心的创新资源。其次，科技合作扩展了国际科技创新中心的科研网络，通过与其他国际科研机构和科学家的合作，科创中心能够更广泛地获取研究成果、技术进展和创新思想，提升了其创新活动的水平和效率。最后，科技合作还有助于国际科技创新中心共同解决全球性挑战，如气候变化、医疗健康和能源问题。合作项目可以集结全球专业知识和资源，共同研究解决方案，从而推动全球创新。此外，科技合作涉及共同融资和资源的优化分配，不同国家和机构可以合作筹措资金，共同支持创新项目，解决资金不足的问题，推动更多的科技创新活动。"大科学"时代下的科学研究已然走入跨国家、跨区域、跨机构的全球合作时代，国际合作已然成为融入全球创新网络、赋能国际科技创新中心建设的关键力量。

三 科技合作驱动国际科技创新中心建设的域外经验

随着全球化和技术进步的推动，国际科技合作已成为推动科技发展和经

---

① Khorsheed, M. S. "Learning from Global Pacesetters to Build the Country Innovation Ecosystem" [J]. *Journal of the Kconomy*, 2017, 8 (01): 177-196.

② 陈劲：《开展迎接创新强国的技术创新研究》，《技术经济》2015 年第 1 期，第 1~4 页。

济增长的重要手段。日本、美国以及新加坡在吸引全球参与者，扩大参与者范围，推动完善协作机制、评估和监管体系，以及人才交流和成果传播等多个层面构建了多层次的合作交流机制，不断推动国际科技合作的深度发展，促进科技领域的创新和进步。

（一）日本：灵活的科技合作政策与科研资助体系

从技术立国战略到国际科技政策基本方针，日本政府的政策演变反映了对国际合作的不断重视。国际科技合作是实现科技创新和保持日本国际科技创新中心竞争优势的必要手段之一。首先，为应对全球化带来的挑战和维持其科技创新的前沿位置，从 20 世纪 80 年代开始，日本采取了一系列政策措施，如提出技术立国战略、颁布《促进研究人员交流法》、设立特别研究基金等。这些举措意在提升国内外科研人员的交流水平，增强国际科技协作关系。20 世纪 90 年代，日本政府相继提出国际科技政策基本方针并启动第一期科学技术基本计划，前者标志着日本科技政策国际化的转向，后者则构建了相对完善的国际科技合作框架。此后各类科技方案也对促进国际合作起到重要推进作用。其次，日本的多边国际科技合作机制具有区分政策的灵活性。日本根据不同国家和地区的科技发展状况采取了竞争性合作、互补性合作和援助性合作等不同科技合作策略。[①] 与欧美等国在竞争的基础上采取合作方法，主要集中在高度精密材料、生命科学、宇宙开发等高端领域。另外，对那些在某些特定领域较强的国家，日本采用的是彼此之间取长补短的合作策略，侧重处理全球性或区域性课题，如地球环境和传染病等。同时，日本以提供援助的方式，与发展中国家建立合作关系，推动日本影响力的提升，并寻求在广阔市场中长期培育互惠互利的长远利益。与此同时，为了增强国内科研机构在国际竞赛中的实力，日本大力推行了国立研发机构法人化改革。在这一过程中，日本文部科学省充分赋予了日本学术振兴会

---

① 刘钢、胡天恩、吕鹏：《新形势下上海深化国际科技合作的新模式和新举措》，《科学发展》2021 年第 8 期，第 24～32 页。

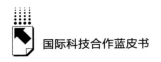
（JSPS）、日本科学技术振兴机构（JST）等独立行政法人组织更大的自主权，使之能有效执行各种国际科技协作项目。

（二）美国：建立多方协同机制推进研发合作

美国涌现了众多全球知名的科技公司，在聚集创新力、原创能力、推动力等方面一直保持着卓越表现，其辐射和主导力也毋庸置疑。硅谷作为现代科学发展的首个科技创新中心，在美国科技实力全球领先、对全球人才最具吸引力的大环境下崛起。为整合联邦各科技管理机构、私营部门、高校及非营利科研单位的科技创新力量，联邦政府采取了一系列如制定国家科技创新战略、发布年度科技优先领域、构建跨部门协同体系等政策措施来优化创新生态，促进创新要素的流动和组合。1997 年，美国在研究与开发（R&D）中投入的国际科技合作费用是 44 亿美元，仅仅 4 年后，该费用就增长了25%，高达 55 亿美元。有 14 个政府部门参与 R&D 国际合作，与 110 个国家和地区建立起相关联系。①

在争取科研人才方面，美国认识到科技合作的关键在于吸引、培养和保持高水平的科研人才，因此，科技政策与法律支持成为搭建人才交流合作框架的重要一环。在政策方面，美国还出台各类立法文件、工作方案以保障科研人才的权利，甚至对高端科研人才的移民问题"亮绿灯"。每年美国政府会奖励科学家和研究机构，设立了一系列奖项和补助计划，鼓励科学家和研究机构进行创新和技术转移。通过税收政策，欧美国家鼓励科研人员和企业投入研发活动。这些政策包括税收减免、研发税收抵免等，以提高创新活动的吸引力。这些政策都让其对科研人才的吸引力大大提升。在法律方面，欧美建立了清晰的法律框架来管理国际科技合作。涵盖合作协议、知识产权分配、责任分担等重要方面，为合作项目提供了稳定的法律依据。此外，欧美国家鼓励高校、研究机构和企业与国际合作伙伴合作，共同培养博士生和博士后。这种合作不仅有助于人才的跨文化培养，还加强了国际科技交流。

---

① 许超：《美国的国际科技合作》，《全球科技经济瞭望》2003 年第 9 期，第 52~53 页。

（三）新加坡：合理定位以产业为导向深化合作

在全球化背景下，国际竞争向纵深发展，新加坡因国土面积有限、资源相对匮乏而处于相对劣势。但是，该国充分发挥其优越地理位置、有效制度管理和高水平人才技术等方面的比较优势，积极寻求跨国、跨区域的项目合作机会，覆盖广泛的合作领域，形成以自由贸易协定模式、海外工业园区模式、生态城市共建模式为主的跨国政府合作，其合作重点领域主要集中在金融服务、人才技术交流、制造业和工程服务业等方面。

新加坡在跨国政府间合作项目中展现出卓越的能力，这一能力体现在三个关键方面。首先，新加坡善于充分发挥其比较优势，这包括清晰认知自身在劳动和国土资源等方面的有限性，并明智地利用自身在资金、技术和管理制度等方面的优势。在此基础上，将政府宏观调控、行政管理透明度以及稳定的产业经济等优势因素巧妙融入合作项目，以推动资源密集型和劳动密集型产业的升级，并积极开发亚太地区潜在的资源和市场机会。其次，新加坡精确定位自身在合作项目中的角色，采用"股东式中间人"的策略，而非简单的"中间人"模式。[1] 这一角色定位不仅有助于增加自身的投资回报，还通过风险共担的方式提高了合作伙伴的信任度。最后，新加坡以产业为核心，深化合作，特别关注产业服务的提供。在海外工业园建设方面，新加坡不仅关注基础设施建设，还重视产业服务配套。该国采用产业地产开发模式，提供全面的产业服务，包括研发、策划、招商、规划、融资、营销和物业管理等，以吸引企业入驻并促进产业集聚，从而提升园区竞争力。

四　推进北京国际科技合作体系建设的思考

发达国家在国际科技合作推动创新要素集聚方面已经积累了丰富经验，

---

[1]　黄庆华、曹峥林：《跨国经济合作模式与领域：例证新加坡》，《改革》2016 年第 1 期，第 64~75 页。

成熟的模式和成功经验对北京开展国际科技合作具有重要的借鉴意义。北京是全国高等教育和科研机构最密集的区域，科技人才和创新资源丰富。在借鉴其他国家的科技合作经验时，北京可以充分利用自身的优势和特点，在此新形势下积极开创服务北京国际科技创新中心建设的新模式。

（一）坚持构建全球科技合作格局，降低科技依赖风险

北京组织开展国际科技合作需要有统一的战略规划和顶层设计，明确各种资源调配和利益分配的原则和方式。设定国际合作大框架，减少科技依赖风险。科技依赖可能带来一系列风险，包括供应链脆弱性和技术安全问题。面对日益严峻的中美科技形势和各种不确定性，中国必须积极拓展科学技术国际关系网，扩大我们在全球范围内的影响力，在加快布局美国、英国、法国、以色列、俄罗斯5个战略支点的基础上，基于与新兴国家的共同利益促进相关科技合作，评估科技依赖的风险，寻找多元化的技术合作伙伴，以建立更为稳固的科技合作关系。

具体而言，首先，北京应当加强国家、地区间科技交流合作，基于我国科技攻关计划和专项项目，寻求国家间科技合作协议框架下的最大公约数，促进国际科技合作向纵深发展。在科研基金项目的设定上，确立好分类机制、资助机制和考核机制。政府确定有关国家长远利益的重大项目，锚定国家"卡脖子"科研项目，引导科研单位攻坚克难。资助机制方面，推动政府资助、高校参与、企业支持各类项目应该相互补充、相辅相成，促进落实产学研政多维融合。其次，北京应当积极参加并引领国际大科学计划和大科学工程的建设，不断提高相关项目的影响力，吸引海外科研人员利用我国设施进行研究，共同应对世界科技难题。同时，组织设立面向国际的科技专项资金，资助国内外优秀人才瞄准全球性挑战和科学前沿进行合作研究，并以此提升我国科研人员的国际视野和国际化水平。

（二）灵活运用民间科技外交，拓展北京特色国际合作长效机制

民间科技外交具备机制灵活、内容丰富、形式多样、敏感性低的特点，

在外交僵局难以打破的情况下，民间科技外交能够发挥重要的作用。北京在开展国际科技合作项目时，应坚持互惠共享的基本准则来确定具体的项目合作方式，持续延伸和拓展合作路径，并尝试新的合作策略。完善全球科技伙伴关系网络。推进多层次对美交流合作，进一步加强与欧洲及亚洲创新国家的科学信息传递、技术支持、科技创新等方面的交流合作，扩大与欧亚科技界的利益交汇点。

发挥民间组织对盟友的技术转让和援助，延长人才交流与培养方面的合作链条，吸纳全球科技英才。实施外资研发激励计划，支持知名跨国公司和国际科研机构在京首次设立外资研发中心。同时，支持国际科技机构在北京建立代表性的机构，鼓励打造国际科技机构总部集聚区，从而吸引相关机构的总部落户。通过大学交流、薪资荣誉、大型实验室的使用权等方式来吸引国际科研人才，其目的并非一味追求邀请国际知名科研单位、学者在中国长期从事科研工作，而是吸引其落户北京并在重大项目上开展合作攻坚、共同克难。此外，鼓励开展国际科技交流，进一步加强国际大学之间的人才交流项目。推动北京市科研单位、高校与其他国家建立更深刻更广泛的科技教育合作关系，积极鼓励北京科研机构"走出去、引进来"，加入国际科技协会，带动国际科技协会入驻北京，推动中国的各科技协会更加积极地与国际各科技学会进行联系，通过开设科技成果博览会、国际研讨会等形式，特别是在新兴领域如人工智能、生物科技等领域举办博览会，让各国的最新科研成果得以展示，提供互相交流互相学习的平台。

（三）以科技成果需求侧为导向，持续深化北京科技合作对接

在当今全球科技发展日新月异的背景下，科技成果的转化与应用已成为国家创新发展的重要驱动力。然而，单纯依靠科研机构和科技企业的努力，往往难以真正将科技成果转化为社会生产力，因为科技成果的转化需要与需求侧有效对接。在这一背景下，探索以科技成果需求侧为导向的国际科技人文交流合作路径具有重要意义。

一方面，北京作为我国的科技创新中心，拥有雄厚的科研实力和创新资

源。要实现以科技成果需求侧为导向的国际合作路径，首先需要搭建多层次、多类型的科技合作交流网络，联合推动创新研发、创业孵化和双向技术转移，以提高科技创新的效率。这可以通过建立国际科技创新联盟、签署合作协议、共享研究设施以及互派科研人员等方式来实现。这些合作机制将有助于北京充分利用全球创新资源，确保本地科技成果与国际合作伙伴的需求紧密对接。其次，建立科技成果需求数据库是推动科技成果需求侧对接的关键步骤。该数据库可以包括各种科技成果需求信息，如技术规范、市场需求、研发方向等。通过开放式数据共享，国内外科研机构和企业可以更好地将国际科技成果与本地需求相匹配，加速技术转化和商业化。这将促进科技成果更广泛地应用于社会和产业领域。

另一方面，支持科技型企业积极参与国际科技合作也至关重要。科技企业可以通过多种途径提高海外优质资源的分配效率、加快创新以及拓展国际市场，如投资并购重组、技术交叉许可、战略研发合作。这有助于中国的科技企业更好地融入全球科技创新体系，实现国际化发展。通过搭建科技合作网络、建立科技成果需求数据库和支持科技企业国际化，可以更好地将北京的科技实力与全球需求对接，推动科技创新和产业升级，为国家的创新发展做出更大的贡献。

（四）不断健全国际科技合作评估体系，支撑北京开放创新新生态

在新的时代背景下，为了支持北京国际创新中心的建设，必须强化国际科技合作评估体系的建设。在这个过程中，需要特别注意几个关键因素。首先，应该在推动北京国际科技合作的同时，进行有针对性的顶层设计，建立全面的监测评估与统计调查制度，覆盖科技创新和国际关系要素。这可以通过开展年度监测、专题评估和绩效评估来实现，以便更迅速地制定和实施相关制度、规则、规制和标准，从而提高科技、经济、产业和人才等方面的对外开放水平。

其次，需要以解决问题为导向。持续研究影响北京开放创新生态系统构建的各种因素，根据评估结论有针对性地推动解决国际合作中遇到的瓶颈问

题，包括消除人才、资金、设备、数据等创新要素流动的障碍，不断创造国际化的科研环境。同时，应保持全球视野，注重评估的开放性和国际化视角。通过深入研究多维度、多元化的开放创新生态评价指标体系，探索建立具有国际可比性、科学可信性和公平客观性的"国际开放创新指数"，推动科技创新制度的进一步开放。未来，科技评估将在拓宽科技创新合作渠道网络、畅通创新资源要素自由流动以及提升全球竞争力的开放创新生态方面发挥更为重要的作用。持续地评估和改进，将为北京国际创新中心的建设提供有力支持，推动我国科技创新走向世界的更高水平。

B.4
推动北京国际科技合作的创新生态研究

王慧娟　刘　波　杨鸿柳　那朝英*

摘　要：　本文探讨了北京国际科技合作的创新生态系统，分析其结构、动力机制和面临的问题。通过分析多元创新主体的协同作用，揭示了国际科技合作中的支持系统、合作网络和制度环境的重要性。北京虽然有深厚的国际科技合作基础和创新生态，但是仍存在创新主体参与国际合作的广度和深度有待进一步拓展、国际科技合作支持体系有待进一步完善、国际科技合作网络有待进一步拓展和国际科技合作的政策法规与服务体系有待进一步健全等问题。为此，要发挥高校院所优势，提升国际科技合作的广度和深度；完善国际科技合作支撑体系，强化创新资源支撑保障等优化路径，以期进一步提升北京国际科技合作的质量和效益。

关键词：　创新生态　国际科技合作　北京

引　言

国际科技合作是全球科技进步和经济发展的重要驱动力。作为中国的首都和科技创新中心，北京在推动国际科技合作方面具有重要地位和独特优势。近年来，北京在生物医药、节能环保、人工智能等前沿技术领域的国际合作

---

* 王慧娟，博士，北京市科学技术研究院国际与区域合作中心助理研究员，研究方向为国际合作、科技战略；刘波，博士，北京市社会科学院国际问题研究所所长、研究员，科研处处长，研究方向为国际关系与国际城市；杨鸿柳，博士，北京市社会科学院国际问题研究所助理研究员，研究方向为城市外交；那朝英，博士，北京市社会科学院助理研究员，研究方向为数字经济。

取得了显著进展。然而，面对复杂多变的国际环境和激烈的全球科技竞争，北京的国际科技合作也面临诸多挑战和问题。本文旨在系统地分析北京国际科技合作的创新生态系统，探讨其结构和动力机制，并指出目前存在的主要问题和挑战。通过梳理国际科技合作中多元创新主体的作用及其相互关系，本文揭示了国际科技合作中的支持系统、合作网络和制度环境的重要性。同时，文章提出了一系列优化路径，旨在为北京进一步提升国际科技合作的质量和效益提供政策建议。国际科技合作的创新生态系统是一个复杂的网络，由企业、科研机构、大学、政府部门、中介服务机构和国际组织等多元主体构成。这些主体通过协同创新，共同推动科技进步和产业升级。支持系统，包括资金支持、人才培养和流动、信息和数据共享、技术和设备共享等，为创新活动提供了坚实的基础。合作网络通过国家间的大学、科研机构、企业和国际组织的合作，促进了技术和知识的交流与共享。制度环境，包括创新政策、法规制度和标准的制定，为国际科技合作提供了法律保障和战略指导。尽管北京在国际科技合作中取得了显著成效，但仍面临一些问题。这些问题不仅制约了北京国际科技合作的深度和广度，也影响了科技成果的快速转化和市场应用。

一 国际科技合作创新生态系统结构和动力机制

创新生态系统是介于生态学和管理学之间的概念，最早由美国总统科技顾问委员会于 2003 年第一次正式提出，此后，Ander 从企业层面出发，认为创新生态系统是相互关联的企业基于核心目标通过高效协同实现价值共创[①]。在此基础上，Cross 提出了更为系统化的观点，认为创新生态系统是一个以核心企业为主导、由各类利益相关方组成的创新联盟，该联盟通过创新要素的集聚与聚合反应，以及创新价值链和价值网络形成与扩展，不断发

---

① Ander R. "Match Your Innovation Strategy to Your Innovation Ecosystem"［J］. *Harvard Business Review*, Vol. 84, No. 4, 2006.

展成一个开放的系统①。虽然当前关于创新生态系统的概念没有统一的解释，但是学者们对创新生态系统的特征达成了一定共识，认为创新生态系统中成员之间建立的协作关系、共同的目标以及一系列共享的知识和技术是其主要特征②③。

综上所述，创新生态系统是由多元创新主体构成的复杂系统，是以协同创新和价值共创为共同驱动目标而形成的网络。基于上述分析，本研究中的国际科技合作创新生态系统是结构和动力机制多层次、多维度的体系，涵盖了各类创新主体及其相互关系，以及推动这些主体进行合作和创新的各种因素，是主要由创新主体、支持系统、合作网络和制度环境四个主要部分，以及市场、技术、政策和社会驱动四个动力机制所构成的复杂网络。

（一）国际科技合作创新生态系统结构分析

国际科技合作创新生态系统的核心创新主体主要由企业、科研机构和大学、政府部门、中介服务机构以及国际组织和非政府组织（NGO）组成。企业包括跨国公司、中小企业和初创企业，企业之间通过合作研发、技术转移和市场拓展，共同推动科技创新。科研机构和大学通过联合研究、合作实验室和人才交流，促进基础研究和应用研究的发展。政府部门通过政策支持、资金投入，营造良好的创新环境。中介服务机构包括科技园区、孵化器、加速器和咨询公司，通过提供资源和服务，支持创新活动。NGO通过项目资助、技术援助和网络建设促进国际科技合作。

国际科技合作创新生态系统中的支持系统由资金支持、人才培养和流动、信息和数据共享、技术和设备共享共同构成。其中，资金支持包括政府资助、国际研发基金、风投资本和企业投资，为创新活动提供了经济支持。

---

① Cross, S. E. "Stategic Considerations in Leading an Innovation Ecosystem"［J］. *GSTF Journal On Business Review*, Vol. 2, No. 3, 2013.

② Iansiti M., Levien R. "Strategy as Eeology"［J］. *Harvard Business Review*, Vol. 82, No. 3, 2004.

③ Fukuda, K. and Watanabe, C. "Japanese and US Perspectives on the National Innovation Ecosystem"［J］. *Technology In Society*, Vol. 30, No. 1, 2008.

人才培养和流动是指通过组建国际科研团队、实施学者交流计划和跨国人才培训项目，促进国际人才的培养和流动。信息和数据共享是通过国际数据库、科研文献和知识共享平台，推动国际信息和数据的开放与共享。此外，通过共享先进的科研设备和技术，促进技术转移和合作开发，提高整体创新能力。

国际科技合作创新生态系统中的合作网络包括国家间科研机构和大学、企业、国际组织的合作。不同国家的科研机构和大学通过共同设立和开展研究项目，分享技术和研究成果；通过合作建立实验室，共享科研设备和资源，进行联合实验和研究；通过国际会议、学术研讨会和工作坊等交流平台，促进成员之间的交流合作。企业之间通过合作研发、技术转让和市场拓展，共同实现科技创新。国际组织在促进国际科技合作中也扮演着积极角色，如联合国教科文组织、世界银行和国际标准化组织等，通过定期召开研讨会、项目资助、技术援助、政策建议等方式，推动国际科技合作与发展。

国际科技合作创新生态系统中的制度环境包括创新政策、法规制度以及标准的制定。制度环境为国际科技合作提供了法律保障和战略指导，确保合作的合法性和有效性。各国政府通过制定创新政策和战略，为参与合作的创新主体提供政策和资金上的激励，有力地推动了国际科技合作。各国通过制定相关法规制度、签署双边或多边科技合作协议等，明确合作各方的权利和义务，为合作提供法律保障。

（二）国际科技合作创新生态系统动力机制分析

国际科技合作创新生态系统的动力机制通过市场、技术、政策、社会等多方面的推动力量，共同促进了国际科技合作的持续发展。市场需求和竞争压力使得各国企业和科研机构主动寻求合作，技术驱动机制使得各国能够通过跨学科合作加速技术突破，政策驱动机制提供了法律和资源保障，社会驱动机制通过应对全球性挑战和满足公众需求推动合作。

市场驱动机制源自全球市场需求和竞争压力两个方面。随着全球市场需求的不断增长，各国企业、科研机构和大学需要通过合作来开发新技术和产

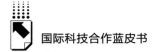

品，以满足不同市场的需求。例如，在信息技术、医疗健康、可再生能源等领域，全球市场需求推动了各国在相关技术上的合作与创新。国际竞争促使企业、科研机构和大学不断提升自身创新能力，不同国家之间通过合作来共享资源和技术，以提高竞争力，共同应对国际竞争压力。

技术驱动机制包括技术融合与交叉以及数字化转型两个方面。多学科合作是应对现代科学问题和技术挑战的有效途径，新兴技术的快速发展需要多学科的交叉融合来加速技术的突破和应用，这在无形中推动了国际科技合作。通过国际科技合作，不同学科的研究团队可以共享先进的科研设备、技术和数据，降低研究成本，提高研究效率。这不仅推动了科学研究的前沿发展，也为全球科技进步和经济发展提供了强大动力。数字化转型通过提供云计算、大数据、在线协作工具和虚拟实验室等技术平台，为国际科技合作注入了新的动力。这不仅提高了科研效率，也使得跨国合作变得更加便捷和高效，为全球科技进步和创新提供了强有力的支持。

政策驱动机制包括政府支持和国际组织的倡导。政府支持是推动国际科技合作的重要保障和驱动力。科技是提升国家竞争力的重要动力源泉，当前，各国通过政策支持和资源投入，大力推动国际科技合作项目的开展，例如，制定并实施有利于推动国际科技合作的科技政策、创新政策以及法律制度，为国际合作提供了必要的法律和政策保障。为推动科技进步、解决全球性挑战，国际组织也在积极推动国际科技合作。国际组织通过项目资助、技术援助和政策建议，积极倡导和推动全球科技合作与发展，它们不仅提供了必要的资金和技术支持，还通过制定国际标准和提供政策建议，规范和指导全球科技合作的方向。通过这些倡导和支持措施，国际组织在全球科技合作中发挥了重要的桥梁和推动作用，

社会驱动机制主要是指全球性挑战和公众需求。当今各国面临气候变化、公共卫生和能源安全等复杂的全球性挑战，单一国家很难独立解决，这迫使各国通过科技合作，共享资源和技术，联合寻求有效的解决方案，促进全球可持续发展和安全稳定。公众需求在推动国际科技合作中起到了催化剂的作用。社会公众对科技进步、生活质量提升和可持续发展的期望，促使各

国政府、企业、科研机构和大学加强合作，共享资源和技术，以解决全球性问题，满足公众需求，推动科技创新和经济发展。例如，在清洁能源、环境保护和健康医疗等领域，公众需求推动了国际科技合作和创新，带来了显著的社会和经济效益。

二 北京国际科技合作的创新生态现状分析

北京作为中国的科技创新中心，具有深厚的国际科技合作基础和活跃的创新生态系统。其创新生态系统由各类创新主体、支持系统、合作网络和制度环境构成，并通过市场、技术、政策、社会四大驱动机制共同推动国际科技合作的发展。

（一）北京国际科技合作创新主体分析

北京国际科技合作的创新生态系统中，创新主体涵盖了企业、科研机构、大学、政府部门、中介服务机构和国际组织等。这些主体在科技合作中各自发挥着关键作用。

北京汇聚了大量科技型企业，既包括颇具实力的高科技公司，例如华为、百度、京东方等，也有快速崛起的中小企业和初创企业。这些企业积极参与国际科技合作，开展跨国研发和技术转移，特别是在人工智能、大数据、信息通信技术等领域，通过国际合作有效推动了技术创新。众多跨国公司也在北京设立研发中心，加强了与全球创新网络的连接，例如微软、谷歌等。

北京是中国顶尖高校和科研机构的聚集地。北京共有 92 所普通高等学校，其中 8 所"985"高校、21 所"211"高校；拥有 1000 多家科研院所，包括中国科学院、中国工程院、国家自然科学基金委员会等全国性科研机构；拥有 100 多家国家级重点实验室，数量上居全国首位，涵盖了基础科学、工程技术和应用科学等多个领域，为前沿科技研究提供了良好的平台。这些高校和科研机构通过设立国际联合实验室、组建国际科研团队，共同推动前沿科技的突破。

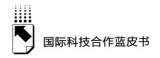
在推动国际科技合作过程中，北京市政府也发挥着不可替代的作用，通过一系列政策支持和资金投入，积极营造优良的国际科技合作政策环境，通过战略规划和资金支持，为高校、科研机构、企业和中介服务机构等创新主体提供激励，推动科技创新和国际合作。

北京有众多科技产业园区和孵化器，其中科技产业园区336个，各类孵化器和众创空间500余家。这些机构为国际科技合作项目提供资源对接、技术孵化等服务，帮助科技成果快速转化。此外，北京还有众多的创新服务中介机构，在企业国际化过程中提供战略咨询、技术合作对接等服务，促进创新生态的健康发展。

北京作为国际交流的中心，吸引了众多国际组织在此落户，推动国际科技合作。截至2023年，北京共有165家国际组织。国际组织在支持国际合作方面发挥了重要作用，通过定期召开研讨会、提供技术援助等方式，促进国际合作项目落地。

（二）北京国际科技合作支持系统分析

北京作为中国的科技创新中心，创新生态支持系统相对成熟且多元化，涵盖了资金支持、人才培养和流动、信息和数据共享以及技术和设备共享等方面，为推动国际科技合作提供了重要的基础。

资金支持。北京在资金支持方面具有多层次、多元化的特点，为国际科技合作提供了强有力的经济支撑。一是政策支持。北京市通过出台相关政策、设立具体项目来推动国际科技合作。2022年，市政府出台《北京市关于支持外资研发中心设立和发展的规定》，明确外资研发中心获得授权的国内和国外发明专利与内资机构享受同等的资金支持政策。设立国际科技组织联络机制建设项目，为在京高校、科研院所加强与国际科技组织的交流合作提供经费支持。[1] 二是国际研发基金。北京与多个国际研发机构合作，吸引

---

[1] 北京科技国际交流中心：《关于申报2024年国际科技组织联络机制建设项目的通知（第二批）》. 北京市科学技术协会网站（2024年3月27日），http：//www.bast.net.cn/art/2024/3/27/art_34502_19937.html。

外部资金。例如，北京亦庄目前已聚集了 103 家世界 500 强企业投资的 158 个项目①。外资的流入加速了全球创新要素的聚集，推动了科研成果转化与产业升级。三是风投资本和企业投资。北京集聚了如红杉资本中国基金等众多知名投资公司，为国际科技合作提供了有力支持。除此之外，华为、百度、腾讯等科技巨头在京设有研发中心，积极推动全球范围内的合作开发与技术创新。

人才培养和流动。北京汇聚了众多全球高端人才，并通过多种机制促进不同国家间科研人员的交流与合作。一是联合建立实验室。北京的顶尖高校和科研机构，通过与世界知名大学联合建立实验室，共同组建专家团队，在项目研发中培养人才。清华大学与剑桥大学、麻省理工学院共同建立低碳能源大学联盟，会聚全球顶级专家，共同致力于低碳能源领域的研发和人才培养。中国科学院与德国马普学会联合建立计算生物学研究所，与 10 多个国家的 30 多所大学和科研机构建立合作关系，汇集全球生物学领域科学家，致力于生命科学领域的合作和人才培养②。二是学者交流计划。北京积极参与并发起各类国际学术交流计划，推动国际学术合作和人才双向流动。例如，北京大学设立"全球视野·北京大学研究生学术交流基金"项目，资助研究生参加高水平国际学术会议和国际暑期（冬季）学校培训，促进人才的交流。2024 年，北京发布《中关村国家自主创新示范区提升国际化发展水平支持资金管理办法（试行）》，明确对重点产业领域科技企业开展境外培训和国际人才交流项目给予资金支持。三是跨国人才培训项目。北京高校与多家国际知名院校合作开展跨国培训项目。例如，清华大学与麻省理工学院签署的微硕士项目、北京大学与牛津大学和新加坡国立大学共同开展的双学位研究生项目等。

---

① 《构建更强能级国际创新生态圈，北京亦庄外资研发中心约占全市三分之一》.澎湃新闻·澎湃号·政务（2024 年 9 月 18 日），https：//www. thepaper. cn/newsDetail _ forward _ 28776170。

② 《中科院-马普计算生物学伙伴研究所》，中华人民共和国科学技术部网站（2011 年 8 月 23 日），https：//most. gov. cn/ztzl/qgkjwsgzhy/kjwssywcgz/kjhzcgzpt/201108/t20110823 _ 89191. html。

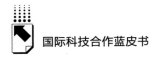

信息和数据共享。北京的科研机构和企业通过信息与数据共享，推动了国际合作中的知识传播和创新发展。一是国际数据库的接入与建设。北京高校和科研机构积极参与国际科研数据共享项目，并接入多个国际数据库，例如由北京大学计算中心提供技术支持的 CERNET 联邦认证和资源共享基础设施，实现了师生在校外访问国际学术数据库的目标。中国科学院北京基因组研究所开发的基因序列数据库 GenBase 与国际公开核酸序列数据库 GenBank 实现了无缝共享，为国际科研合作提供了数据支持。此外，北京还参与了一些全球范围内的数据共享项目，如开放科学云平台和"国家科技资源共享平台"，促进了科研数据的跨国界共享。二是科研文献与知识共享平台。北京拥有众多有影响力的学术期刊出版机构，通过与国际知名出版机构合作，推动了科研成果的国际传播。例如，北京大学出版社与施普林格出版集团合作将 *China International Strategy Review* 由年度集刊转化为正式的英文期刊。中国科学院发布的"PubScholar 公益学术平台"，为全球提供公益性学术资源检索发现、内容获取和交流共享等基础服务。

技术和设备共享。北京通过建立国际技术和设备共享机制，促进了全球范围内的技术转移和联合开发。一是科研设备的共享。北京的大型科研设施，例如中关村科学城、怀柔科学城，集中了国家级科研平台和高端实验设备，不仅服务于本地科研机构，还对国际科研团队开放，推动了跨国技术合作与联合研究。北京大学和清华大学等高校设立的国家重点实验室，与多个国际实验室建立了长期的设备共享机制。二是技术共享与转移。北京的企业和科研机构通过技术共享和技术转移，推动了国际合作的深入。此外，北京还通过设立国际技术转移中心，为中外企业和科研机构提供技术转移服务，推动国际合作。

（三）北京国际科技合作网络分析

国际科研合作网络。在京的科研机构和大学与全球顶尖大学、科学家保持紧密的合作关系，建立了广泛的国际合作网络。例如，清华大学与麻省理工学院、剑桥大学等建立了联合研究中心，推动全球学术和技术的协同创新。北京大学与多个国家和地区的高校和研究机构建立了合作关系，例如与英国剑桥大学、日本东京大学和加拿大多伦多大学等签署战略性科研合作协议，启动联合种子基金项目。北京脑科学与类脑研究中心面向全球引进了全职实验室负责人 32 位，其中非华裔科学家 6 位，共同开展脑科学领域的国际合作。这些合作网络覆盖了从基础研究到应用研究，促进了国际知识流动和技术突破。

企业国际合作网络。北京的科技企业通过国际合作研发、技术转让和市场拓展，形成了全球化的创新网络。例如，中关村发展集团在美国硅谷、德国海德堡、以色列特拉维夫设立了海外创新中心，累计孵化超过 400 个项目，并推荐 300 余个项目、近 200 位人才来京发展①。英国励讯集团与北京市科学技术委员会、中关村科技园区管理委员会等机构合作，通过组织培训、研讨会等方式，强化了实验室管理、科研职业生涯发展等方面的人才交流与培养。全球领先的生物制药公司诺和诺德中国研发中心成立了 INNOVO 开放创新平台，积极拓展在中国的研发合作，并依托诺和诺德全球网络，加速了科研成果从基础研究到产业化的转化进程。北京飞镖国际创新平台与德国勃林格殷格翰合作共建"BI-ATLATL 联合创新实验室"，共同打造多元化研发管线，推动全球先进治疗药物产品开发。这些企业通过全球研发中心和市场布局，提升了北京在全球创新网络中的影响力。

国际组织合作网络。国际组织通过联合研究、项目资助等方式有效推动了北京的国际科技合作。例如，国家自然科学基金委员会发起的"可持续发展国际合作科学计划"，与包括联合国环境规划署、国际山地综合发展中心在内的多个国际组织合作，共同推动实现联合国可持续发展目标。由中国发起的"一带一路"国际科学组织联盟，立足北京，通过实施联合研究、战略咨询、项目培训以及建设国际专题网络等方式，广泛连接国内外科研机构、高等院校、国际组织、政府部门、企业、金融机构等，搭建起促进国际

① 北京市科学技术委员会、中关村科技园区管理委员会：《走出去、引进来！北京科技创新国际交流合作成效显著》，北京市人民政府网站（2022 年 9 月 15 日），https：//www.beijing.gov.cn/ywdt/gzdt/202209/t20220915_ 2816249.html。

科技合作的交流平台。国际地质科学联盟通过国际地学计划项目，支持和促进了北京与全球地学领域的合作研究。北京市科学技术研究院与中国－东盟中心联合主办"一带一路""科技创新与数字经济"专题培训，为东盟国家与中国合作伙伴搭建起科技创新与数字经济合作交流的桥梁。

（四）北京国际科技合作制度环境分析

北京市政府高度重视国际科技合作，出台了一系列政策措施，从多个层面来优化合作环境，为国际科技创新合作提供了制度保障。

一是加强国际科技合作的顶层设计和规划引导。一方面，将国际科技合作纳入北京市科技创新的总体规划。2021年，北京市印发《北京市"十四五"时期国际科技创新中心建设规划》，将国际科技合作作为重要内容，提出要"构建开放创新生态，走出主动融入全球创新网络新路子"。另一方面，制定了多个国际科技合作的专项规划或行动计划。例如，《"一带一路"科技创新北京行动计划（2019-2021年）》《科技领域开放改革三年行动计划》《北京市推进"一带一路"高质量发展行动计划（2021－2025年）》等。

二是加快构建国际科技合作平台。国际科技合作平台是北京市开展国际科技活动的重要载体，在深度融入全球创新体系、扩大科技开放与合作中起到重要的促进和引领作用。2011年，北京市科委出台《北京市国际科技合作基地管理办法（试行）》，对合作基地的认定、管理和支持方式等方面做出了明确规定。2021年，市政府出台《北京市"十四五"时期国际科技创新中心建设规划》，强调加快构建从基础研究到应用研究、从示范引领到应用转化的全方位、多层次、跨领域的国际科技开放合作平台，形成由国际科技合作基地、海外创新孵化中心、国际联合实验室、企业海外研发机构、外资研发中心组成的国际科技合作载体体系。此外，北京市十分注重利用大科学设施集群、大科学工程等开展国际科技合作，积极推动大科学装置和科技基础设施面向全球开放共享。

三是加大科技创新的金融支持力度。北京市政府积极给予创新主体多种金融政策支持，助力其开展国际科技创新合作。北京市政府通过与银行等金融机构的合作，实现金融对科技的有效支撑。政府负责选择、评估和推荐有前景的国际化创新合作项目，银行则根据专业的金融知识，结合推荐信息及时给予合作项目金融支持，促进国际科技合作项目在京的产业化发展。

四是大力引进国际高端人才。近年来，北京市出台多项政策加强国际高端人才的引进。例如，2018 年制定的《关于深化中关村人才管理改革 构建具有国际竞争力的引才用才机制的若干措施》，从国际人才出入境便利度、引进使用开放性、兴业发展和人才服务保障等方面，提出多项吸引人才的具体措施。

三　北京国际科技合作创新生态存在的问题

基于对北京国际科技合作创新生态现状的分析可以看出，北京在国际科技合作方面已经形成了比较完善的创新生态雏形，但仍存在一些亟待解决的突出问题。

（一）创新主体参与国际合作的广度和深度有待进一步拓展

一是科研机构和高校参与国际合作的广度有待拓展。一方面，我国的高校、科研院所普遍与欧美发达国家开展的合作较多，与共建"一带一路"国家的合作相对薄弱。例如，在基础研究方面，与美国、英国、澳大利亚等发达国家的合作位居前列，但与共建"一带一路"国家的合作相对较少[1][2]。北京拥有全国最多的高校、科研院所以及近一半的两院院士[3]，应在

---

① 黄栩、张孟亚：《基于 ESI 高被引论文的中国基础研究国际合作测度与评价》，《科技和产业》2023 年第 2 期。

② 叶阳平、马文聪、张光宇：《中国与"一带一路"沿线国家科技合作现状研究——基于专利和论文的比较分析》，《图书情报知识》2016 年第 4 期。

③ 《92 所高校、1000 多所科研院所……北京加快建设科技创新中心和高水平人才高地》，国际在线（2024 年 3 月 19 日），https：//baijiahao.baidu.com/s？id＝1793940118061758294&wfr＝spider&for＝pc。

拓展国际科技合作的广度方面在全国起到引领作用。另一方面，科研院所与高校在科技成果转化方面效果有限，显著影响国际科技合作的质量[①]。

二是企业参与国际科技合作的主动性和能力不足。企业跨国技术并购和海外研发中心建设的业务刚刚起步，参与全球创新网络的广度和深度不够。企业"走出去"的方法以生产、销售或设立办事处为主，设立研发中心、创新中心的企业偏少。政府促进企业"走出去"的激励措施和服务体系仍待完善，工作指引、咨询引导、风险提示、利益安全保护等尚不到位，降低了企业参与和引领开放创新的意愿[②]。以中关村示范区为例，虽已形成电子信息、生物医药、智能制造、新能源等领域企业集群，但具有国际影响力的行业龙头不多，中小企业"走出去"的规模较小，难以形成叠加效应。

三是政府在推动国际科技合作方面的举措有待完善。北京市虽然出台了一系列国际合作计划和政策举措，但在落实科技创新开放合作工作的过程中，仍然存在实施方案可操作性不强、监督评估重视程度不足等现象，导致部分工作呈现"政策有条款、操作无细则"的状态。"招引留用"的人才机制有待强化，人才评价采用与本土人才相同的评价标准，未充分考虑外国人才独自组建团队的现实需求，加大了其在华职称评定的难度。此外，对在国际科技组织中任职人员的支持政策不够，科研和管理人员在全球发声、协调国际组织事务方面热情不足[③]。

（二）国际科技合作支持体系有待进一步完善

一是科技金融体系不够健全[③]。北京市虽已设立了一批政府引导基金、天使投资、创业投资等，但总体规模偏小，社会资本参与不足，难以满足企

---

① 朱崇高：《科研院所国际科技合作高质量发展建议》，《科技传播》2024 年第 6 期。
② 迟婧茹、任孝平、李子愚等：《加快构建具有全球竞争力的开放创新生态，推动更高水平科技创新开放合作》，《中国科学院院刊》2024 年第 2 期。
③ 《全文来了！北京市"十四五"时期国际科技创新中心建设规划》，京报网（2021 年 11 月 24 日），https：//baijiahao. baidu. com/s？id = 1717261642904419341&wfr = spider&for = pc。

业跨国并购、海外建立研发中心的多元化投融资需求。科技金融产品和服务创新不够，知识产权质押贷款、股权投资等规模偏低。中小科技企业融资渠道不畅，海外创新项目贷款难、融资贵问题突出。2022 年底，中关村示范区科技型中小企业获得的信贷支持占全部中小企业贷款的比重仅为 32%，远低于深圳等地①。金融资本与产业资本的跨境对接有待加强，助力企业融入全球创新网络的金融生态尚待优化。

二是高层次国际化人才总量不足。北京虽是国内人才高地，但在吸引和集聚海外高端人才方面还有较大提升空间。一些关键领域、前沿方向缺乏领军人物和高水平创新团队。引才育才机制有待健全，国际人才评价标准单一，国际视野和合作经历考核权重偏低。用人制度不够灵活，科研人员参与国际交流的广度深度不够。针对海外高层次人才的政策、项目、平台等配套服务相对滞后，人才"下得来、留得住、用得好"的制度环境有待优化。

三是信息资源共享机制不完善。科技管理部门间信息壁垒依然存在，科技资源共享的制度规范不健全。科研机构、高校与企业各自为政，政企、产学间缺乏有效的信息交流渠道和数据共享机制。中小微企业获取国外市场信息、技术信息的渠道不畅，对国际前沿技术发展和国外创新资源缺乏足够了解，影响了国际合作的精准对接。科技报告、专利信息等创新资源开放共享不足，公众参与度低，难以最大限度汇聚国内外创新要素。

四是科技基础设施开放共享的广度和深度不够。例如，中国科学院、清华大学、北京大学等在京科研机构和高校，虽拥有大量先进科研仪器设备，但共享服务的对象和范围有限，使用效率不高。实验室、科学数据等创新资源对外开放不充分。跨机构、跨区域、跨国界的大科学装置共建共享的机制尚不健全。国际规则、标准制定的主导权较弱。以怀柔科学城为例，重大科技基础设施服务国际科技合作交流力度以及对相关领域国际顶尖科学家的集聚作用还有待加强。

---

① 《2022 年中关村国家自主创新示范区统计公报》，中关村科技园区管理委员会网站（2023 年 6 月 4 日），http://zgcgw.beijing.gov.cn/zwgk/tjxx/tjgb/202303/t20230315_2869467.html。

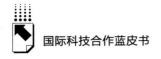

（三）国际科技合作网络有待进一步拓展

一是高端创新网络节点的能级不够。截至 2016 年，北京有 370 家国际科技合作基地[①]，截至 2024 年，共有 149 家外资研发中心[②]，但真正具有全球影响力的机构数量偏少。虽有联合国教科文组织等国际组织驻京办事处，但尚未形成全球创新网络的关键节点和核心枢纽。以清华大学为例，虽在国际科研论文合作中已跻身世界前列，但在主导国际大科学计划、牵头组织全球性科技合作方面还不够突出[③]。中关村虽被誉为"中国硅谷"，但在世界创新版图中的地位与硅谷相比仍有不小差距。二是高校与国际一流名校实质性合作有待深化。北京大多数高校、科研机构虽然与世界一流大学建立了广泛的合作关系，但总体看，实质性的协同创新还不够，人才联合培养规模较小，学生交换项目数量有限。三是企业跨国技术并购和海外布局处于起步阶段。受制于信息、资金、人才等瓶颈，中小企业对接全球创新网络的能力不足。跨国技术转移效率偏低，中小企业海外知识产权布局和运营的主动性不够。

（四）国际科技合作的政策法规和服务体系有待进一步健全

一是国际科技合作的政策供给总体偏少。虽出台了一系列鼓励企业、高校开展国际科技合作的举措，但缺少专门针对国际科技合作的地方性法规或条例。在人才引进使用、知识产权运营、科研项目管理、资金跨境使用等环节缺乏系统性、针对性的制度设计。对企业参与国际科技合作缺乏精准化、

① 北京市科委：《北京市科委稳步推进北京市国际科技合作基地认定工作》，中华人民共和国科学技术部网站（2016 年 9 月 19 日），https：//www. most. gov. cn/dfkj/bj/zxdt/201609/t201609 19_127749. html。

② 北京经济技术开发区管理委员会：《约占全市总数的 1/3！北京经开区外资研发中心总数增至 46 家》，北京市人民政府网站（2024 年 7 月 8 日），https：//www. beijing. gov. cn/ywdt/gzdt/202407/t20240708_3740986. html。

③ 《"碳中和与能源智联"国际大科学计划培育项目启动工作座谈会在清华大学举行》，清华新闻网（2023 年 11 月 28 日），https：//www. tsinghua. edu. cn/info/1177/108237. htm。

差异化的扶持政策，中小微企业政策获得感不强，一些普惠性政策如研发费用加计扣除等，由于门槛较高，许多小微企业难以享受。

二是知识产权法律体系和服务体系不够健全。在专利保护、商标确权、版权维权等方面，现有法律法规还不完善。知识产权归属、利益分享等问题界定不清晰，影响创新主体合作的积极性。知识产权评估、交易、质押等配套服务滞后，难以充分发挥知识产权的资产价值和投资回报作用。企业海外知识产权预警和快速维权机制不健全，应对国际知识产权纠纷的法律服务能力偏弱。国际技术转移中知识产权的定价、流转机制有待完善。

三是国际化科技服务业发展滞后。北京虽初步形成了门类齐全的科技服务业，但精细化、专业化水平不高，尚不能满足国际科技合作的多元化需求[1]。从事科技咨询、知识产权、科技金融、创业孵化等专业服务的国际化水平不高，缺乏熟悉国际规则、精通跨文化交流的复合型人才[2]。与全球高端创新要素对接的中介平台不多，专业化市场化服务的广度深度有待拓展。

四　北京国际科技合作创新生态的优化路径

基于上文对北京国际科技合作创新生态系统存在问题的分析，结合相关理论和实践经验，本文提出以下优化路径。

（一）发挥高校院所优势，提升国际科技合作的广度和深度

一是鼓励高校、科研院所牵头组织或参与国际大科学计划和重大科技项目，在全球科技前沿领域贡献中国智慧。聚焦绿色发展、数字经济、脑科学、空间科学等领域，争取更多国际科技资源在京落地。二是支持高校与国内外名校深化实质性合作。围绕人才培养、科学研究、技术创新等方面，推

①　《全文来了！北京市"十四五"时期国际科技创新中心建设规划》，京报网（2021年11月24日），https://baijiahao.baidu.com/s? id=1717261642904419341&wfr=spider&for=pc。
②　《科界的"红娘"：科技中介为实现成果转化"牵线搭桥"》，澎湃新闻·澎湃号·媒体（2023年5月9日），https://www.thepaper.cn/newsDetail_forward_23014680。

动双方在联合实验室建设、联合攻关、合作育人等方面取得更多实质性成果，提升高校师生参与国际重大科研项目的能力。三是加强科研机构、高校与企业的创新协同。建立健全政产学研深度融合的机制，促进技术转移和成果产业化。引导创新主体共同制定国际科技合作的议题，加强重点领域、关键环节的部署，在更大范围、更高水平、更深层次上开展协同创新。

（二）完善国际科技合作支撑体系，强化创新资源支撑保障

一是拓宽科技基础设施开放渠道。推动加大怀柔综合性国家科学中心、中国科学院怀柔科学城、北京未来科学城、北京脑科学与类脑研究中心等开放力度，为海内外研究者提供大科学装置、科学数据、实验平台等优质科研资源。二是加强科技创新资源共享。建立市级科技管理部门间信息共享机制，实现科研仪器、科学数据、论文专利等创新资源的高效流通与充分利用。推动技术转移机构市场化运营，健全科技成果转化的路径。三是创新金融支持方式。拓宽科技型中小企业融资渠道，健全科技与金融结合机制。加大力度支持科创企业上市，设立北京国际科创母基金，为企业"引进来""走出去"提供金融支撑。四是完善国际人才引进机制。健全海外人才评价标准，加大力度引进高层次创新创业人才。创新外籍人才签证制度，为外籍科学家来京工作提供便利。加强高校国际人才培养，鼓励中外合作办学。

（三）加强国际交流平台建设，拓展全球创新网络

一是积极参与全球创新治理。支持北京高校、科研院所、龙头企业主导或深度参与国际科技组织、规则、标准的制定，在气候变化、数字治理、人工智能伦理等重大议题上发出中国声音。二是提升国际交流平台能级。办好中关村论坛、全球数字经济大会、北京香山论坛等品牌活动，打造高端前沿的全球科技创新交流平台。吸引更多国际组织、科技智库在京设立分支机构。三是强化京津冀协同创新。加强与天津、河北在科技资源共享、协同攻关、成果转化等方面合作，打造具有全球影响力的区域创新共同体。发挥北京科技优势辐射带动作用，与雄安新区共建高水平创新平台。四是深化与共

建"一带一路"国家科技合作。充分发挥首都的区位优势，以绿色、数字丝绸之路为重点，加强与共建国家在农业、环保、信息等领域的科技合作与技术转移，建设面向周边的科创走廊。

（四）营造良好创新生态，完善国际合作制度环境

一是制定国际科技合作地方性法规。对标国际规则，在人才引进、知识产权保护、科研项目管理、资金使用等方面，建章立制、先行先试。加强顶层设计，优化具有北京特色的国际科技合作政策体系。二是加大知识产权保护力度。完善知识产权管理服务机制，推进知识产权审判专门化建设。加强国际知识产权风险防范，提高企业海外知识产权布局与保护能力。三是培育高水平科技服务机构。鼓励科技咨询、知识产权运营、科技金融等专业服务机构做大做强，提升服务国际科技合作的专业化水平。加快培养国际化复合型科技服务人才。四是优化国际化创新文化环境。弘扬科学精神，鼓励创新突破。加强与海外高校、智库、媒体的人文交流合作。提升社会资本参与度，鼓励企业、公众参与国际科技合作全过程。

B.5
北京推进产业协同国际化发展的
模式机制研究

梁兆南*

摘　要： 北京依托其独特的政治地位、科技实力和国际影响力，积极推进产业协同国际化发展。文章分析了北京市进出口概况、技术交易情况，从产业链、产业园区建设以及软合作三个方面对北京产业协同国际化发展的模式机制进行研究与案例分析。最后从园区建设、"三链"融合、标准制定、国际平台打造四个方面提出北京推进产业协同国际化发展的政策建议。

关键词： 国际科技创新中心　产业协同　国际化　北京

引　言

在全球经济一体化加速深化的大背景下，北京，这座承载着深厚文化底蕴与现代创新活力的城市，正以其独特的政治地位、领先的科技实力和国际影响力，积极投身于产业协同国际化的浪潮之中。作为中国的首都与国际交往中心，北京不仅拥有迅速响应全球产业发展趋势的政策优势，还拥有汇聚高端人才、科研机构和创新企业的强大创新生态体系，为产业协同国际化提供了坚实的支撑与不竭的动力。

面对国际经济环境的复杂多变和全球性挑战，北京深知推进产业协同国际化的重要意义。推动产业协同国际化不仅是提升北京在全球经济体系中竞

---

* 梁兆南，北京市科学技术研究院国际与区域合作中心助理研究员，研究方向为国际科技合作。

争力和影响力的关键，更是实现经济高质量发展、构建现代化经济体系的必由之路。北京，正努力打造开放合作的新高地，为全球企业搭建互利共赢的合作平台，共同开拓国际市场，携手应对挑战，共创繁荣发展的美好未来。

一 北京市进出口概况

（一）高新技术产品、高附加值出口规模稳步增长，新兴产业成为拉动出口增长的主要动力

北京市战略性新兴产业、高技术产业增加值整体增长，数字经济产业增加值最为明显（见图 1）。根据北京海关相关数据统计，2024 年上半年，手机、集成电路、汽车、航空器零配件等商品出口总值上升趋势明显，新兴产业刺激出口整体提升 8%（见表 1）。①

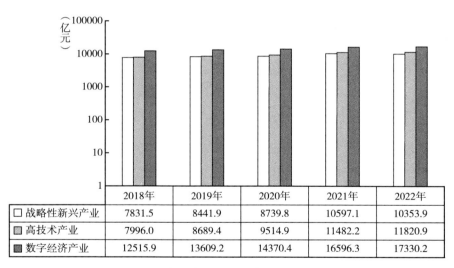

（亿元）	2018年	2019年	2020年	2021年	2022年
□ 战略性新兴产业	7831.5	8441.9	8739.8	10597.1	10353.9
▨ 高技术产业	7996.0	8689.4	9514.9	11482.2	11820.9
■ 数字经济产业	12515.9	13609.2	14370.4	16596.3	17330.2

图 1 2018~2022 年北京市数字经济和部分新兴产业增加值

资料来源：《2023 年北京统计年鉴》。

---

① 《海关：上半年北京地区进出口 1.83 万亿元》，中华人民共和国北京海关网站（2024 年 7 月 22 日），http://beijing. customs. gov. cn/beijing_ customs/434766/434767/5998004/index. html，2024 年 8 月 14 日。

表1 2024年上半年北京地区新兴产业出口额增长情况

单位：%

商品名称	增长率
锂离子蓄电池	92.30
手机	57.80
汽车	35.00
集成电路	33.00
平板显示模组	24.80
汽车零配件	16.90
航空器零配件	16.10
医疗仪器及器械	4.90

资料来源：北京海关提供。

（二）高新技术产品出口贸易逆差情况仍旧存在，贸易仍旧以加工贸易为主

根据北京市统计局相关数据统计，北京地区高新技术产品货物进出口总值总体呈现逐年提升态势，2022年进出口总值达到662.20亿美元。由于新冠疫情，2021年北京高新技术产品贸易出现了短暂顺差，但从总体上看，贸易逆差呈现逐渐扩大的趋势（见图2）。

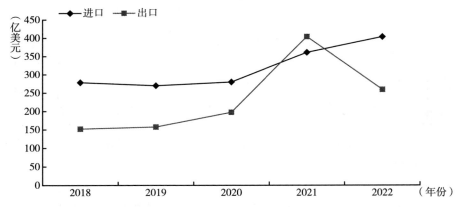

图2 2018~2022年北京地区高新技术产品货物进出口总值

资料来源：《2023年北京统计年鉴》。

从商品类型上看，手机、集成电路、汽车及零配件等是北京出口的主要商品。根据海关相关数据统计可看出，北京市出口商品呈现高技术含量和高附加值的特征，尤其是汽车、集成电路、手机等高新技术产业，展现出强大的创新能力和国际竞争力（见表2）。

表2　2022年北京地区海关主要商品进出口金额

单位：万美元

序号	进口		出口	
	商品名称	金额	商品名称	金额
1	原油	20400734.50	成品油	2896774.65
2	汽车（包括底盘）	2809006.14	手机	1049592.09
3	粮食	1591963.81	集成电路	375613.49
4	医药材及药品	1321647.60	钢材	283779.55
5	铁矿砂及其精矿	1254233.78	汽车及零配件	213018.43
6	集成电路	635858.26	汽车（包括底盘）	154310.48
7	计量检测分析自控仪器及器具	601515.64	医药材及药品	137331.86
8	汽车零配件	559615.09	自动数据处理设备及其零部件	125330.87
9	成品油	412699.90	医疗仪器及器械	107257.60
10	医疗仪器及器械	307938.31	液晶平板显示模组	93116.04

资料来源：《2023年北京统计年鉴》。

（三）北京地区与亚洲贸易往来最为活跃，外商直接投资增速明显，外资信心强劲

地理往来的接近性、社会文化的相似性等原因使得亚洲地区成为与北京贸易往来最为活跃的区域。据统计，2023年北京市与亚洲地区的进出口商品总值达到15621.03亿元，几乎达到欧洲地区总值的2倍（见表3）。在亚洲地区，伊拉克、沙特阿拉伯、阿曼、日本、阿联酋位列进出口商品总值前五位，占比分别达到11.87%、9.96%、9.53%、8.63%、7.35%（见图3）。

表 3   2023 年北京地区进出口商品总值（按地区）

单位：亿元

区域	进出口总值
亚洲	15621.03
欧洲	7936.18
北美洲	3918.12
拉丁美洲和加勒比	3523.54
非洲	3320.53
大洋洲	2135.86

资料来源：北京海关《北京地区进出口商品国别（地区）总值表（2023 年 1-12 月）》，中华人民共和国北京海关网站（2024 年 1 月 25 日），http：//beijing.customs.gov.cn/beijing_customs/434756/434804/2941702/434773/434774/5649786/index.html。

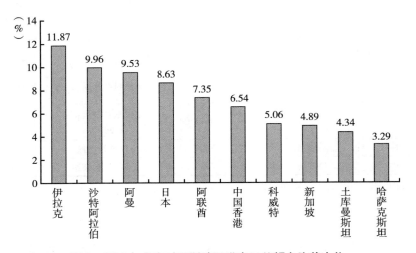

图 3   2023 年北京对亚洲地区进出口总额占比前十位

资料来源：根据北京海关发布数据整理。

外商投资上，中国香港稳定位列北京实际利用外商直接投资额第一。另外，开曼群岛、韩国、美国、新加坡、德国等国家与地区也是北京外商直接投资的主要来源地。其中，新加坡外商直接投资发展迅速，中新自贸协定的签署和实施，进一步降低了贸易和投资壁垒，为新加坡对北京的投资提供了更加广阔的空间和机遇（见图 4）。

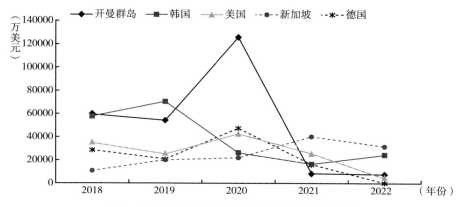

**图4　2018~2022年北京地区主要外商投资企业
实际利用外资分国（地区）别情况**

注：为清晰体现数据变化，剔除了中国香港相关数据。
资料来源：《2023年北京统计年鉴》。

（四）服务贸易发展迅速，高附加值产品占比持续提升

服务贸易涵盖了金融、物流、信息技术、研发设计等多个领域，这些服务环节在产业链中扮演着至关重要的角色。通过服务贸易的发展，可以促进产业链上下游企业之间的紧密合作与协调，实现资源的优化配置和高效利用。

北京是全国首个"服务业扩大开放综合试点城市"，呈现多元化、高附加值和持续增长的态势。服务贸易对产业协同的作用是多方面的，主要体现在促进产业链上下游的紧密衔接、推动产业结构优化升级、加强国际合作与交流等方面。

其中，信息服务业是北京服务贸易的重要支撑产业之一。2024年上半年，信息服务业实现增加值4944.6亿元，同比增长12.4%，拉动GDP增长2.6个百分点。① 北京在信息服务业方面具有得天独厚的发展优势，包括丰

① 郭宇靖、吉宁：《改革里的创新力——北京经济发展"新脉动"观察》，广西网（2024年7月27日），https://v.gxnews.com.cn/a/21580925。

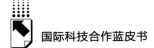

富的人才资源、完善的产业链和强大的创新能力。高端服务业如研发设计、信息技术等具有高技术含量和高附加值特点的产业，其发展可以带动传统产业的转型升级，提高整个产业的技术水平和附加值。

金融业是北京服务贸易的另一大支柱产业，涵盖了银行、证券、保险、基金等多个领域。北京作为中国的金融中心之一，具有完善的金融市场体系、丰富的金融资源和强大的金融创新能力。北京市统计局数据显示，2024年上半年，金融业实现增加值4380.3亿元，同比增长5.8%，拉动GDP增长1.2个百分点。[①]

二 北京市技术交易情况

（一）技术交易市场活跃，技术成交情况领跑全国

技术交易按照流动方向可分为输出和吸纳。其中，技术输出情况能够有效体现当地产业的技术创新水平、资源配置情况以及产业成熟程度，而技术吸纳情况则反映了接纳地成果落地、成果转化的客观条件是否合适。

北京市的技术输出、输入均在全国位于领先水平，成交呈现高附加值的特征（见表4）。以2021年统计为例，全国输出技术交易合同成交项排名前十的省市分别为：北京市、江苏省、陕西省、湖北省、广东省、山东省、浙江省、上海市、安徽省、辽宁省。其中北京技术合同成交项超过9万项，占全国技术交易合同成交项总数的14%。在金额方面，2021年，全国输出技术合同成交额排名前十的省市分别为北京市、广东省、江苏省、上海市、山东省、陕西省、湖北省、浙江省、安徽省、四川省。其中，北京市技术成交额达到7005.65亿元人民币，占全国技术合同成交额的19%。

---

① 北京市统计局：《服务业总体运行平稳 发展质量稳步提升》，北京市人民政府网站（2024年7月17日），https://www.beijing.gov.cn/gongkai/gkzt/2024sbnjjyxqk/2024nbjssbnjjyxqk07/202407/t20240717_3752017.html。

表4 2021年全国技术交易输出合同项、成交额情况前十省份

单位：%

排名	输出技术交易合同成交项数 前十省份	占比	输出技术合同成交额 前十省份	占比
1	北京市	14	北京市	19
2	江苏省	12	广东省	11
3	陕西省	10	江苏省	8
4	湖北省	8	上海市	7
5	广东省	7	山东省	7
6	山东省	7	陕西省	6
7	浙江省	6	湖北省	6
8	上海市	6	浙江省	5
9	安徽省	4	安徽省	5
10	辽宁省	3	四川省	4

资料来源：智研咨询：《2021年中国技术合同成交项数及成交额情况：均创历史新高》，2022年3月14日，https://www.chyxx.com/industry/1101366.html。

在促进成果转化落地方面，相比于技术输出，北京仍有一定的提升空间（见表5）。2021年，在吸纳技术合同成交项上，北京市列全国第3位，达到71405项，占全国吸纳技术交易合同成交项数的11%。第1位为江苏省，达到75702项，第2位为广东省，为71428项。在吸纳技术合同成交额上，2021年，北京市列全国吸纳技术成交额省市的第2位，达到3439.06亿元，占比达到9%，仅次于广东省5490.56亿元。

表5 2021年全国技术交易吸纳合同项、成交额情况前十位

单位：%

排名	吸纳技术交易合同成交项数 前十位	占比	吸纳技术合同成交额 前十位	占比
1	江苏省	11	广东省	15
2	广东省	11	北京市	9
3	北京市	11	江苏省	8
4	山东省	7	山东省	7

续表

排名	吸纳技术交易合同成交项数前十位	占比	吸纳技术合同成交额前十位	占比
5	浙江省	6	浙江省	6
6	湖北省	6	国外	6
7	陕西省	6	安徽省	5
8	上海市	6	湖北省	4
9	安徽省	4	上海市	4
10	四川省	3	陕西省	4

资料来源：智研咨询：《2021年中国技术合同成交项数及成交额情况：均创历史新高》，2022年3月14日，https://www.chyxx.com/industry/1101366.html。

（二）技术出口合同成交额大幅增长，新兴技术领域成为技术出口主要来源

北京市技术出口合同成交额大幅增长，技术出口发展迅速，主要涵盖信息技术、生物医药、新材料、新能源等领域，主要交易主体为企业。2022年，北京市技术出口合同成交额达到1460.30亿元人民币，相比2021年增加了73%，呈现跨越性的增长（见图5）。

图5　2018~2022年北京市技术出口合同成交额

资料来源：根据历年《北京统计年鉴》整理。

三 北京产业协同国际化发展的模式机制研究

产业协同国际化的方式多种多样，包括但不限于跨国并购与合作、国际研发合作、国际产业链供应链协同等产业内生要素间的协同，还有政策、国际品牌建设、国际化园区、国际性资源聚合平台、国际级产业联盟等产业外生条件的协同，更包括内生、外生要素之间的协同互动。在这之中，产业链、产业园区以及软合作是促进产业协同国际化的重要因素。

（一）从产业链看产业协同国际化

产业链上下游主体通过建立协同关系，实现资源的优化配置和共享，进而有效推进产业链的升级和发展。北京拥有两大"国际性引领支柱产业"：新一代信息技术产业及医药健康产业，凝聚了一批高端优质企业资源，通过"打造"国际产业链，提升对全球产业链、供应链影响。

1. "链主"发挥引领作用，深度参与国际分工

（1）打破国际垄断，主导国际分工

医药健康产业是在创新驱动特点和发展优势上最符合北京市高质量发展的高精尖产业之一，同时也是北京自贸试验区核心支柱产业，不仅促进了本地生物医药产业的发展，还通过国际合作带动了全球生物医药产业链的升级。

以创新药研发为例，百济神州公司（以下简称"百济神州"）作为一家全球肿瘤治疗创新公司，是全球首家在纳斯达克（NASDAQ）、港交所（香港交易及结算所有限公司，HKEX）和上海证券交易所三地上市的生物科技公司，在血液肿瘤和实体肿瘤创新药研发上的全球领先地位尤其突出，其商业化产品和在研管线已覆盖世界上80%的癌症种类[①]。

百济神州拥有完整的肿瘤生物学自有研发体系，建立了包括药物化学、

[①] 《金融界：前研 | 百济神州：砥志研思创新药 悬壶济世惠患者》，搜狐网（2022年8月22日），https://gongyi.sohu.com/a/578874737_114984。

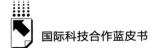
发现生物学、生物药和转化医学研究在内的临床前研究部门和多元化的药物发现技术平台，推动癌症精准治疗的发展。以其代表产品"百悦泽"为例，百悦泽（以下简称"泽布替尼"）是一款 BTK（布鲁顿酪氨酸激酶）小分子抑制剂，其主要用药对象多为淋巴瘤患者。在淋巴瘤治疗中，泽布替尼（Zanubrutinib）和伊布替尼（Ibrutinib）都是作为以 BTK 为靶点的抑制剂来治疗多种类型淋巴瘤的药物。伊布替尼是全球首个上市的 BTK 抑制剂，由美国药企艾伯维（AbbVie Inc.）旗下法莫斯利医药（Pharmacyclics）和强生联合研发，2013 年被美国药监局（FDA）获批上市。泽布替尼"头对头"挑战伊布替尼，是取得无进展生存期（PFS）和总缓解率（ORR）双重优效性的 BTK 抑制剂，具有"同类最佳"潜力。[1] 在美国国家综合癌症网络（National Comprehensive Cancer Network，NCCN）慢性淋巴细胞白血病（CLL）/小淋巴细胞淋巴瘤（SLL）更新指南（2023 年第一版）中，泽布替尼被升级作为 1 类优先推荐的治疗方案。目前，泽布替尼在包括美国、中国、欧盟、英国、加拿大、澳大利亚、韩国和瑞士在内的超过 65 个市场上获批多项适应征。[2]

泽布替尼填补了中国在抗肿瘤创新药领域的多项空白，为世界范围内 BTK 抑制剂领域的发展提供了新的思路和方向。其成功"出海"，更是提升了中国创新药在全球医药领域的地位和影响力。

（2）产业引领带动，实现全链路赋能

在"互联网+制造"方面，小米集团通过构建物联网（Internet of Things，IoT）生态，实现了从单一的手机制造商向综合型科技企业的转型，在国内市场占据行业重要地位的同时，在国际市场上也取得了显著成就，实现了物联网生态的国际化拓展（见图6）。

小米生态链通过对合作企业的赋能，倒逼企业及相关产业升级的同时，打开了国际市场，成为中国出海"第一品牌"，其产品生态链条不仅

---

① 赵永新：《这次，国产新药优胜进口药》，人民网（2021 年 6 月 15 日），https：//rmjk.people-health.cn/api3？execution＝message&message_id＝15977。

② 数据整理自百济神州公司手册。

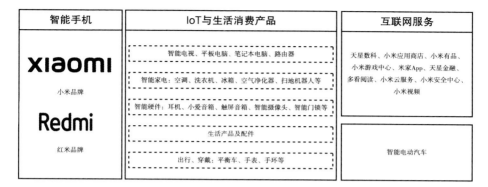

图 6　小米产品及生态示意

资料来源：根据招商证券、小米官网相关资料整理。

是企业一家的生态链系统，而且是相关行业以及其产品生态系统内相关产业的"创新系统"，实现了"全链路产业赋能"。具体来说，通过"投资+孵化"的模式，全面赋能 100 多家生态链企业①。这些企业在设计、研发、采购、制造、质量、销售等领域与小米协同创新，形成了良好的生态协同效应。

在全球化布局上，小米积极拓展国际市场，将其全链路赋能模式复制到全球各地，实施以技术创新为引领、产业链整合与赋能为核心、生态构建与协同为支撑、市场与品牌拓展为目标的综合性战略实践。通过在全球范围内建立生产基地、研发中心和销售网络，实现了全球化运营能力和品牌影响力的提升。依托全球范围内建立的完善的销售渠道体系，如线上电商平台、线下实体店以及合作伙伴渠道等方式，推出符合当地消费者需求的产品和服务。

2. "产业+"带动产业融合，推动产业链纵向转型升级

面对新一轮科技革命和产业变革，"产业+"成为产业协同发展重要模式。"产业+"能够实现不同类型产业间的优势互补与资源共享，整合资源、

---

① 找大状：《小米 10 周年雷军演讲，藏着哪些企业发展壮大的财富密码?》，搜狐网（2020 年 8 月 18 日），https://www.sohu.com/a/413734442_100147346。

形成"产业竞争协同优势",改变相关产业参与国际分工的方式,进而培育出新的市场需求点和产业发力点。

当前,北京市主要的"产业+"发展方向为"两业融合",即先进制造业与现代服务业的融合,提升制造业的服务化水平和服务业的制造化能力,推动制造业与服务业的协同发展。2024 年,北京市发展和改革委员会编制上线了《北京产业地图》,为北京市产业发展提供了清晰的导引,其中在"两业融合"板块,具体规划了八个重点发展方向(见表6)。

表6　北京市"两业"融合重点发展方向

序号	领域类型
1	新一代信息技术和制造业服务业融合
2	医药制造与健康服务业有机融合
3	智能网联汽车制造和服务全链条体系
4	集成电路制造与研发设计服务一体化发展
5	高端装备与服务业融合
6	新能源和节能环保与相关产业绿色融合
7	现代物流和制造业融合
8	消费领域服务与制造融合

资料来源:根据北京市发展和改革委员会《北京产业地图》整理。

北京市的"两业"融合发展模式呈现由"企业引领"到"产业引领"的发展特征。在企业带动阶段,北京市通过认定和培育一批两业融合试点企业,发挥企业在产业链中的引领示范作用,推动两业融合的初步发展。试点企业按照领域分为八类,按照发展程度分为"领跑型试点企业"和"成长型试点企业"两类。通过不断深化对核心环节的探索,开辟更加融合的发展路径,积极展现其在产业链中的核心辐射力与关键支撑角色,促进各环节间的无缝对接与高效联动(见表7)。

表7 北京市首批"两业融合"试点企业认定名单

单位：家

领域类型	企业数量	重点融合发展方向	代表企业（部分）
新一代信息技术和制造业服务业融合	10	自主研发工业仿真软件、上下游一体化解决方案、工业互联网平台搭建	安世亚太科技股份有限公司、杉数科技（北京）有限公司、中科星图股份有限公司
医药制造与健康服务业有机融合	10	CXO产业应用基础服务平台搭建、互联网医疗	东华医为科技有限公司、北京纳通科技集团有限公司
高端装备与服务业融合	6	在生产模式、组织模式、业务方式等方面提升数字技术与装备制造深度融合与转型升级	北京润科通用技术有限公司
新能源和节能环保与相关产业绿色融合	3	环保装备制造与环境污染在线监测保障融合，实现节能降碳和降本增效	遨天科技（北京）有限公司
智能网联汽车制造和服务全链条体系	2	"研发—生产—运营服务—数据服务"模式，丰富应用场景	北京经纬恒润科技股份有限公司
集成电路制造与研发设计服务一体化发展	2	"创新芯片设计方案+优化迭代EDA工具+突破核心工艺技术"模式	北京中电华大电子设计有限责任公司
现代物流和制造业融合	1	智能物流系统、供应链管理	北京京东乾石科技有限公司
消费领域服务与制造融合	1	数字化产业平台促进消费转型升级	北京易华录信息技术股份有限公司
合计		35	

资料来源：根据北京市发展和改革委员会网站资料整理。

与此同时，北京市以示范园区和试点企业为抓手，构建主体特色园区，通过"产业带动"方式，培育具有融合特征的龙头企业，促进产业内部深度融合的同时，促进产业链条的协同发展。在主题园区建设上，北京市按照"成熟园区""新设园区"分类（见表8）。其中，"成熟园区"为已经处于相对稳定和成熟发展阶段的园区，具有较为完善的产业基础设施、产业链条和融合发展生态，通过技术创新、模式创新等手段，推动产业迈向价值链中高端，并在产业协同中发挥更加重要的作用。而"新设园区"通过集聚创新要素资源、搭建公共服务平台等方式，依托政策扶持、市场引导等手段，加速形成具有竞争力的产业集群和融合发展生态。

表8　北京首批市级两业融合示范园区

序号	园区	示范类型	重点融合发展方向
1	上地区域暨北部组团科创园区	成熟园区	新一代信息技术和制造业服务业
2	北京中德产业园及配套支撑区		企业产权保护、国际专业服务；高端装备和服务业、智能网联汽车制造和服务全链条
3	亦庄新城先进制造业和现代服务业融合发展示范园区		新一代信息技术与制造业服务业；高端装备与服务业
4	高端制造赋能两业融合园区	新设园区	现代物流和制造业高效融合；新能源和节能环保与相关产业
5	清华科学城核心区		医药制造与健康服务；高端装备与服务业融合

资料来源：根据北京市发展和改革委员会网站资料整理。

3. "服务出海"增强竞争力，带动全球产业链协同发展

"服务出海"指企业将其服务产品推向海外市场，以满足国际客户的需求。企业通过产业链上下游企业的合作与协同，共担风险、共享利益，形成合力应对市场变化和挑战。随着全球化的深入发展和信息技术的不断进步，越来越多的企业开始寻求海外市场的发展机遇，以期实现业务的快速增长和国际化布局。

"服务出海"的模式之一是"产品本地化"。企业通过海外建厂，在降低成本的同时，有效提高供应链的稳定性和生产效率。在全球范围内实施本地化生产战略，能够更好地融入当地市场和文化环境，提高品牌知名度和市场份额，有助于企业积累国际经验、拓展国际市场，从而增强整个产业的国际竞争力。同时，本地化生产还能促进国际技术交流与合作，推动全球产业链的协同发展。

如北京汽车集团有限公司（以下简称"北汽集团"）在本土化战略上，秉承开放合作、创新共赢的理念，根据经销地的不同，针对属地用车的需求特征，进行配置改装，从研发环节进行"市场定制"开发，实现从"走出去"到"走进去"的转变。例如在印度市场，针对当地路况复杂、气候条件恶劣的情况，对车辆进行了底盘高度提升、电器电机防水等级提高、空调制冷系统升级等改进。在服务方面，北汽集团优化前中后台服务线的管理协同，构建海内外一体化服务保障体系。通过推进特区市场终端销售、KD（Knock Down）项目定制开发、备件分级储备等适应国际化发展需要。同时依托产业链生态数字化转型，通过深度融合大数据、区块链、信息安全及AI人工智能等先进技术平台，构建全面覆盖研发、生产、供应、销售及售后服务的数字化汽车产业闭环。

"服务出海"的模式之二是"技术出海"。一般来说，技术出海主要方式包括自主开发与运营、投资与并购、技术输出与合作等。技术出海能够有效地推动国内产业与国际市场的深度融合，促进技术创新、资源优化配置和产业协同发展，获取更多的市场份额和客户资源，从而推动整个产业链的国际化发展，进而提升整个产业的国际竞争力和可持续发展能力。

以字节跳动旗下"抖音"海外版"TikTok"为例。TikTok 在 2017 年从亚洲市场起步，基于国内抖音的产品形态进行复制并出海。在出海初期，TikTok 主要依靠自然增长和口碑传播来打开市场，其出海策略以"自有产品出海+密集收购"为主，成功将产品蔓延至北美、日本、印度、巴西、东南亚等多个国家和地区。

TikTok 通过投资、控股、并购等方式进入海外媒介生态圈，为海外业务运营提供了丰富的资源储备。例如，2017 年，字节跳动斥资 9 亿美元收购了全球拥有 2 亿多用户的社交视频类应用 Musical. ly，并将其并入 TikTok，极大地增强了 TikTok 的用户基础和市场份额。[①]

---

① 梵媒文化：《抖音在海外很火？细说抖音海外成功之路》，搜狐网（2019 年 10 月 16 日），https：//www. sohu. com/a/347329972_120197186。

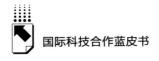

与此同时，TikTok通过不断地技术创新持续优化用户体验。TikTok持续在技术领域进行创新，通过升级算法、优化特效工具等手段，为用户提供前所未有的视频创作和观看体验。这种技术创新不仅降低了创作门槛，还促进了内容的多样性和趣味性，进一步吸引了全球用户的关注。此外，TikTok借助大数据分析技术，对用户进行精准画像，为广告主提供高度定制化的营销方案，不仅提高了广告效果，还为企业带来了可观的商业收益。

随着全球互联网市场的不断发展和用户需求的不断变化，TikTok的出海从一开始的"模式复制"，发展成一个覆盖视频制作、跨境电商、信息技术等多产业、多领域的复合体，形成了产业辐射效应。TikTok强调技术创新与用户体验、精准营销与商业变现、社区互动与用户参与以及灵活应对市场挑战与机遇等特征，构成了TikTok在全球市场上的核心竞争力，共同推动全球互联网产业的繁荣发展。

（二）从产业园区看产业协同国际化

产业园区作为产业国际化的前沿阵地，不仅是物理空间的集合，更是全球资源、技术、信息及人才交会的桥梁，能够吸引并汇聚来自世界各地的优质企业和创新元素，形成强大的资源引力场。这种国际化的产业生态不仅促进了资源的全球高效流动与优化配置，还为企业搭建了跨越国界的合作平台，加速了技术、资本和市场的全球化进程。

1. 总部集群汇集高质量资源

总部经济作为高端产业的代表，能够有效促进产业链上下游企业的紧密合作，形成了高效协同的产业生态系统，是创新驱动发展战略的重要载体。北京市鼓励总部企业加大研发投入，推动技术创新和产业升级，通过政策引导和资源倾斜，促进总部企业在新技术、新产品、新业态、新模式等方面的探索和应用。

北京市鼓励在京设立研发总部，以核心技术带动产业链提效升级。总部企业作为产业链的核心环节，具有强大的资源整合能力和市场影响力。通过"总部—制造基地"的功能链条，可以辐射带动生产制造基地所在区域发展，实现不同区域分工协作、资源优化配置，形成带动就业、增加税收、促进消费和投资等多方面的经济增长效应，推动区域经济的协同发展。

如于 2007 年在北京布局建厂的美国瓦里安医疗系统公司（Varian Medical Systems）（以下简称"瓦里安医疗"），带动了北京市及京津冀地区癌症相关技术提升与产业、产能升级。通过建设研发及生产基地、智云支持中心及软件研发中心等，充分发挥跨国公司地区总部的行业引领作用。2008 年，瓦里安医疗在北京设立了亚太地区培训中心，累计为中国放疗界培养了 4000 余名专业人才。[①] 2022 年，集癌症医疗技术培训和大众科普教育于一体的创新中心"瓦里安全球创新中心"在京成立，通过合作平台将集团内部的资源与中国医疗行业有关部门、各地政府、机构及医疗行业头部企业对接，建立完整的癌症防控体系，该中心拥有包括癌症产业链协作中心、癌症诊疗远程支持中心、临床技术展示中心、设备远程运营中心、生物医疗协作中心、基层放疗培训中心、融媒体及癌症科普中心、数字孪生研究所等在内的八大模块，并通过了北京市科学技术委员会、中关村科技园区管理委员会 2022 年度第一批"北京市外资研发中心认定"。[②] 截至 2023 年，瓦里安医疗在北京生产了超过 1000 台的直线加速器，其中 83% 为出口，销往 76 个国家，其中大多数国家为共建"一带一路"国家，惠及全球 1000 万名癌症患者。[③]

2. 多级联动开展先行先试

北京通过建设对外技术合作先行示范区的方式，以高水平、高站位、高标准打造创新产业布局，链接全球创新产业资源，"北京中日创新合作示范

---

① 中国癌症基金会:《瓦里安医疗介绍》，中国癌症基金会基层肿瘤中心建设培训项目线上教育平台，2020 年，https：//rttraining. cfchina. org. cn/page/aboutuswalian。

② 器械之家:《2023 年，瓦里安在华有大动作》，腾讯网（2023 年 2 月 5 日），https：//new. qq. com/rain/a/20230205A05L7A00。

③ 两区办:《2023 进博会·投资亦庄主题推介丨张晓 瓦里安医疗全球资深副总裁兼大中华区总裁》，北京经济技术开发区网站（2023 年 11 月 17 日），https：//kfqgw. beijing. gov. cn/zwgkkfq/ztzl/lqztkfq/tws/202311/t20231114_3301176. html。

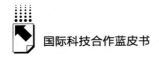
区"（以下简称"中日示范区"）是北京推进国际产业协同发展先行先试的典型代表。

中日示范区是全国首个以"创新合作"为主题的国际合作示范区，以医药健康、先进智造、数字经济为主导产业。截至 2023 年底，中日示范区已有重点项目 323 个，包括中国首家日本独资基金软亚信创，以及世界 500 强企业伊藤忠等外资企业 72 家、国家高新技术企业 27 家、专精特新企业 11 家、国家级"小巨人"企业 2 家；引聚国际专家、归国人才等 150 余人，[①] 并在日本东京、中国香港等地设立代表处，构建双向开放的投资环境。作为国际协同创新与产业合作发展示范，中日示范区在政策支撑、产业定位、成果转化、人才建设等方面具有鲜明的特点。

一是在政策支撑上，中日示范区形成了多维度的政策支持体系。在工作机制上，形成国家、市、区三级联动机制，国家发展和改革委员会、商务部在政策创新、国际项目对接等方面给予支持。市级委办局统筹发展，北京市大兴区与北京经济技术开发区作为领导小组具体统筹并由北京中日创新合作示范区管委会具体负责落地执行。在中日示范区实体的具体管理上，吸引日资企业出资共同参与建设，形成了高效联动的国际化运营体系。在吸引外资方面，从经济贡献、发展贡献、突出贡献等方面，面向不同规模、不同发展阶段的企业设定激励政策，打造多元创新创业环境。同时，为了更好带动当地产业发展，设立"特殊贡献"奖励，对能够为本地带来经济和社会发展特殊或重大贡献的项目"一事一议"，吸引高质量资金资源落地（见表9）。在产业政策扶持上，中日示范区积极构建国际化的创新创业环境，培育创新产业集群、促进关键技术合作突破、构建创新合作的良好氛围。针对高精尖产业发展，设立了覆盖企业发展全流程的激励框架（见图7）。

---

① 《北京市十六届人大一次会议 第 0048 号建议的答复意见》，北京市经济和信息化局网站（2023 年 6 月 20 日），https://jxj.beijing.gov.cn/jxdt/gzdt/202312/P02023120738782071 1230.pdf。

表9 中日示范区招商引资激励政策

奖励类别	激励政策与奖励条件	
经济贡献	奖励金额(最高1000万元)=区域经济贡献额达到100万元(三个自然年内任意一年)×10%	
发展贡献	固定资产投资	条件:固定资产投资额(不含购地款,三个自然年内累计)达到5000万元(含)以上
		奖励金额:奖励金额(最高1000万元)=实际到位金额(三年内累计)×3%
突出贡献	重点企业奖励	世界500强:100万元
		央企或中国500强:80万元
		独角兽:60万元
		瞪羚、小巨人:40万元
	外资、京外企业奖励	外资企业:50万元
		京外企业:30万元
特殊贡献	对大兴区经济和社会发展做出特殊贡献、重大贡献的项目,可采取"一事一议"方式	

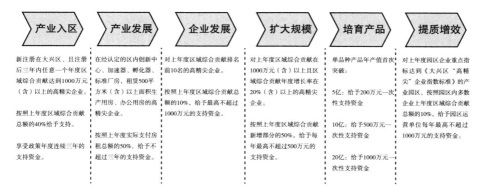

图7 中日示范区高精尖产业政策体系

资料来源:整理自《北京中日创新合作示范区一本通》。

二是在产业定位上,中日示范区紧紧围绕需求侧,优先聚焦日企全球核心竞争优势,参考中日拓展第三方市场合作的利益契合点,通过调研日企海外投资意愿,结合北京优势资源及产业升级计划,以吸引专精特新"小巨人"、隐形冠军等企业群体为主要方向进行产业布局,形成相互促进、优势互补的国际化产业协同模式(见表10)。

表10　中日示范区核心产业及重点发展方向

产业	细分类型	发展方向
医药健康	生物医药	抗体疫苗
		血液制品
		基因工程药物
		特殊医用配方食品
	医疗服务	健康疗养
		健康体检
		高端护理
		特医医美
	医疗器械	家庭护理设备
		家庭医疗康复设备
		医院常用医疗器械
		新型医疗企业
先进智造	智能传感与控制	新型集成传感微系统
		图像传感器
		汽车传感器
		航空无线传感微系统
	精密仪器	高精度导航技术
		光子测控技术
		生物医学检测技术
		微米纳米技术
	新材料	氢能
		先进高分子材料
		特种精细材料
		新材料储能电池(稀土磁性材料、芯片新材料)

资料来源:《北京中日创新合作示范区一本通》。

　　一方面,中日示范区选取医药健康这一北京市优势及重点发展领域,立足中日双方优势,相互促进。另一方面,聚焦智能传感与控制、精密仪器、先进材料等重点领域,吸引日本精密仪器制造、先进材料供应商、制造业隐形冠军企业落户，鼓励设立研发中心、生产基地，打造日本隐形冠军集聚区，带动北京市在先进制造业，尤其是高精度导航技术、光子检测技术等领域的发展。此外，在氢能产业上，将北京大兴区丰富的产业发展空间和较低的建设成本与日本成熟的技术和商业化能力相结合，优势互补，制定了支持上下游企业协同发展的专项支持政策，积极推动两地以协同促创新（见表11）。

表11　中日示范区促进氢能产业上下游协同发展政策

支持对象	支持额度	额度上限
对企业在上年度采购燃料电池汽车零部件产品年累计采购金额达到1000万元(含)以上的	分别按经评审的年采购金额的5%、5%、3%、3%给予采购企业资金支持	最高不超过1000万元
对采购燃料电池关键零部件装备,应用于氢能综合应用等示范场景的企业,且年累计采购金额达到1000万元(含)以上的	按经评审的年采购金额的5%给予资金支持	最高不超过1000万元

三是在成果转化上，为了更好地促进产业落地，一方面，中日示范区实行"清单制"管理，实施"日本企业在华展业政策诉求清单""中日产业链合作意向清单""中日创新基金投资储备项目清单""全球招商中介清单""日本招商目标企业清单""中日示范区空间资源清单"共六项清单政策提升招商效率。另一方面，为进一步保证知识产权的国际化保护，中日示范区设立了北京市首个知识产权保险工作示范区。为了更好地加大中日示范区品牌保护力度，设立"北京法院知识产权巡回审判庭"，采取知识产权案件集中管辖，打造知识产权纠纷快速响应、处理、解决的绿色通道，加强跨国知识产权保护合作。此外，中日示范区围绕知识产权运营、保护、第三方服务、数据服务，引进园田小林（Sonoda & Kobayashi Intellectual Property Group）、正林国际（Shobayashi International Patent & Trademark Office, SIPTO）等专业化中、日知识产权服务机构，破解企业间研发合作难和技术转移难等问题，协助知识产权申报和交易工作，建设国际化的知识产权专业

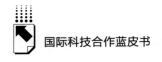

服务体系。

四是在人才建设上，一方面，成立高水准专家委员会，邀请国际投促机构代表、日方大型企业领袖等中日合作领域的政、企、学界知名人士加入。另一方面，出台专项政策汇聚产业人才，建立精算师、营养师、养老护理员跨国认证机制，支持外籍人员网上办理外籍医师短期执业证件申请及延期并允许外籍人员使用"外国人永久居留身份证"开办和参股内资公司，促进国际人才流动。

（三）从软合作看产业协同国际化

产业间的"硬合作"主要是通过资金、设备、原材料、生产线等物质性资源的交换与整合，通过物质资源的优化配置来降低生产成本，提高生产效率。而产业间的"软合作"则更多是侧重于非物质性资源的共享与协作，如信息、品牌、管理经验、人才等。这种协同强调对于智力资源的整合与利用，通过共享和协作来提升产业的核心竞争力和创新能力，往往不需要大量的资金投入，但能够带来长期的竞争优势和效益。

1. 建设国际性平台组织，营造良好创新生态

北京作为中国的首都和国际大都市，拥有众多国际性的产业联盟。这些联盟在推动产业国际化、促进技术交流与合作、提升产业竞争力等方面发挥着重要作用。

在国际合作平台构建上，"北京新能源汽车产业协作组织"通过组织跨国新能源汽车技术交流会，邀请全球顶尖制造商、供应商及科研机构共聚一堂，分享最新技术成果与市场趋势。这种直接对话机制不仅促进了技术知识的跨国界传播，还加速了新能源汽车技术的全球化应用进程。

在推动国际标准制定上，"北京生物科技国际合作联盟"主动与国际标准化组织、世界卫生组织等权威机构建立紧密联系。通过组织专家团队参与国际标准的制定与修订工作，联盟不仅提升了中国生物医药产业的国际话语权，还确保了国际标准的科学性与适用性。这种深度参与国际标准共创的做法，为中国生物医药企业走向世界提供了有力支撑。

在国际项目催化上，"北京金融科技产业联盟"协助成员企业与国际金融机构、科技企业等开展跨国项目合作，共同研发金融科技新产品、新服务，共同开发跨境支付解决方案，成员企业在金融科技领域的创新能力和技术实力得到了国际社会的广泛认可，为全球金融科技产业的繁荣与发展注入了强劲动力。

2. 举办国际性论坛、研讨会，引导优质资源集聚

国际性论坛与研讨会可以吸引并会聚全球范围内的顶尖人才、先进技术、投资资本及创新理念，引导优质资源集聚，通过深度交流与思想碰撞，激发了创新火花与合作机遇。

北京市针对重点产业，举办年度性、国际性论坛。在金融消费领域，"北京 CBD 论坛"聚焦商务、金融、文化和消费四大板块，为中外企业提供了交流合作平台，有效促进了北京商务区的国际化发展，吸引了众多跨国公司设立总部或分支机构，推动了北京在全球经济中的地位提升。通过该论坛的推动，北京 CBD 已经吸引了超过 1 万家外资企业聚集，跨国公司地区总部、国际金融机构、国际组织均占全市 50% 以上，成为外资机构进驻中国的首选地。①

北京市通过承办世界级大会、比赛，汇聚高端人才资源，吸引顶尖企业、科研机构参与。其中，"世界机器人大会"作为全球机器人领域的重要盛会，为机器人产业的国际化交流与合作提供了广阔平台，推动了机器人技术的创新与应用。大会同时设立"世界机器人大赛"，通过比赛共享机器人领域的最新技术成果，促进国际交流。比赛内容和评判标准往往能够反映当前机器人技术的最新发展趋势和未来方向，比赛展示的应用案例和解决方案，还可以激发更多企业关注并投资于机器人领域，吸引更多的国际投资与合作机会，从而推动整个机器人产业链的完善和发展。

---

① 《首届北京 CBD 跨国公司大会：外籍嘉宾人数远超往届》，闪电新闻（2024 年 5 月 1 日），https：//sdxw. iqilu. com/share/YS0yMS0xNTYwNDIyMg==. html。

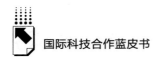

四　对策与建议

（一）高水平打造国际高精尖产业园区

聚焦前沿科技与战略性新兴产业，构建具有国际竞争力的高精尖产业园区。通过引入全球顶尖科研机构和企业，打造集研发、生产、服务于一体的综合性园区。同时，优化园区基础设施和生态环境，提供一站式、定制化的服务，吸引并留住高端人才和创新资源，形成具有国际影响力的产业集群。

（二）推动构建"三链"高效融合体系

充分发挥北京在科技创新方面的优势，推动产业链上下游深度融合，强化创新链对产业链的支撑作用，构建高效协同的服务链体系。引导企业加大研发投入，突破关键核心技术，形成自主可控的产业链。同时，搭建产学研用合作平台，促进科技成果转化和产业化应用。此外，还应完善金融服务、人才服务、法律服务等服务链条，为产业发展提供全方位支持。

（三）推动国际标准共制共造

积极参与和主导国际标准制定，提升北京在全球产业治理中的话语权和影响力。鼓励企业、行业协会和科研机构加强与国际组织的合作与交流，共同制定和推广国际标准。通过参与国际标准制定，推动北京的高精尖产业和产品走向世界，提升国际竞争力。同时，加强与国际市场的对接和互认，促进贸易便利化和自由化。

（四）构建多元化、高层次国际合作平台

推动北京与全球各国在产业、科技、文化等领域的交流合作。一是建立国际产业合作园区或产业联盟，吸引跨国公司和国际组织入驻，促进产业链上下游企业的跨国合作。二是举办国际高端论坛、展览和赛事等活动，为国

内外企业和专家提供交流合作的平台。三是加强与国际知名高校和研究机构的合作，推动人才培养、科研合作和学术交流。通过这些合作平台的打造，促进北京与全球产业的深度融合和协同发展。

参考文献

叶选挺、张剑、刘云等：《产业创新国际化创新主体协同竞争演化博弈分析》，《科技进步与对策》2014年第14期。

朱桂龙、彭有福：《产学研合作创新网络组织模式及其运作机制研究》，《软科学》2003年第4期。

李国平、吕爽：《京津冀科技创新与产业协同发展研究》，《首都经济贸易大学学报》2024年第3期。

常敏、黎晓春、张乐才：《新时代我国高新区全面推进产业国际化发展问题研究——以杭州滨江高新区为例》，《甘肃理论学刊》2018年第1期。

黄琳、李玲、郭鲁钢等：《基于企业迁移的京冀医药产业区域协同发展研究》，《科技中国》2022年第12期。

B.6
北京国际科技创新人才联合培养路径研究

陈华博*

摘　要： 当前北京在国际科技人才联合培养过程中仍存在资源配置不均、合作机制不完善、跨文化适应有难度及人才回流与成果转化不顺畅等问题。本文聚焦北京国际科技创新人才的联合培养路径，旨在通过分析北京科技创新人才现状、北京科技人才培养计划及成效、北京市政府对人才培养的支持政策及北京国际科技合作形势，总结目前北京科技人才联合培养模式，从而探索适应全球科技创新与国际科技合作背景下的科技人才联合培养路径。本文提出优化资源配置、加强跨文化适应支持、深化国际合作机制、完善政策支持体系等建议，以构建更加高效、协同的国际科技创新人才培养生态系统。

关键词： 科技创新人才　国际科技合作　联合培养　北京

引　言

当前，全球科技创新进入大科学时代，科技发展呈现多源暴发、交汇叠加的"浪涌"现象。量子信息、人工智能、生命科学等前沿领域加速突破，科学研究范式发生深刻变革，科研活动的复杂程度大幅提升。与此同时，全球经济一体化进程加深，各国在经济上的依赖性越来越强。为了掌握国际竞争的主动权，各国纷纷将培养具有国际竞争力的人才作为国家战略。

---

* 陈华博，北京市科学技术研究院国际与区域合作中心研究实习员，研究方向为科技创新管理。

党的十九届五中全会第五次全体会议提出，坚持创新在我国现代化建设全局中的核心地位，把科技自立自强作为国家发展的战略支撑。北京作为首都，肩负着国家科技创新的重任，提出了打造国际科技创新中心的新引擎。《北京市"十四五"时期国际科技创新中心建设规划》明确了北京在科技创新方面的战略任务，强调了科技创新对经济社会发展的重要性[1]。

北京作为全国科技创新的核心区域，拥有丰富的科技资源和人才储备。全市研发经费支出占地区生产总值比重保持在 6% 左右[2]，基础研究投入占比逐年提升。中关村科学城、怀柔科学城、未来科学城和北京经济技术开发区等创新平台的建设，为科技创新提供了坚实的基础。然而，北京在国际科技创新人才培养方面仍面临国际化人才的引进和培养机制尚不完善、国际化人才的吸引力有待提升等诸多挑战[3]，科技创新人才的培养模式需要进一步优化，以适应快速变化的科技发展需求。

一　北京国际科技创新人才培养的现状分析

在全球科技竞争日益激烈的背景下，北京作为中国科技创新的核心城市，承担着推动国家科技发展的重要责任。近年来，北京通过加大对科技人才的引进和培养力度，实施一系列人才计划和政策，不断提升本地科技创新能力。与此同时，随着国际科技合作的深入，北京与全球顶尖学术机构、科研机构及企业的合作日益紧密，进一步促进了科技人才的培养和科技成果的转化。

（一）北京地区科技创新人才现状

根据《自然》（*Nature*）增刊《2022 年自然指数-科研城市》的排名，

---

①　《北京市"十四五"时期国际科技创新中心建设规划》（北京市政府公报 2022 年第 7 期）。

②　《北京市促进未来产业创新发展实施方案》（京政办发〔2023〕20 号）。

③　《关于优化人才服务促进科技创新推动高精尖产业发展的若干措施》（京政发〔2017〕38 号）。

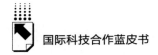
北京连续六年位居全球科研城市第一①。这一排名不仅反映了北京在自然科学领域的高质量科研产出，也凸显了北京在全球科研领域的领导地位。特别是在物理科学和化学领域，北京的高质量科研产出居世界之首。北京凭借丰富的科研资源，包括顶尖高校和科研机构，如清华大学、北京大学和中国科学院等顶尖高校和科研机构，提供了强有力的创新基础②。近年来，北京的科研经费投入大幅提高。全社会研究与试验发展（R&D）经费中，北京市基础研究经费从 2012 年的 125.8 亿元增加到 2021 年的 422.5 亿元，占全国总额的 1/4。基础研究经费的比重从 2012 年的 11.8%提高到 2021 年的 16.1%。这一增长反映了北京对基础研究的重视和长期投入③。

截至 2021 年，北京地区共有 405 家研究与开发机构，包括高校、科研院所和高新技术企业④，这些机构在推动科技创新和培养科技人才方面发挥了重要作用。特别是，北京的 R&D 经费投入持续稳定增长，自 2019 年以来，投入强度连续保持在 6%以上，2023 年达到了 6.83%，稳居全国首位⑤。这一投入强度表明了北京在科技创新领域的持续高投入和战略重视。

2012~2021 年，北京地区 R&D 人员全时当量及全国占比进一步揭示了北京在科技人才资源方面的优势（见图 1）。截至 2022 年底，北京地区的科技人才总量已达 796.8 万人，相比 2013 年增长了 36.7%。其中，专业技术人才占比高达 57.1%，显示出北京在高端人才培养方面的显著成效⑥。

北京还集聚了全国半数以上的两院院士和三成以上的国家"杰青"人才，高被引科学家数量居全球城市首位。2023 年，中国科学院和中国工程院分别新增 59 名和 74 名院士，进一步增强了北京的科技人才储备。此外，

① 《2022 年自然指数-科研城市》，《自然》2022 年增刊。
② 《北京加快建设高水平人才高地（深入实施新时代人才强国战略）》，《人民日报》2021 年 10 月 3 日。
③ 《北京研发经费投入十年来年均增长 10.6%》，中国新闻网，2022 年 9 月 28 日。
④ 北京市统计局、国家统计局北京调查总队：《北京市 2021 年国民经济和社会发展统计公报》2022 年 3 月 1 日。
⑤ 北京市统计局：《2023 年北京市科技经费投入统计公报》2024 年 10 月 18 日。
⑥ 张天扬主编《北京人才发展报告（2022）》，社会科学文献出版社，2022。

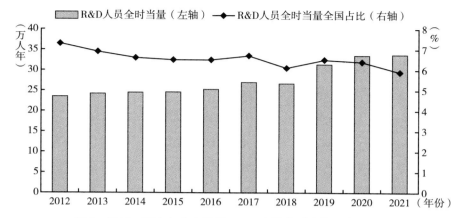

图1　2012~2021年北京地区 R&D 人员全时当量及全国占比

资料来源：张振伟、庞丽艳、李冬梅编著《数说北京科技创新2023》，北京科学技术
出版社，2024。

2023年，北京的高被引科学家数量首次居全球城市首位，共有411人次入选①。这一成就不仅标志着北京在全球科研影响力方面的显著提升，也进一步证明了北京在全球科技创新领域的领导地位。

虽然北京在物理科学和化学领域高质量科研产出居世界之首，但可能在其他前沿科技领域的人才分布不够均衡，存在某些领域高端人才短缺的情况。与国际上一些顶尖的科技创新城市相比，北京的外籍科技人才数量占比相对较低，在吸引国际高端科技人才方面仍有较大提升空间，这可能影响北京在全球科技创新领域的深度合作与竞争能力。

（二）北京市科技人才计划

北京市高度重视科技人才的培养，推出了一系列专门的计划，旨在提升科技人才的数量和质量，以应对科技创新的需求②。

北京市科技新星计划自1993年起实施，专注于培养35岁以下的青年科

---

① 科睿唯安：《2023年全球高被引科学家报告》，2024。
② 张振伟、庞丽艳、李冬梅编著《数说北京科技创新2023》，北京科学技术出版社，2024。

技人才，以提高他们的科研水平和管理能力。2013~2023 年，北京市共选拔出 1157 名科技新星，平均每年入选约 116 人，2024 年达到 155 人。入选科技新星的人才广泛分布于北京的高等学校、企业、科研机构和医院，其中高等学校、企业和科研机构的占比相近，为 26%~27%。医药健康领域的人才占比超过四成，尤其是医疗卫生和生物医药领域的人才数量较多，分别占总人数的 28.4% 和 15.6%，与北京市重点发展医药健康产业方向相符。

北京学者计划是北京市政府批准实施的最高层次人才培养计划，旨在培养在世界科技前沿具有创新能力和国际影响力的科学家和工程师。2012~2020 年，该计划共遴选出 73 名北京学者。每两年评选一次，2021 年遴选人数为 17 人。

总体来看，北京市的科技人才计划涵盖了从青年科技人才到高层次领军人才的全面培养路径，但北京市科技人才计划在实施过程中也遇到对外合作和交流较少的挑战，目前青年科技人才培养培训方式以课程培训和导师辅导为主，对外合作和交流机会较少，不利于青年科技人才拓宽国际视野、掌握前沿科技动态和开展国际合作。

（三）北京市政府在科技人才培养中的政策支持

北京市政府为提升科技创新能力，推动高精尖产业发展，出台了一系列政策。这些政策由相关政府部门发布，内容涵盖了高层次人才引进、青年科技人才培养、数字人才培育、未来产业创新等多个方面。

2017 年 12 月 31 日，北京市人民政府发布了《关于优化人才服务促进科技创新推动高精尖产业发展的若干措施》①，该政策提出通过加大海外人才引进力度、设立特聘岗位、支持创新主体引进和使用海外人才、推动科研人才在事业单位内外自由流动等措施，促进高层次科技人才的集聚与发展。在政策实施的两年内，北京市高层次科技人才数量显著增加，特别是在生物

---

① 《关于优化人才服务促进科技创新推动高精尖产业发展的若干措施》（京政发〔2017〕38 号）。

医药和信息技术领域。政策有效提升了科研人员的流动性和创新活力，进一步巩固了北京市作为全球科技创新中心的地位。

北京市人力资源和社会保障局等部门于 2024 年 7 月 11 日发布了《北京市加快数字人才培育支撑数字经济发展实施方案（2024-2026 年）》①，提出了建设数字战略科学家梯队和壮大高素质数字技能人才队伍的 16 条措施，计划用 3 年时间建设数字战略科学家梯队，支持数字领军人才成长，培育数字人才后备力量，并强化产学研融合培养体系。政策实施后，北京市的数字经济快速发展，数字人才数量和质量显著提升。

北京市政府办公厅于 2023 年 9 月印发了《北京市促进未来产业创新发展实施方案》②，该方案聚焦六大领域，包括人工智能、新材料、生物医药、量子信息、区块链以及先进制造业。实施八大行动，分别是原创成果突破行动、产业梯度共进行动、创新生态优化行动、创新平台建设行动、创新人才聚集行动、创新资源配置行动、国际合作拓展行动以及创新政策落地行动。这些行动旨在推动北京的教育、科技、人才优势转化为产业优势。政策实施以来，北京在未来产业领域的创新成果显著，2024 年未来产业总产值增长了 18%，特别是在人工智能、新材料、生物医药等领域③。通过"创新人才聚集行动"，北京市引入了大量高层次创新人才，加速了技术突破和产业发展。

这些政策的实施和落实，不仅为北京市科技创新人才的培养提供了有力保障，也为将北京市建设成为国际科技创新中心奠定了坚实基础。每一项政策都通过具体的数据变化和成果展现了其在科技人才培养中的巨大作用，为北京市的科技进步和产业升级提供了源源不断的动力。

---

① 《北京市加快数字人才培育支撑数字经济发展实施方案（2024-2026 年）》（京人社专技字〔2024〕104 号）。
② 《北京市促进未来产业创新发展实施方案》（京政办发〔2023〕20 号）。
③ 北京市统计局、国家统计局北京调查总队：《全市经济稳中有进发展动能聚势向新——2024年北京经济运行情况解读》，2025 年 1 月 21 日。

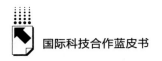

（四）北京国际科技合作形势对科技人才联合培养提出的挑战

近年来，北京与全球多个国家和地区在科技领域展开了广泛而深入的合作。合作领域覆盖了从基础科学研究到高端技术应用的多个方面，包括人工智能、生物医药、清洁能源、新材料等前沿领域。这些合作不仅拓宽了北京的科技创新视野，也促进了科技成果的跨国界流动与转化。在合作形式上，北京采取了多样化的模式，如共建联合实验室、参与国际大科学计划、开展技术转移与成果转化等，这些举措有效提升了合作的深度与广度。同时，北京还积极搭建国际科技交流平台，如中关村论坛等，为国内外科技界提供了交流思想、展示成果的重要舞台。

2023 年北京市科学技术委员会的公开数据显示，北京市与国际合作的科技项目中，约有 40% 的项目涉及人才培养和交流[①]。2023 年，北京市发表的国际合著论文数量占全市发表论文总数的 30%，合作伙伴涉及 50 多个国家和地区。截至 2023 年，北京市通过国际合作项目培养了超过 5000 名高层次科技人才[②]。根据 2024 年北京市人力资源和社会保障局发布的《北京市加快数字人才培育支撑数字经济发展实施方案（2024–2026 年）》，北京市计划在未来三年内培养和引进超过 10 万名数字经济领域的高端人才。

在国际科技合作的形势下，北京迫切需要具备与国际接轨的高水平科技人才，以在全球科技竞争中占据有利位置。这些人才不仅能够参与国际前沿科技项目，还能在国际合作中引入先进技术和理念，推动北京科技创新能力的提升。随着全球科技合作的日益紧密，跨国界、跨学科的科研活动日益增多。培养具备国际视野和跨文化交流能力的科技人才，有助于北京更好地融入全球科技创新网络，促进国际科技资源的优化配置和共享。培养国际科技人才也是提升北京国际影响力的重要途径。通过在国际科技领域取得重要成

---

① 北京市科学技术委员会、中关村科技园区管理委员会办公室：《北京市科学技术委员会、中关村科技园区管理委员会 2023 年度绩效管理工作总结》，2024 年 1 月 12 日。

② 北京市统计局、北京市科学技术委员会、中关村科技园区管理委员会：《2023 年北京市科技经费投入统计公报》，2024 年 10 月 18 日。

果和贡献，北京可以吸引更多国际关注和合作机会，进一步巩固其在全球科技创新体系中的地位和作用。

通过对北京科技创新人才的现状分析可以看出，北京市在科技人才培养方面已取得了显著成效。无论是在人才数量、质量，还是在国际科技合作的广度与深度上，北京都展现出了强劲的增长态势。北京市政府通过一系列政策支持和培养计划，不仅提升了本地科技人才的数量与质量，也为未来的国际科技合作奠定了坚实的人才基础。此外，北京与全球各地的科研机构和企业密切合作，共建联合实验室、实施联合培养计划等，推动了跨学科、跨领域的科技创新。这些措施不仅增强了北京的科技实力，也培养了大量具备国际视野和创新能力的科技人才。随着国际合作的深入和科技需求的不断变化，北京必须继续优化科技人才培养机制，确保在全球科技竞争中保持领先地位，为未来的创新发展提供持续动力。

然而，北京在国际顶尖科技人才的培养和创新团队的集聚上仍显不足，特别是在新材料、人工智能和生命科学等前沿领域，高端人才的引进和培养成为关键挑战，国际科技合作机制需进一步完善。尽管北京已与多个国家和地区建立了科技合作关系，但在合作深度、广度及效率上仍有提升空间，特别是在合作项目的实施、联合实验室的建设及科技成果的共享方面，需建立更加高效、务实的合作机制，这进一步增大了对北京国际科技创新人才联合培养的需求。

二　北京国际科技创新人才联合培养的路径与模式

北京作为中国的科技创新中心，开展国际科技创新人才联合培养可整合全球优质资源，汲取国际先进的科技知识和创新理念，提升本地科技人才的专业素养。培养具有国际视野和跨文化交流能力的人才，使其能够在国际科技舞台上发挥重要作用，加强与国际前沿科技的对接，促进北京科技产业的快速发展和转型升级。对北京而言，科技人才的联合培养有助于吸引国际高端人才和创新项目落地，增强北京在全球科技领域的影响力和竞争力。同

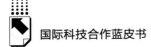

时，促进了不同文化、思想的交流与融合，激发创新活力，推动北京科技创新生态的优化和完善。通过联合培养建立的国际合作网络，能够为北京的科技发展带来更多的合作机会和资源共享，加速科技成果的转化和应用。

通过分析北京地区参与国际科技人才联合的项目、计划等，分析联合培养的路径与模式，探寻在联合培养过程中存在的问题与挑战。

（一）联合科研项目

北京在国际科技人才联合培养方面，通过实施多项联合科研项目，推动了广泛领域的前沿研究与科技创新。这些项目不仅吸引了全球顶尖科研人才，也促进了本地科技力量的提升和跨学科合作的深化。

北京市自然科学基金联合基金项目成立于 2019 年，该项目通过联合各区政府和企业，支持与北京经济社会发展需求和区域战略定位密切相关的基础研究工作。项目涵盖多个子基金，如海淀原始创新联合基金、丰台创新联合基金、顺义新能源智能网联汽车创新联合基金等，旨在支持跨学科、跨部门的前沿研究和应用基础研究[①]。2024 年，该项目持续扩展，新增了多个领域的联合基金，如商业航天领域联合基金和顺义新能源智能网联汽车创新联合基金。顺义区的首只联合基金于 2024 年发布，首期规模达 2.5 亿元，重点支持新能源智能网联汽车的技术研发[②]。这一联合基金通过"市基金—区政府—科创企业"三级联动的模式，进一步加强了产业链的协同创新能力和战略性科技力量储备。这些联合基金有效促进了北京市在新一代信息技术、集成电路、商业航天等领域的科技创新。项目实施以来，相关领域的专利申请数量和科技成果转化率显著提高，进一步巩固了北京在这些关键领域的全球竞争力。

外籍学者"汇智"项目以吸引全球基础研究人才为目标，支持外籍优秀科研人员在市基金资助范围内自主选题，在京开展基础研究工作或科研合

---

① 《关于 2025 年度北京市自然科学基金面上项目及青年科学基金项目申报的通知》（京科基金字〔2024〕24 号）。

② 《首期 2.5 亿元！顺义区首只市自然科学基金联合基金发布》，北京顺义微信公众号，2024年 5 月 5 日。

作，促进外籍学者与中国学者之间开展稳定的学术合作与交流。外籍学者"汇智"项目鼓励外籍科研人员跨学科、跨领域联合申请，支持开展交叉研究。外籍学者"汇智"项目资助强度不超过 20 万元/项，实施周期为 6 个月至 2 年①。该项目吸引了全球顶尖基础研究人才，资助了来自德国、美国、英国等多国的优秀科研人员来京合作研究。该项目的灵活性和自主性继续吸引全球科研人员，据报道，德国生物医学专家 Dr. Klaus Müller 与北京大学生命科学学院的研究团队合作，研发了一种新型的抗癌药物"CuraNova"，该药物主要针对肝癌的靶向治疗，具有显著的治疗效果②。这一成果不仅标志着项目在推动前沿科技突破方面的成功，也进一步提升了北京在全球科学研究中的影响力。通过该项目，北京市在全球科研合作中的地位不断提升，国际学术交流更加频繁，有效推动了北京市在生物医学等前沿领域的创新与突破。

中关村科学城（Zhongguancun Science City）位于北京西北部，是北京国际科技创新中心的核心区，成立于 2010 年。该项目以科技创新为核心，集聚全球高端创新要素，与多家国际顶尖科研机构合作，推动科技成果转化③。2021 年起，与美国加州大学伯克利分校（University of California, Berkeley）的合作继续深化，双方在人工智能领域取得了多项创新成果，包括开发了智能对话系统等项目。这些合作显著提升了北京市在人工智能领域的国际影响力，并进一步促进了中关村科学城的全球顶尖人才集聚效应。该项目展示了国际合作与科技创新相结合的显著优势，未来将继续通过强化全球科研机构合作，推动更多原创性成果的产生，并通过科技园区和孵化器支持，促进科研成果的快速转化。

这些项目展示了北京市在国际科技人才联合培养方面的卓越成果，通过

---

① 《关于 2024 年度北京市自然科学基金第一批项目申请的通知》（京科基金字〔2024〕3 号）。
② 理学部、生命科学学院：《"细胞命运的交响：化学重编程与再生医学的未来"——2024 未来科学大奖与北京大学联合报告会举行》，2024 年 11 月 2 日。
③ 《北京海淀发布〈中关村科学城北区发展行动计划〉，中关村科学城按下"北区"纵深发展加速键》，中国日报网（2020 年 5 月 18 日）。

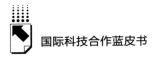
跨学科合作和国际资源的整合，北京不仅在科技创新方面取得了显著进展，也为培养全球顶尖科研人才提供了坚实的基础。

（二）联合培养计划

北京通过与全球顶尖学府和科研机构合作，实施了一系列联合培养计划。这些计划为学生提供了宝贵的国际学术交流机会，提升了他们的科研能力和国际竞争力。

北京—麻省理工学院（Massachusetts Institute of Technology，MIT）联合培养计划自 2010 年起开始实施。旨在选拔优秀的研究生前往 MIT 进行为期 1~2 年的联合培养，参与前沿科技项目研究[①]。该计划由北京和 MIT 的导师共同指导学生，确保学生在两地的学习和研究无缝衔接。该计划显著提升了学生的科研能力和国际视野，使他们能够在全球科技竞争中占据优势。通过与 MIT 的合作，学生们不仅接触到最前沿的科研动态，还培养了跨文化协作的能力，这对他们未来的职业发展具有重要意义。跨国联合培养能够大幅提升学生的科研素质和国际竞争力。双导师制和跨文化的学习环境为学生提供了高质量的指导和支持，值得在其他国际合作中推广。

北京-欧洲核子研究中心（European Organization for Nuclear Research，CERN）联合培养计划自 2015 年起开始实施，主要针对博士生，选拔优秀的博士生前往 CERN 进行为期 3 年的联合培养，参与高能物理研究。2023年，北京大学与欧洲核子中心（CERN）签署合作协议，加入由 CERN 牵头成立的国际缪子对撞机合作组，该合作组将开展缪子对撞机的概念设计报告和原型验证的相关工作，目前参与成员包括美国、欧洲数十个知名大学和研究所。[②] 该计划极大地增强了中国在高能物理领域的国际影响力，并为国内培养了一批具有国际视野和先进科研能力的高端人才。

---

① 北京大学工学院：《2024 麻省理工学院（MIT）混合式学习官方项目开放招生》，2024 年 3 月 11 日。
② 北京大学物理学院技术物理系：《北京大学与欧洲核子中心签署缪子对撞机合作研究备忘录》，2023 年 4 月 11 日。

剑桥北京大学中国中心于 2016 年 4 月 15 日在北京大学启动，由剑桥大学耶稣学院发起、联合北京大学共同建立，旨在促成两所大学更深入地开展各项合作。[①] 该中心坐落于耶稣学院，由剑桥大学与北京大学共同筹建与管理。该中心旨在开展独立创新的高质量研究，建立"当代中国与世界"相关问题研究的智库，培养对中国现状与历史有深入了解的各领域精英人才，促进中英学术交流，拓展东西方文化交融的视野。2020 年，北京大学博古睿研究中心与剑桥大学利弗休姆未来智能研究中心（CFI）在线联合举办"中国古代经典中的人工智能叙事与其对当今社会的影响"研讨会，是剑桥 CFI 团队"全球人工智能叙事（Global AI Narratives）"项目的首次数字合作。该项目是一项跨学科、跨文化的倡议，旨在了解人工智能在不同社会中的本地化解释。[②]

北京国际青年创新与发展论坛联合培养计划于 2023 年启动，旨在通过与全球顶尖学术机构和企业的合作，培养未来的科技创新领导者。该论坛为青年人才提供了一个国际化的平台，使他们能够与全球顶尖科学家和企业家直接交流，参与跨学科的合作研究项目。2023 年，来自全球 20 余个国家的 100 多名青年学者参与了该计划，他们在论坛期间开展了多个联合研究项目，并建立了广泛的国际学术网络。该计划有效促进了青年人才的国际合作和创新能力的提升，使他们在全球科技创新体系中占据了重要位置。

（三）联合实验室

北京通过设立联合实验室和推动企业、高校与科研机构的合作，积极开展国际化科技创新和人才培养。这些合作项目不仅增强了北京在各领域的科研实力，还通过国际合作培养了大量具备国际视野和创新能力的科技人才。

区域污染控制国际合作联合实验室（Joint International Laboratory for

[①] 北京大学国际合作部港澳台办公室：《"剑桥北京大学中国中心"北大启幕》，2016 年 4 月 19 日。

[②] 博古睿研究院中国中心：《北大博古睿、剑桥 CFI 举办"中国古代经典中的人工智能叙事"研讨会》，2020 年 9 月 1 日。

Regional Pollution Control）于 2019 年 3 月成立，由北京大学与德国于利希研究中心（Forschungszentrum Jülich）合作设立。实验室专注于区域污染控制技术的研究与开发，致力于解决全球环境问题。2020 年后，实验室加大了对区域污染控制技术的研发力度，特别是在大气污染和水污染控制领域，取得了多项国际领先的研究成果。实验室与多个国际科研机构合作，进一步增强了科研实力。通过与德国于利希研究中心的合作，学生得以接触到世界领先的污染控制技术和研究方法。这种国际化的科研环境使学生能够参与高水平的科研项目，积累丰富的科研经验，显著提升了他们的科研水平和国际竞争力。国际合作联合实验室的成功在于其国际化的科研环境和联合研究模式。这不仅为学生提供了先进的研究平台，还通过跨国合作培养了具备国际视野和创新能力的科技人才，为全球环境问题的解决做出了贡献。

智能制造与材料国际联合实验室（International Joint Laboratory for Intelligent Manufacturing and Materials）于 2022 年成立，由清华大学与日本东京大学（The University of Tokyo）联合创建，专注于智能制造技术与先进材料的研发。实验室旨在通过国际合作，推动智能制造领域的技术进步，并培养具有全球竞争力的科技人才。2023 年，实验室在智能制造技术领域取得了多项突破性成果，特别是在自动化生产线与新材料开发方面。实验室通过与日本顶尖科研团队的合作，提升了在全球智能制造领域的影响力。实验室为学生提供先进的研究设施和国际化的学术交流机会，使他们能够参与前沿技术的研究与开发。通过与日本科研人员的密切合作，学生们不仅提升了科研能力，还增强了国际合作的实践经验。智能制造与材料国际联合实验室展示了跨国科研合作的巨大潜力。通过联合培养机制和先进的科研平台，学生得以在全球范围内参与技术创新，成为具有全球视野和竞争力的科技人才。

（四）企业、高校与科研机构的合作

北京通过企业与高校、科研机构的合作，推动了跨学科、跨领域的科技创新与人才培养。这些合作项目不仅提升了北京的科研和技术实力，还在推动产业转型升级和培养高水平科技人才方面发挥了重要作用。

2022 年底，清华大学与华为技术有限公司共同成立了未来网络技术联合研究中心，专注于 6G 通信、物联网和网络安全等前沿领域的研究。该中心旨在引领未来网络技术的发展方向，推动中国在全球通信领域的领先地位。中心在 6G 关键技术研究上取得重大进展，成功开发出新型高效通信协议，提高了数据传输速度和稳定性。华为公司与清华学堂班通过新生开放日、华为 Fellow 授课、暑期学校、高年级本科研究员等方式，进一步探索拔尖人才培养校企合作机制。未来，双方将通过合作设置挑战性研究课题、建立联合培养实践教学基地、设立优秀人才定向培养资助金、面向稀缺学科及专门人才培养加强合作和共育等途径，持续深化合作，共同培养拔尖创新科技人才。① 中心的研究成果已应用于华为的新一代通信设备中，助力国内外通信网络的升级和优化。实验室让学生在高水平科研环境中接受系统的科研训练，培养了独立研究和创新能力。通过与华为的紧密合作，学生有机会参与实际产品研发，增强了实践能力和对行业需求的理解。

2023 年，北京大学与微软亚洲研究院（Microsoft Research Asia）联合成立了人工智能实验室（Artificial Intelligence Laboratory），旨在推动人工智能基础研究和应用开发。实验室重点关注自然语言处理、计算机视觉、机器学习和人机交互等领域，致力于解决实际社会问题，并培养新一代人工智能领域的高端人才。在成立后的短短一年内，实验室在顶级学术会议如神经信息处理系统大会（Conference on Neural Information Processing Systems）、国际机器学习会议（International Conference on Machine Learning）和计算机视觉与模式识别会议（Conference on Computer Vision and Pattern Recognition）上发表了超过 50 篇高质量论文。其中，多项研究成果在国际竞赛中取得领先成绩，展示了强大的科研实力。实验室已招收和培养了 100 余名研究生和博士后研究员，其中有 30% 来自海外知名高校②。通过参与前沿项目，这些学生的科研能力得到了快速提升。实验室与多家国内外企业建立了合作关系，将

---

① 《华为公司与清华大学签署人才培养合作框架协议》，清华新闻网，2022 年 12 月 11 日。
② 微软亚洲研究院：《刷新不止：微软亚洲研究院 2023 年度回顾》，2024 年 9 月 25 日。

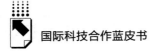

研究成果应用于医疗健康、智能交通和智能制造等领域，实现了科研与产业的有效对接。该实验室让学生有机会参与实际项目开发，了解前沿技术在产业中的应用，加深对人工智能技术的理解和掌握。通过微软的全球网络，学生能够参与国际学术交流与合作，拓展国际视野，提升跨文化沟通能力。

北京—剑桥大学创新与企业家联合项目自 2022 年启动，旨在通过企业与学术机构的深度合作，培养具有创新精神和企业家精神的科技人才。2023年，该项目通过为学生提供在剑桥大学和北京的创业孵化平台，成功孵化了多家高科技初创企业。项目的参与者不仅在技术创新上取得了重要突破，还通过企业实践积累了宝贵的创业经验。该项目结合了学术研究与企业实践，帮助学生将技术创新转化为实际产品，并提升了他们的创业能力。部分学生在毕业后成功创办了自己的企业，成为科技产业的新生力量。将学术研究与企业实践相结合，是培养创新型科技人才的有效途径。通过国际合作，学生不仅能够在技术上有所突破，还能在创业和市场开拓上积累经验。

三 联合培养路径存在的不足与挑战

尽管北京在国际科技人才联合培养方面取得了显著成效，但在实际操作过程中仍然存在一些不足与挑战，这些问题在一定程度上制约了联合培养的效果。

（一）跨文化差异与适应问题

在联合培养计划中，学生面临的首要挑战是跨文化适应问题。不同国家和地区的文化差异、教育体系的不同，以及科研环境和工作习惯的差异，都会影响学生的学习体验和科研效率。例如，在与欧美高校的合作中，学生往往需要适应不同的学术标准和评价体系，这可能导致初期的学术表现不理想。此外，语言障碍也是学生在海外学习和研究过程中面临的一个重要挑战。虽然大多数学生具备一定的外语能力，但在专业领域的深度交流中，仍可能因语言问题而影响科研沟通和成果输出。

（二）资源配置不均与合作深度不足

目前，一些联合培养项目在资源配置上存在不均衡的问题。例如不同高校和科研机构在项目中的资源投入差距较大，导致学生在联合培养中的学习和研究机会不均等[①]。部分高校和科研机构由于资金、设备或人力资源的限制，难以为学生提供足够的科研支持。这种不均衡的资源配置使得学生在联合培养中无法充分利用合作方的优势资源，影响了培养效果。此外，某些联合培养项目的合作深度仍显不足，合作主要停留在短期交流和表面合作，难以形成长期稳定的科研合作关系，限制了学生的科研能力发展和国际视野拓展。

（三）培养路径与产业需求衔接不紧密

在部分联合培养项目中，培养路径与实际产业需求的衔接不够紧密，导致培养的人才在毕业后难以快速适应市场需求。一些项目更多侧重于基础研究的培养，而忽视了与产业发展的结合，尤其是在高端制造、人工智能、新能源等快速发展的领域，培养的人才在实际工作中缺乏实用技能和行业经验。此外，联合培养项目中的部分研究内容相对传统，未能紧跟技术前沿，导致学生在完成培养计划后，所掌握的知识和技能已经落后于行业发展[②]。

（四）合作机制与政策保障不足

在国际联合培养项目中，政策保障与合作机制的完善程度直接影响项目的执行效果。目前，部分联合培养项目在合作机制上仍存在漏洞，具体表现为合作协议的不明确、责任分配的不清晰以及利益分配存在争议等问题。这些问题可能导致项目在实际执行过程中出现沟通不畅、合作不协调等情况，影响了项目的顺利推进。此外，政策保障的不足也是联合培养项目面临的一

---

① 《北京市教育委员会关于 2023 年开展高端技术技能人才贯通培养试验工作的通知》（京教职成〔2023〕6 号）。
② 《关于 2023 年推荐优秀本科生参加卓越人才产教联合培养项目的通知》，北京交通大学本通〔2023〕88 号，研通〔2023〕52 号。

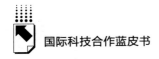

大挑战。现有的国际教育政策在某些方面缺乏灵活性，例如签证政策、学位认证等，对联合培养的顺利实施造成障碍①。

（五）人才回流与成果转化难题

联合培养项目虽然为学生提供了丰富的国际学习和科研机会，但如何吸引这些国际化人才回国发展，始终是一个难题。部分学生在海外完成学业后，选择留在合作方国家继续深造或工作，这导致人才外流，国内科研和产业无法及时享受到联合培养的成果②。此外，联合培养的科研成果在国内的转化也面临挑战。由于知识产权、合作机制等方面的限制，部分国际科研成果难以顺利转化为实际应用，制约了项目的实际效益。

在未来的发展中，北京的国际科技人才联合培养路径需要进一步完善跨文化适应支持，优化资源配置，增强培养路径与产业需求的衔接，完善合作机制与政策保障，解决人才回流和成果转化难题。这些措施将有助于提升联合培养的质量和效益，推动北京成为全球科技创新人才的聚集地。

四　北京国际科技创新人才联合培养的策略与建议

（一）加强跨文化适应支持，提升学生的国际交流能力

针对跨文化差异与适应问题，北京应进一步完善跨文化适应支持机制。可以在学生出国前提供专门的跨文化培训课程，涵盖语言强化、跨文化沟通技巧以及目的国的社会文化背景等内容，帮助学生提前适应国外的学习和生活环境。此外，可以设立海外导师制度或驻外指导教师，持续为学生提供学术和生活上的支持，确保他们能够顺利融入国际科研团队。通过定期的国际交流活动和研讨会，学生能够逐步提升国际交流能力，减少文化差异带来的不适应。

---

① 冯洪荣主编《北京教育发展研究报告（2023）》，社会科学文献出版社，2023。
② 《关于进一步发挥猎头机构引才融智作用建设专业化和国际化人力资源市场若干措施（试行）的补充通知》（京人社市场发〔2024〕12号）。

（二）优化资源配置，加大联合培养的投入和支持力度

为了应对资源配置不均与合作深度不足的问题，北京可以采取更加均衡的资源分配策略。政府和高校应加大对联合培养项目的资金投入，尤其是对于资源相对不足的高校和科研机构，提供更多的科研经费和设备支持，确保所有参与学生都能够获得平等的研究机会和资源。同时，应鼓励高校和科研机构与国际顶尖学府和企业建立长期稳定的合作关系，通过联合设立实验室、共享科研平台等方式，深入推进合作，提高科研合作的深度和广度。

（三）强化培养路径与产业需求的衔接，推动校企合作

针对培养路径与产业需求衔接不紧密的问题，北京应进一步加强校企合作，推动科研与产业的深度融合。高校和科研机构在设计联合培养路径时，应充分考虑当前和未来的产业发展需求，特别是在人工智能、新能源、高端制造等前沿领域，制定更具实践性和行业导向的培养计划。可以通过引入企业导师制、开展校企联合研发项目、设立企业实习基地等方式，让学生在培养过程中直接参与到行业项目中，积累实际工作经验，提升就业竞争力。此外，应鼓励企业积极参与到联合培养的过程中，共同制定人才培养标准，确保培养的学生能够迅速适应市场需求。

（四）完善合作机制与政策保障，确保项目的顺利实施

在合作机制和政策保障方面，北京应进一步完善国际联合培养项目的管理和执行机制。可以通过制定更加详细和明确的合作协议，明确各方的责任和权力，减少合作中的不确定性和争议。同时，政府应提供更灵活的国际教育政策支持，例如简化签证申请流程、优化学位认证程序，为学生和国际科研人员提供更便捷的政策保障。此外，应加强对联合培养项目的监督和评估，确保项目的实施质量和成果转化效率。

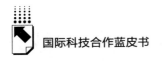
（五）推动人才回流与科研成果转化，促进本地科技发展

为解决人才回流与成果转化难题，北京可以采取一系列激励措施吸引国际化人才回国发展。例如，设立人才回流专项基金，为归国人才提供科研启动资金、住房补贴等支持，并建立快速融入国内科研环境的机制。可以通过设立高层次人才引进计划，吸引在海外获得高水平科研经验的学者回国开展研究。与此同时，应加强与国际科研机构的合作，制定合理的知识产权管理办法，确保科研成果能够顺利转化为市场应用，推动北京本地的科技产业发展。

参考文献

王晨芳、李志兰、王涛等：《国家自然科学基金区域创新发展联合基金改革与实践》，《中国科学基金》2023 年第 2 期。

沈度、孟浩、李响等：《北京市属高校国际化联合培养项目建设模式，实践与思考——以北京信息科技大学光电学院为例》，《中国教育技术装备》2019 年第 24 期。

刘一凝、牛花朋：《服务"一带一路"和国家能源战略的工程硕士海外联合培养基地的探索与实践——以中国石油大学（北京）为例》，《世界教育信息》2018 年第 17 期。

李晓东、刘玉屏、尹春梅：《中亚本土"中文+"复合型人才需求分析与培养方略研究》，《齐齐哈尔大学学报》（哲学社会科学版）2021 年第 1 期。

范鸿德、陈楠：《基于全过程管理视角的中外联合培养双学位项目研究》，《经济研究导刊》2020 年第 12 期。

宋凌南：《电子信息类专业研究生国际联合培养模式初探》，《中国轻工教育》2023 年第 1 期。

张晶、李昊、马小兵：《校企联合培养翻译硕士研究生的模式与运行机制》，《学位与研究生教育》2023 年第 8 期。

应梅、王大庆：《北京市"国内外联合培养研究生基地"建设的思考——以中国人民大学为例》，《北京教育（高教）》2013 年第 1 期。

Xu L. "The Evolution of China's Foreign Talent Policy：The Case Study of Beijing"［J］. *Chinese Political Science Review*，2024，9（2）.

Wang M.，Xu J.，Zhao S.，et al. "Redefining Chinese Talent Management in A New Context：A Talent Value Theory Perspective"［J］. *Asia Pacific Journal of Human Resources*，2022，60（2）.

国际组织篇

B.7

北京引进培育国际科技组织的结构布局
与管理创新研究

李军凯　刘　畅　郭不晟*

摘　要:　国际科技组织是国际技术标准和规则制定的引领者，也是全球科技创新议题的设置者。北京国际科技组织起步较晚，在数量、规模和影响力等方面与欧美科技强国的重点城市仍存在一定差距。北京应借鉴欧美国际科技组织的发展经验，立足现有资源优势，锚定前沿技术领域，错位发展优势学科，同时创新国际科技组织的管理和运营，优化国际科技组织的发展环境，推动国际科技组织健康有序发展。

关键词:　国际科技组织　国际合作　国际交流　北京

---

* 李军凯，博士，北京市科学技术研究院国际与区域合作中心主任、研究员，研究方向为科技战略与国际合作；刘畅，北京外国语大学博士研究生，北京市科学技术研究院国际与区域合作中心高级经济师，研究方向为国际科技合作与国际传播；郭不晟，北京市科学技术研究院国际与区域合作中心研究实习员，研究方向为国际科技合作。

国际科技组织是指为促进科学交流、开展科技合作、解决科技难题、推动科技发展，国家、科研机构、大学、企业或个人依照协议、公约、章程或纲领建立跨越国家界限的科技组织，其定位与使命应当做到"三者三重"。"三者"即科技规范和政策的倡导者、科研原则和价值的维护者、公平利益和理念的协调者；"三重"即增强人类命运共同体建设的重要载体、推动科学技术发展进步的重要力量、践行全球科技共性问题破局的重要抓手。

一 全球国际科技组织的概况

国际科技组织是增进科技界开放、信任、合作的载体，更是展现中国智慧的重要舞台，在科技交流、经济社会发展中的作用越来越重要，其承载的国际性活动、国际性会议、国际性论坛以及国际性交流等能够聚焦全球大量高端科技资源，对于国家的长远发展具有深远意义。本文以《国际组织年鉴》① 中的 7260 个国际科技组织为研究对象，从组织数量、学科领域、组织类型等方面科学分析全球国际科技组织基本概况及布局与特点。

（一）欧美占绝对优势，美国排名第一

西方国家尤其是欧美发达国家设立国际科技组织起步较早，并积极在海外发起成立国际科技组织，如今已发展形成一套较为成熟的战略体系，在学科领域、运行机制以及配套措施等方面相对完备，西方国家国际科技组织影响力的扩大也进一步增强了组织总部所在国的综合实力。

据《2023 年国际组织年鉴》统计，截至 2023 年底，全球共有 7260 个国际科技组织，活跃的为 5620 个，尤以美国（768 个）、比利时（682 个）为首要梯队，其次是英国（388 个）、德国（382 个）和法国（352 个）

---

① 注：本文国际科技组织相关数据均来源于 UIA UNION OF INTERNATIONAL ASSOCIA TIONS．［DB/OL］，https：//uia.org/ybio/. 2024-02-01。

等。全球范围内国际科技组织类型多样，其中成员覆盖至少 60 个国家或成员覆盖至少 30 个国家并平均分布在多个大洲即世界性国际科技组织共有 202 个，美国最多（34 个，占 16.83%），英国位列第二（25 个，12.37%）；成员覆盖至少 10 个国家并平均分布在两个大洲以上即洲际性国际科技组织共有 396 个，其中美国排名第一（90 个，占 22.73%）、英国排名第二（46 个，11.62%）；成员来自单一大洲且覆盖 3 个国家以上即区域性国际科技组织共有 2264 个，其中比利时（410 个，18.11%）、德国（193 个，8.52%）、美国（157 个，6.93%）的组织数量位居前三；来自地方、个人或其他机构的国际科技组织数量为 995 个，其中比利时（134 个，13.47%）、美国（90 个，9.05%）和法国（63 个，6.33%）；由单个国家牵头成立具有国际导向的国际科技组织共有 666 个，其中美国遥遥领先（227 个、34.08%），英国（44 个、6.60%）、法国（43 个、6.46%）分列第二、第三（见图 1）。

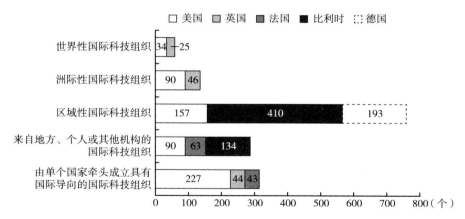

图 1　美国、英国、法国、比利时和德国国际科技组织数量及构成

（二）医学领域独占鳌头，"年轻"国际科技组织处于高速发展期

国际科技组织的学科领域分布广泛，但具有集中性，医学技术、基础学科、研究与标准制定等领域在国际科技活动中备受关注与重视。因此，医学

学科组织数量居首位（2024 个），其后为生物学（477 个）、交叉科学（229 个）、化学（187 个）以及农学（38 个）（见图 2）。随着新一轮科技革命和产业变革加速演进，一些重要科学问题和关键核心技术已经呈现革命性突破的先兆，新的学科分支和新增长点不断涌现，学科深度交叉融合势不可挡，交叉学科（229 个）领域作为国际科技组织中的一类"新星"冉冉升起，2000 年后数量增长 50 个。美国在医学（287 个）、生物学（48 个）领域独占鳌头，比利时、英国在医学（187 个）、生物学（21 个）中数量排名第二。传统基础学科国际科技组织积淀深厚，学术影响力较强，例如电气电子工程师学会（The Institute of Electrical and Electronics Engineers)[1] 是最初立足于美国本土且目前世界最大的电气技术专业国际科技组织之一，成立于 1963 年，拥有 190 余个国家的 42 万余名会员；为通信、信息技术和发电产品等领域制定了许多现行国际标准；每年均会出版 200 余种期刊和书籍，在全球范围内举办超过 10000 次地方会议。

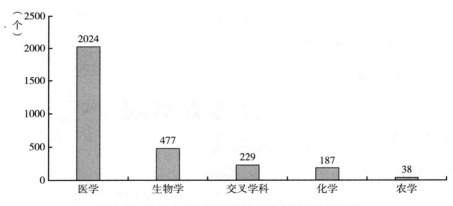

图 2 2023 年全球国际科技组织的学科分布及数量

（三）紧抓时代机遇，欧美抢占国际科技组织先机

美国抓住了 19 世纪电力化和 20 世纪信息化的浪潮，为其长达 100 余年

---

[1] The Institute of Electrical and Electronics Engineers. https：//cn. ieee. org/about/. 2024-07-22.

的全球第一经济体和二战后的霸权地位奠定了厚实基础。伴随三次科技革命，欧美强国在国际科技组织的设立和发展中抢占先机。英国作为第一次工业革命的国家，最早设立了国际科技组织（始于 1818 年）；随着第二次工业革命的爆发（1870~1920 年），英美凭借第二次科技革命红利，设立国际科技组织数量位居第一，抢占了工学等领域的国际规则制定与话语权；第三次科技革命时期（1960~1980 年），美国推动电子信息化高速发展，比利时等欧洲国家向电子工业转型，美欧地区该类型国际科技组织大批量涌现，呈爆发性增长趋势，以国际科技组织吸揽关键科技人才并开展创新技术（见图 3）。千禧年至今，各国成立国际科技组织热度下降，美国新增数量急速下降，与我国持平。

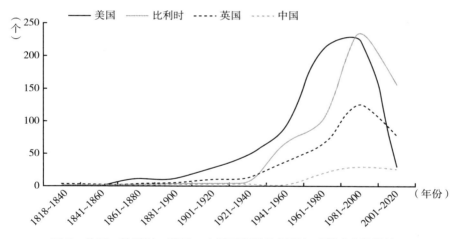

图 3　美国、比利时、英国、中国国际科技组织各时期成立数量情况

（四）都市集聚效益明显，为城市带来世界级影响力

国家科技组织主要聚集在各国首都和国际大都会，呈现明显的都市集聚效应。数据表明，美国华盛顿、比利时布鲁塞尔、英国伦敦和美国纽约 4 个城市中，比利时布鲁塞尔以总数 550 个的优势居首位，其次为英国伦敦（123 个）、美国华盛顿（78 个）和纽约（33 个）。美国华盛顿的时间跨度

为 1874~2015 年，比利时布鲁塞尔的时间跨度为 1885~2021 年，英国伦敦的时间跨度为 1818~2018 年，美国纽约的时间跨度为 1880~2013 年。由此可见，英国作为最开始工业化的国家，其国际科技组织成立时间最早（始于 1818 年），其后是美国华盛顿（始于 1874 年）、比利时布鲁塞尔（始于 1885 年）、美国纽约（始于 1880 年）。

比利时作为欧盟总部，亟须从重工业向电子工业转型，在此推动下大量前沿国际科技组织成立。比利时布鲁塞尔地处于西欧各大国的十字路口，作为欧盟总部所在地，在欧盟成立期间（1980~2000 年），国际科技组织数量达到顶峰，超过美国在此期间成立的组织数量。

美国纽约的国际科技组织 90%以上是 1946 年后成立的，与联合国总部所在地密不可分。国际化的氛围带来了更加成熟、活跃的国际组织发展环境，因此很多国际科技组织选择入驻纽约。这些顶尖组织通过举办国际学术会议、出版专业期刊等形式，汇集了大量高端科技人才和专业人士，使纽约成为国际科研学术交流的枢纽之一，吸引了更多的科技创新资源，有力支撑了纽约的科技创新中心建设。联合国科学技术组织、国际能源署等国际科技组织发挥了巩固纽约世界城市中心作用。

二　北京国际科技组织的现状与问题

《中华人民共和国科学技术进步法》① 于 2021 年进行了第二次修订，新增"第八章国际科学技术合作"，并明确规定"鼓励企业事业单位、社会组织和科学技术人员参与发起国际科学技术组织，增进国际科学技术合作与交流"。国际科技组织的设立与发展对于促进我国科技发展、提升我国科技影响力具有重要作用，北京市作为全球科技创新资源的汇集地和国际技术标准的制定者，在为各成员国提供发声平台、推动形成国际科技共同体、促进国

---

① 《中华人民共和国科学技术进步法》（2021 年修订），中华人民共和国主席令第一〇三号，2021 年 12 月 24 日。

际科技合作、形成共同行为准则中扮演了重要角色，在国际科技合作领域发挥着重要作用，在制定科技标准、推动技术进步等方面具有重要的理论价值与实践价值。

（一）数量少，起步晚，优势集聚基础学科领域

数据显示，截至 2023 年底，我国国际科技组织在全球范围内数量为 87 个，与世界典型国家如美国（768 个）、比利时（682 个）、英国（388 个）、德国（382 个）和法国（352 个）等国家国际科技组织数量有较大差距。来自地方、个人或其他机构的国际科技组织数量最多（25 个），其次是区域性国际科技组织（17 个）、洲际性国际科技组织（12 个），数量上远落后于美国、英国和比利时等欧美国家。我国国际科技组织 95% 以上成立于 1960 年之后，成立时间落后于英国百余年时间，在京国际科技组织（剔除不活跃或已解散的）目前共有 33 家。

此外，学科领域和科研影响力等方面仍有较大提升空间。就学科领域而言，我国国际科技组织主要集中在基础学科领域，以工学（29 个）、医学（23 个）与理学（23 个）为主，前沿应用学科较少。北京市国际科技组织主要分布在生物学、医学、生态学、地理学、水利工程、交叉学科等领域。其中理学占比在四城市中最高，工学占比低于伦敦和华盛顿，医学占比在四城市中最低。科研影响力与欧美等发达国家存在较大差距。学术发行物是判定国际科技组织全球科研影响力的重要指标之一，我国科研影响力最大的世界水土保持学会（World Association of Soil and Water Conservation，WASWAC，由中国科学院推动成立）主办的《国际水土保持研究》影响因子为 6.027，而设立于比利时的国际科技组织国际肾脏病学会期刊 *KIDNEY INTERNATIONAL* 影响因子为 19.6。我国大部分国际科技组织定期和不定期召开学术会议、专题研讨会并组织教育培训，但较少开展国际科研合作或参与国际法规和标准的制定等活动，全球治理影响力也比较有限。

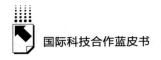

（二）数量加快增长，影响力日渐提升，具有国际学术权威的全球性组织不断涌现

据《国际组织年鉴》统计，我国国际科技组织"最近报告或拟议"的国际组织排名第二位（8个），仅次于美国（11个），显示出我国国际科技组织处于快速增长状态。北京共拥有国际科技组织33个，2000年后北京市新成立的国际科技组织占总量四成以上（见图4），近年先后有5个国际科技组织从巴黎、新加坡等地落户北京，此外，还涌现了国际地质科学联合会（International Union of Geological Sciences，IUGS）、世界水土保持学会等具有国际学术权威的全球性科技组织。其中国际地质科学联合会（IUGS）是世界上规模最大、最活跃的非政府科学组织之一，目前有120个由国家级地质委员会或国家科学研究院构成的正式成员及60个附属成员组织，涵盖全球40万名地质科学家，其常设秘书处已落户北京。国际科技组织成立与设立带来大量高端科技人才和专业人士，资源信息的交汇和流动推动北京市集聚整合高端资源，从而开展科技创新发展，快速追赶国际科技强国。

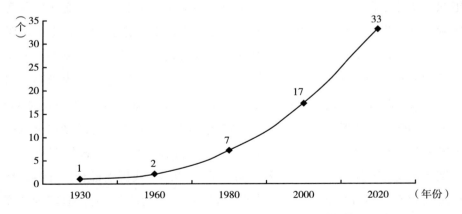

图4　截至2020年北京国际科技组织数量增长情况

（三）管理机制不活，经营模式不佳，长期困扰国际科技组织发展

目前在北京市成立国际科技组织尚无法可依，基本处于"一事一批"的特例状态。一是管理体制受到北京整体科研管理体制的影响，往往出现行政管理过严，管理机制有待健全。北京市国际科技组织与国内社团均采用民政部的同一套《社会团体登记管理条例》，缺少国际科技组织的专项管理办法。二是很多国际科技组织挂靠在院所等事业单位，普遍存在理事会人数众多、秘书处人数较少，即"小马拉大车"的情况，且难以招引到熟知国际科技组织运行规则的高水平专业人才，运作效果不佳。三是相较于欧美国家以个人捐赠、慈善组织捐赠、企业赞助、出版物和科研产品销售等为主要经费来源，北京大部分国际科技组织经费来源于会费、政府支持经费以及少量会议及出版盈余等。四是我国国际科技人才遭受打压，自 2018 年起，以美国为首的欧美国家对我国海外华人科学家进行调查和起诉，指控其从事间谍活动或窃取知识产权，致使我国国际科技组织吸引高端人才举步维艰。

三　设立与发展国际科技组织的域外经验

促进国际科技合作、实现互利共赢是我国确定的重要对外发展战略，设立国际科技组织对深度参与全球科技治理、贡献中国智慧、着力推动构建人类命运共同体具有重大意义。欧美国家在国际科技组织的建设与发展方面具有宝贵的成功经验，在国际科技组织的成立路径、运行模式、发展脉络等方面中的诸多做法值得北京参考借鉴，尤其是在整合各类资源、建立广泛合作伙伴关系以及设置海内外"双办事处"三个方面。

（一）坚持科学导向，因势利导锚定重点前沿学科领域

学科领域是设立国际科技组织的重要靶向，关系国际科技组织的社会公众认可度、组织的良性运转以及未来的发展前景。科学把握国际科技组织的学科领域方向，锚定重点前沿学科领域，对于探究国际科技组织的设立路径

具有极为重要的价值。欧美发达国家在科技创新领域与国际科技组织层面有着自己独特的学科领域地位和价值，都会基于自身经济社会发展特征、产业优势、研发力量以及所处区位与综合国力统筹制定国际科技组织的发展战略。以欧洲人工智能研究实验室联合会（Confederation of Laboratories for Artificial Intelligence Research in Europe）为例，该组织主要围绕人工智能技术的发展而设立，其深刻认识到人工智能技术是人类社会进步的关键推动力，也是人类未来繁荣的基础①。随着欧洲其他各个地方对人工智能技术的依赖程度不断加深，提升欧洲在人工智能研究方面的能力对于欧洲、欧洲公民、经济和社会发展都具有至关重要的作用，其成为推动科技跨越发展、产业优先升级、生产力整体跃升的驱动力量。

（二）重视科技合作，因事施策建立广泛合作伙伴关系

在科技创新资源于全球范围内高速流动的背景下，加强国际科技合作已经成为提升国家和区域竞争力与创新能力的重要路径。欧美国家的国际科技组织大多强调组织内部制定研究与创新国际科技合作的原则与方案，并运用于对外国际科技交流的活动中，坚持公平竞争与互利互惠的原则，会依据组织自身的发展状况制定国际科技组织的发展战略。此外，欧美国家的国际科技组织会通过举办论坛、圆桌会议、学术报告等形式积极扩大朋友圈，积极构建全球战略合作伙伴关系，共同应对人类面临的挑战，如气候变化、流行病、生物多样性以及资源枯竭等领域的全球性挑战。以欧洲化学回收协会（Chemical Recycling Europe）为例，该组织与欧盟机构、国家政府、行业协会和其他利益相关者建立了广泛的合作伙伴关系②，既增强了欧洲化学回收协会自身的影响力和能力建设，也促进了化学回收行业的知识共享、技术交流和资源整合。此外，欧洲化学回收协会还积极参与政策制定过程，契合欧盟实现循环经济的政治承诺，同时也为化学回收行业的相关从业者带来了经济收益。

---

① Confederation of Laboratories for Artificial Intelligence Research in Europe，https：//claire-ai.org/，2024-07-24.

② Chemical Recycling Europe，https：//chemicalrecyclingeurope.eu/about-us/，2024-07-24.

（三）立足本土优势，因地制宜设置海内外"办事处"

办事处是国际科技组织的行为载体，是面向国内外的重要机构平台。欧美国家在设立海内外"办事处"层面的经验具体可归纳为：在明确自身发展优势的基础上进行合理选址，注重国际科技组织自身发展目标与选址地点的契合度，要尊重海外当地的文化环境差异性，深入了解当地的人文环境，包括当地的政治、经济、法律与社会，此外，还应尊重当地的法律和政策规定，严格遵守当地的规章制度，从而保证国际科技组织的合法性与稳定性。以可持续纤维联盟（Sustainable Fibre Alliance）为例，该组织根据本行业产业链所在地优势，在英国与蒙古国同时设立双办事处。英国畜牧业高度发达，是英国农业的重要产业，而蒙古国作为全球最主要的羊绒产区之一，成为可持续纤维联盟的海外办事处[①]。畜牧业生产是蒙古国最主要的经济支柱，独特的地理优势和气候条件利于羊绒产业的发展，加之英国的经济发达、机械化程度高，赋予可持续纤维联盟以原材料供应、产业可持续发展的物质保障。该组织促进羊绒产业可持续发展并注重将产业发展与当地经济、生态环境结合起来，在促进本行业本领域发展的同时，获得较好的国际声誉。

四　推进北京国际科技组织建设与发展的思考

全球治理体系和全球秩序加速变革，新一轮科技革命和产业变革蓄势待发，随着全球化趋势的日益凸显，参与国际事务的行为体越来越多，关于科技发展的议题范围也日益扩大，国际科技的交流与合作趋势也日益复杂。北京亟须通过积极加入国际科技合作、设立国际科技组织来进一步扩大北京的国际影响力，应错位布局国际科技组织设立，创新管理国际科技组织发展，牢牢把握国际规则制定权与话语权。

---

① Sustainable Fibre Alliance，https：//sustainablefibre.org/，2024-07-24.

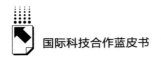

（一）瞄定发展前沿技术领域，错位布局未来产业国际科技组织

紧抓新兴技术和产业迅速发展的机遇期，前瞻布局科技前沿领域，结合新兴技术和未来产业的发展方向，重点锚定科技前沿及热点学科，抢占如人工智能、区块链技术、量子计算、生物科技、脑机接口技术、新能源技术等科技重要赛道，大力鼓励新兴科技领域国际科技组织的设立。同时，巩固基础学科国际科技组织的影响力，以支持举办国际会议、论坛等方式汇聚国际创新资源，为其高质量发展提升拓展空间、提供更多机会。

（二）创新出台专项管理办法，开通"绿色通道"

出台国际科技组织专项成立与管理办法，与国内社团组织区分开，以"国内合规、国际接轨"为原则，规范国际科技组织注册程序的同时开放"绿色通道"，保障组织成员的权利的同时兼顾议事、决策、执行、监督等机制的规范与效率。政府合理调配资源，出台相应的优惠政策和措施，给予设立的国际科技组织松绑减负。

（三）开启"民间模式"，推动国际科技组织市场化运营

以更加符合国际惯例的"民间模式"为国际科技组织运行保驾护航。首先，紧抓高水平科学家全球流动的窗口期，利用海外华人科学家的全球联络网络及熟悉国际组织运作规律的优势，鼓励华人科学家牵头发起设立国际科技组织或引进顶尖、具有较高国际影响力的国际科技组织分支机构。其次，成立民间主体基金会，按照基金会的运作机制资助各类国际科技合作组织。最后，推动在京国际科技组织在海外成立分支机构，实现"国内+国际"双轮驱动的设立格局。

（四）创设顶尖科技学术期刊，提升国际科技组织影响力

创设顶尖科技学术期刊，鼓励科学家深度参与期刊建设。支持科学家聚焦细分专业领域，牵头创办相应科技期刊，提升组织重要发行物质量。借鉴

国外顶尖科技期刊发行经验，有重点引进国际化编辑团队来华发展，与国际大型学术出版商合作，加快英文科技期刊发行的国际化步伐；建立高端专家库、学术成果库、技术库等，为英文学术期刊的遴选提供源头文章，支持高校和科研院所探索协作办刊模式，跨部门、跨学科整合期刊出版资源，提升国际影响力。

（五）发挥国际化都市集聚效应，打造"类海外环境"

鼓励北京市各区发展国际科技组织，以位于朝阳区东湖国际中心设立的国际科技组织总部集聚区为样本，加强城市的营销推广和品牌建设，营造开放包容的城市文化氛围，吸引国际科技组织入驻。优化办公场所、设备及信息技术等硬件支持，打造国际科技组织规范健康运行的良好生态。建立健全设立国际科技组织保障措施，打造"类海外环境"，放宽国际科技组织国际网络限制，顺畅国际科技组织人才引进、出国及来华手续、外汇业务办理等事项。

（六）深入创新人才培养战略，加快打造国际科技组织专门人才铁军

培养具有国际化视野、熟悉国际惯例、较强的跨文化沟通能力的高精尖国际化人才。将国际科技组织人才培养提升为战略重要内容之一，结合北京高校资源优势，探索专门成立实体性质的"国际组织人才培养机构"。吸引和鼓励更多的北京优秀青年人才到国际科技组织历练并任职。面向全球进一步吸引和集聚高端人才，加快建设一批由领军科研人才、高水平学科带头人等构成的国际科技组织人才铁军。

参考文献

王同涛：《纽约吸引国际组织入驻的经验及启示——兼论中国城市吸引科技组织落户的建议》，《全球科技经济瞭望》2023 年第 5 期。

梁枫：《新时代我国发起成立国际科技组织：机理、问题与路径》，《上海交通大学学报》（哲学社会科学版）2024 年第 4 期。

B.8
北京加快国际科技组织建设研究

谢 菁 凌新青 王慧娟*

摘 要： 国际科技组织是联系全球创新资源的关键纽带，是北京加快国际科技创新中心建设的重要抓手。通过梳理北京国际科技组织建设的政策支持、数量规模、学科分布、组织类型等发展现状，从环境侧支撑、供给侧服务以及国内外竞争三个方面深入剖析国际科技组织在京落户过程中存在的问题，并由此提出要营造国际化创新环境，加快国际科技组织引进和培育；完善基础保障措施，推动国际科技组织可持续发展；发挥引领作用，寻求多边合作，以加快北京国际科技组织建设。

关键词： 国际科技组织 非政府间科技组织 国际影响力 北京市

引 言

党的二十大报告提出："扩大国际科技交流合作，加强国际化科研环境建设，形成具有全球竞争力的开放创新生态"。在全球经济一体化和知识经济迅猛发展的时代背景下，科技创新已经成为推动经济社会发展的重要引擎，而国际科技组织作为全球科技创新体系的关键组成部分，对于促进科技交流、知识共享和国际合作起着不可替代的作用。国际科技组织作为一个复杂的自组织系统，具备开放性、非平衡性和非线性特征，能够自我调节、自

---

* 谢菁，博士，北京市科学技术研究院助理研究员，研究方向为企业金融；凌新青，北京市科学技术研究院助理研究员，研究方向为科技管理；王慧娟，博士，北京市科学技术研究院助理研究员，研究方向为区域经济管理。

我组织，形成具有全球影响力的科技合作网络。自改革开放以来，中国逐步确立了全方位、多层次、宽领域的国际科技合作政策方针，特别是进入 21 世纪，面对全球性科技挑战，中国积极参与并牵头设立国际科技组织，加强国际科技合作交流，共同推进世界科技发展。

加快国际科技组织建设，是实现北京国际科技创新中心建设的重要抓手，也是顺应全球科技发展趋势的必然选择。2023 年 6 月，北京市政府与中国科学技术协会（以下简称"中国科协"）合作共建的国际科技组织总部集聚区在朝阳区东湖国际中心揭牌并启用。该集聚区是我国首个国际科技组织总部集聚区，旨在为国际科技组织提供专门的办公场所和便利化的服务支持，进一步吸引国际科技组织在京落户以及支持我国科学家牵头发起设立国际科技组织，为北京国际科技创新中心和国际交往中心的建设注入新动能。近年来，北京市在加快国际科技组织建设方面持续发力，取得了阶段性成果，但也暴露出体制机制不完善、服务体系不健全、资金支持不充分等问题，亟须解决。尤其是在全球科技竞争日益激烈的背景下，支持组织和个人在京发起设立国际科技组织总部，支持国际科技组织在京设立代表机构，成为现阶段北京加快国际科技组织建设的重点与难点。在此背景下，本文以北京国际科技组织为研究对象，在系统梳理北京国际科技组织建设现状的基础上，深入分析当前北京在设立和吸引国际科技组织过程中存在的问题，结合国际经验与北京实际情况，提出有助于北京加快国际科技组织建设的可行性建议，以期为北京国际科技创新中心建设提供支撑。

一　北京国际科技组织建设现状

（一）系列政策频繁出台，支持力度持续加大

近年来，北京市政府及相关部门出台了一系列支持政策，加快推动国际科技组织建设。在国际科技组织落户和运营方面，《北京市"十四五"时期国际科技创新中心建设规划》以及《北京市"十四五"时期加强国际交往

中心功能建设规划》指出，北京市将持续吸引国际科技组织等创新资源在京集聚发展，探索建立国际组织招引目录，制定支持国际组织落户的若干措施，争取符合北京城市战略定位和高质量发展需要的国际组织及分支机构落户。2022 年 4 月，北京市出台全国首个专门为国际组织打造、覆盖落户运行全生态的便利化政策包——《支持国际组织落户的若干措施》，极大地推动了一批与首都城市战略定位高度契合的优质国际组织在京落户。2024 年 1 月颁布的《北京国际科技创新中心建设条例》指出，"支持国际科技组织在京设立代表机构。支持组织和个人在京发起设立国际科技组织或者与科技创新相关的国际产业与标准组织，建设国际科技组织总部集聚区"，从法规层面明确了国际科技组织在京建设的目标和方向，为国际科技组织在京设立和运营提供了政策指引。在平台搭建和人才引进方面，北京通过建设国际科技组织总部集聚区，为国际科技组织提供了优质的办公和交流空间。朝阳区东湖国际中心作为首个国际科技组织总部集聚区，不仅提供物理空间，还构建了完善的配套服务体系。同时，北京市下辖各区积极实施"西融计划""雁栖计划""昌聚工程"等人才引进计划，吸引全球顶尖科学家和科技人才来京工作，助力本地人才培养，为国际科技组织提供了强大的人才储备。

（二）组织数量持续增加，学科分布以医学和生物学为主

按照性质不同，国际科技组织通常包括政府间国际科技组织及其代表机构和非政府间国际科技组织及其代表机构。前者通常由各国政府、学术机构、行业协会等组成，后者通常由科学家、学者、行业专家等组成。截至 2023 年 6 月，共有 39 家国际科技组织在京落户，其中政府间国际科技组织总部 1 家，为亚太空间合作组织，属于天文学的地区间政府国际组织，成立于 2008 年 12 月；非政府间国际科技组织总部及其代表机构 38 家（剔除不活跃或已注销的组织后，共计 33 家）。由图 1 可知，自 21 世纪以来，非政府间国际科技组织在京落户数量呈快速增长态势，尤其是 2022~2023 年，北京迎来了一波国际科技组织总部的落户高峰，其中朝阳区成为最受青睐的地点。2023 年，北京市朝阳区东湖国际中心建立了我国首个国际科技

组织总部集聚区，吸引了包括国际氢能燃料电池协会、国际介科学组织、亚洲仿真联盟在内的首批 8 家国际科技组织入驻。位于怀柔区的怀柔科学城作为新兴科研基地，也吸引了部分国际科技组织的关注。这些区域不仅拥有优越的地理位置和科技资源，还具备良好的政策支持与科研环境，将吸引更多国际科技组织落户。

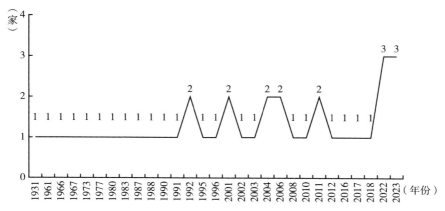

图 1　1931~2023 年非政府间国际科技组织在京设立年份及变化趋势

资料来源：历年《国际组织年鉴》。

近年来，在中国科协和北京市政府的大力推动下，在京国际科技组织呈现集聚趋势。从学科领域上看（见图 2），在京落户的国际科技组织以医学、生物学和工程学为主，并逐渐围绕北京市重点发展的领域和方向拓展前进。2022~2023 年，落户北京的国际科技组织中，有 4 家分布在计算机科学领域，与北京市"十四五"时期着力打造的高精尖产业方向相一致。

（三）组织类型以 E 类为主，国际化水平相对较低

《国际组织年鉴》按照参与主体的地域及成员特点将国际组织划分为 15 类，具体包括国际性组织（代码为 ABCDF）、依附性组织（代码为 EKR）、替代性组织（代码为 ST）、与国际事务有关的国家性组织（代码为 GN）以及注销、不活跃或未经批准的组织（代码为 HJU）5 个集群。如图 3 所示，

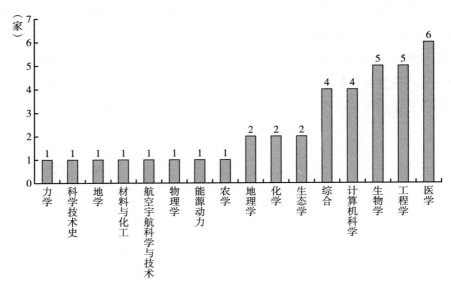

图 2　总部在京的非政府间国际科技组织学科类别及数量（截至 2023 年 6 月）

资料来源：历年《国际组织年鉴》。

在京落户的国际科技组织类型以 E 类为主①，共 18 家，其次为 C 类和 D 类，均为 5 家。B 类型即世界性的国际科技组织有 2 家，分别是国际木材解剖学家协会和世界水土保持学会，而 A 类型的国际科技组织仅有 1 家。图 4 进一步展示了北京与其他国际科技创新中心的国际科技组织类型比较情况。可以发现，巴黎国际科技组织的国际化水平整体较高，有 3 家 A 类型以及 12 家 B 类型的国际科技组织；伦敦的 B 类型和 C 类型国际科技组织最多，分别

---

① A 类型为国际组织联盟，其主要成员类别至少包括 3 个自治国际机构，在国际组织中国际化水平最高，规模最大。B 类型为世界性的国际科技组织，采取普遍会员制，会员至少覆盖 60 个国家，且平均分布在多个大洲。C 类型为洲际性的国际科技组织，国际化水平相对较高，规模较大，是由洲际会员组成的组织，成员至少覆盖 10 个国家，并且平均分布在至少两个大洲。D 类型的国际科技组织是区域性的国际科技组织，成员资格和关注点仅限于特定大陆或次大陆地区或邻近的国家集团，并涵盖至少 3 个国家或包括至少 3 个自治国际机构。E 类型是通常为地方、个人或其他机构的组织，或是政府间机构和其他机构联合创建的国际中心或机构，对入会的成员身份没有限制，国际化水平较低、规模相对较小。

有 14 家和 18 家；华盛顿虽无 A 类型的国际科技组织，但其 B 类型和 C 类型的国际科技组织数量略高于北京。

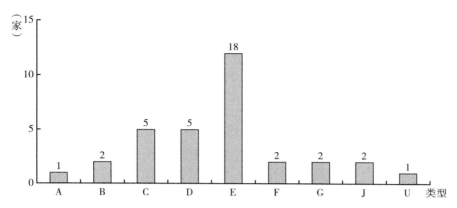

图 3　在京落户的非政府间国际科技组织类型分布情况（截至 2023 年 6 月）

资料来源：历年《国际组织年鉴》，北京市人民政府外事办公室。

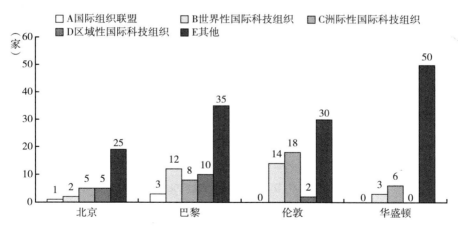

图 4　全球主要科技创新中心非政府间国际科技组织比较情况（截至 2023 年 6 月）

资料来源：历年《国际组织年鉴》。

（四）代表机构以美西方国家为主，区位分布较为集中

非政府间国际科技组织北京代表处是指在中国北京设立的、非政府性质

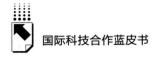
的国际科技组织分支机构。在北京，以科技类为主责的代表处有 13 家，多成立于 2017 年之后，具体包括墨卡托基金会（德国）北京代表处（Stiftung Mercator）、商业软件联盟（美国）北京代表处（Business Software Alliance，简称 BSA）、美国信息产业机构北京办事处（United States Information Technology Office，简称 USITO）、C40 城市气候领导联盟（美国）北京代表处（C40 Cities Climate Leadership Group，简称 C40）、作物科学亚洲协会（新加坡）北京代表处（Croplife Asia）、温洛克国际农业开发中心（美国）北京代表处（Winrock International Institute for Agricultural Development，简称 Winrock International）、一般财团法人日本国际协力中心北京代表处（Japan International Cooperation Center，简称 JICE）、韩国电子通信研究院北京代表处（Electronics and Telecommunications Research Institute，简称 ETRI）、国际衍射数据中心（美国）北京代表处（International Centre for Diffraction Data，简称 ICDD）、美国西南研究院北京代表处（Southwest Research Institute，简称 SwRI）、世界资源研究所（美国）北京代表处（World Resources Institute，简称 WRI）、镍协会（加拿大）北京代表处（Nickel Institute）、土木工程师学会（英国）北京代表处（Institution of Civil Engineers，简称 ICE）。截至 2023 年 6 月，在 13 家非政府间国际科技组织北京代表处中（见图 5），美西方发达国家占主导地位。其中，美国共有 7 家，占比达到 53.8%，超过代表处总数的一半，新加坡、日本、德国、韩国、英国、加拿大各 1 家，占比均为 7.7%。在区位分布中（见图 6），朝阳区国际资源较为丰富，代表处驻地更倾向于在朝阳区落地（共 9 家，占比 69.2%），东城区、西城区、房山区、怀柔区各 1 家，占比均为 7.7%。从国际科技组织北京代表处涉及的领域看（见图 7），涵盖了近年来兴起的低碳可持续发展、计算机科学等多个学科种类。其中，地球科学类共 3 家，占比为 23%，工程类、信息类、生物技术类和材料类各 2 家，占比均为 15.4%，计算机类和综合类各 1 家，占比均为 7.7%。

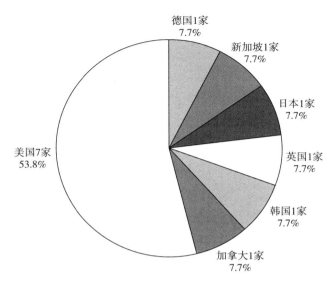

图5 非政府间国际科技组织北京代表处（来源国）

资料来源：历年《国际组织年鉴》。

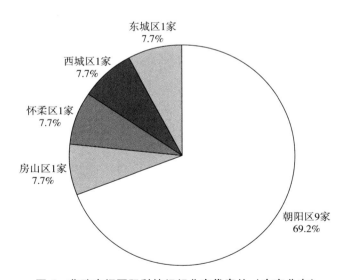

图6 非政府间国际科技组织北京代表处（在京分布）

资料来源：历年《国际组织年鉴》。

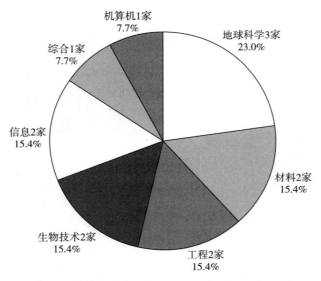

图7 非政府间国际科技组织北京代表处（涉及领域）

资料来源：历年《国际组织年鉴》。

二 北京市国际科技组织建设存在的问题

（一）环境侧支撑尚需加强

1. 缺乏统一的顶层规划和战略愿景

目前，北京国际科技组织建设的顶层规划文件和实施细则较为缺乏。一是对国际科技组织属性、范畴等缺乏共识，这种不一致性造成了各相关方在合作和资源整合方面存在障碍，可能影响组织运行效率。同时，由于对国际科技组织缺乏统一的定义和范畴划分，部分国家科技组织在研究方向和工作重点上可能存在重复或空白，无法形成合力推进科技前沿发展和国际合作。二是学科分布未充分体现国家战略布局。通过对北京国际科技组织现状的分析不难发现，落户北京的国际科技组织主要是"因人而立"

或"因会而立"①，这可能导致资源过度集中于某些热门学科，而其他战略性新兴学科却得不到应有的重视和投入，无法有效支撑国家的重大科技攻关。三是国际影响力和竞争力受限。由现状分析可知，北京基于个人、地方或其他机构设立的国际科技组织较多，而高国际化水平的组织相对缺乏，导致北京国际科技组织难以形成有国际影响力的品牌和形象，缺乏统一的对外发声渠道和策略，影响了其在国际科技事务中的影响力和话语权。

2. 缺乏强有力的法律法规保障

目前，北京对国际科技组织的建设和管理主要参考《中华人民共和国境外非政府组织境内活动管理法》《社会团体登记管理条例》《北京国际科技创新中心建设条例》等国家和地方层面的法律法规，缺乏专门针对国际科技组织运行和管理的实施细则，这可能带来一些不利影响。一是法律地位模糊。目前，部分国际科技组织在法律层面的地位不明晰，可能影响其合法性和权威性。同时，这些组织的权限和职责不明确，可能导致其在具体执行任务过程中遇到权责不清、互相推诿等问题。二是政策连续性和稳定性不足。在缺乏法律法规保障的情况下，政策支持往往受制于政府的变化和短期利益，可能影响国际科技组织的长期规划和发展。三是监管和评估机制不完善。由于缺乏法律法规保障，国际科技组织的运行和管理可能存在监管纰漏，导致管理混乱和资源浪费。同时，国际科技组织的绩效评估缺乏统一的标准和程序，这在一定程度上影响了组织的自我改进和发展。

3. 体制机制有待完善

北京在推动国际科技组织建设过程中，存在专业人才缺乏以及统筹管理意识不强等问题。一方面，相关部门缺乏熟悉国际科技组织的专业人才。部分工作人员不了解国际科技组织的分类、内部运行架构和运行规则，不熟悉

---

① "因人而立"是指一个国际科技组织的成立是基于某些关键人物或专家的存在。这些人物通常是某一领域的顶尖科学家、技术专家或行业领袖，他们的影响力和专业知识是组织得以成立和运作的主要驱动力，如国际介科学组织。"因会而立"指的是一个国际科技组织的成立是基于某种学术会议、论坛或协会的存在。这些会议或协会提供了一个稳定的平台，组织的成立和运作依托于这个平台的持续活动和影响力，如国际动物学会。

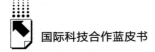

国际科技组织的真正需求以及相关法律法规，无法为落户的组织及时、准确提供政策支持和保障。另一方面，个别部门工作方式僵化或工作缺乏规范性。由于对国际科技组织的认知不足，个别部门缺乏长远眼光和战略思维，对国际科技组织落户沿用传统工作模式，采取"一刀切"方式。部分国际科技组织对于我国的国内发展和外交政策意义重大且性质特殊，但相关部门仍按照常规程序予以对待，导致国际科技组织无法迅速开展工作。有的部门则追求短期效益，不按规章办事，出现工作不规范现象。

（二）供给侧服务略显不足

1.缺乏足够的资金支持

对北京国际科技组织的研究显示，部分组织存在资金不足的问题，尤其是社团性质的国际科技组织资金缺乏较为严重。资金缺乏的原因主要有两个方面。第一，总体资金支持力度不足。尽管北京市重视国际科技组织的落户工作，但资金支持仍显乏力。在税收优惠方面，拥有外交地位的国际科技组织可享受免税政策，但办理手续时，属地税务部门经验不足，导致等待时间长。在运营费用补贴和租金优惠方面，在京落户的国际科技组织能够获得的补助金额较为有限，且须分批拨付。而在纽约和东京等国际城市，政府提供了大量资金支持。例如，纽约为联合国免费提供土地，并承担3000万美元的改建费用；东京为联合国大学无偿提供用地，并承担其70%的运营费用。此外，部分国际科技组织的运营与政府体制内的预算和财务管理制度不兼容，导致无法顺利获得资金支持。第二，资金来源受限制。由于非政府组织的敏感性，非政府间国际科技组织无法直接接受来自我国政府的资金捐助。而北京市内的银行等金融机构缺乏完善的机制将援助资金进行转换，使其成为与科研项目挂钩的学术性资金，导致国际科技组织缺乏稳定的资金来源。

2.涉外服务体系有待健全

目前，北京国际科技组织建设的城市服务供给存在一定问题。首先，中国籍员工的身份及户口问题亟待解决。该问题主要体现在由北京发起成立的国际科技组织当中，部分国际科技组织负责人和员工来自政府部门，进入国际组织后，其身份及待遇如何调整以适应国际组织架构，以及长期在北京工作生活的员工的户口问题仍需解决。其次，外籍员工在北京的薪酬、保险、教育、医疗、签证等福利问题缺乏统一标准。尽管大型国际科技组织的外籍员工待遇基本参照联合国标准，但北京发起的组织中尚未建立统一标准，外籍员工及其家属在北京的工作、生活问题未得到便利解决，缺乏定点双语国际医院、国际学校及相关保险认证，签证和居住手续趋严，影响对外籍员工的招聘和国际科技组织的国际性及运营效率。再次，国际科技组织在京车牌问题未得到较好解决。不具有外交地位的组织获取小客车车牌困难，影响工作人员正常出行及公务活动。最后，涉外信息服务建设有待加强。尽管北京已初步形成了多层次的涉外信息服务网络，如 eBeijing 网站，但信息更新不及时、内容不够细致等问题仍然存在。

3. 硬件设施尚不完善

首先，国际科技组织办公空间和场地受限。资金雄厚的大型组织可以自行购买办公楼，其他组织则由相关部门安排。这一过程中存在两点问题。一是办公场所面积小，缺乏独立空间，尤其是由北京市发起的组织，部分挂靠研究所，缺乏独立办公空间，影响运行效率。二是办公空间分布不集中。与东京等国际城市建设的国际组织聚集区相比，北京虽在朝阳区东湖国际中心建立了国际科技组织总部集聚区，但仍显不足，大量组织分散在全市各区，不利于交流合作。其次，周边环境较差。部分街道和社区对国际科技组织缺乏服务意识，交通、卫生秩序混乱，举办大型活动或会议时，警力配备少，常有拥堵现象。再次，外籍员工住宿条件有待提高。部分外籍员工入住设施陈旧的外交公寓，生活不便。最后，外网使用不便利。由于国内对外网的限制，部分国际科技组织的网络也受限，这在一定程度上降低了工作效率。

（三）国内竞争和国际博弈带来不利影响

1. 国内一线城市国际科技组织建设竞争激烈

在国内，上海、广州等一线城市高度重视国际科技组织建设，积极出台各项政策，争取成为国际科技组织的落脚点。例如，上海市在临港新区设立国际科技组织集聚区，通过加强顶层设计、优化环境建设、构建全球枢纽等方式，形成推动国际科技组织集聚区建设的示范效应，凝聚全球顶尖科技人才、促进国际化沟通与合作、增强创新策源能力，以提升上海科创中心的全球影响力和竞争力。这种区域间的竞争引发了各个城市对人才、资金、技术等资源的争夺，降低了整体资源配置效率。尤其对于高端科技人才的争夺，在一定程度上导致北京人才流失问题加剧，难以满足快速发展的国际科技组织的高水平人才需求。

2. 国际科技博弈在一定程度上限制了北京国际科技组织建设

在国际博弈方面，北京加快国际科技组织建设同样面临诸多问题，主要包括国际规则和标准的适应以及全球科技治理的影响力问题。目前，国际科技组织通常由发达国家主导，其制定的规则和标准在一定程度上对新兴国家的参与造成了障碍。北京在融入这些组织时，可能面临规则不对称、技术壁垒等问题，进而对其在国际科技组织中的影响力产生负面影响。与此同时，随着全球科技竞争的加剧，部分国家出于技术和供应链安全的考虑，采取了一些限制合作的措施，间接影响了国际科技组织在华和在京的布局与活动。个别国际科技组织因外部压力或其他原因，减少了在京的业务和交流活动。部分国际科技组织尽管有意向增加在京活动，但基于外部环境的影响，最终选择将部分活动迁至其他国家，或缩减在京的业务，这削弱了北京吸引和聚集国际科技组织的能力，阻碍了其在全球科技治理中的地位提升。

三 北京加快国际科技组织建设的优化建议

（一）营造国际化创新环境，加快国际科技组织引进和培育

1. 制定国际科技组织建设的长期战略规划和法律法规体系

一是明确发展目标。要将引进和培育国际科技组织工作视为北京提升自身国际影响力和前沿领域创新能力的重要举措，以长期的系统工程视角，制

定战略规划，明确短期、中期和长期发展目标，并通过法规形式加以机制化，以保证北京国际科技组织建设的连续性和稳定性，加大对国际科技组织的吸引力度，扩大国际科技组织的数量规模。二是聚焦重点领域。要根据新一轮国家中长期科技发展规划等战略部署，结合北京自身的科技和产业特色，聚焦人工智能、生物技术、新材料等关键领域，集中资源优先发展，形成特色优势，明确引进和培育国际科技组织的建设方式、建设重点和支撑配套方案等事项。三是完善法律法规保障，制定国际科技组织立法体系。这不仅要求细化已有的法律法规，而且要求出台相应的专门法，明晰国际科技组织的法律地位、权利和义务，明确注册登记、资金使用、人员管理、知识产权保护等方面的规定，确保组织的规范化运行。

2. 建立科学有效的管理和协调机制

一是要明确国际科技组织在京落户的管理归属，分类管理不同性质的社团组织，明确国际科技组织等国际社团的管理办法。二是建立健全国际科技组织管理办公室，专门管理协调相关事务。以集中归口的常设机构统筹研究规划、系统研判各方信息、规划工作路径和节点等各项事务，科学有序地推进国际科技组织的培育引进工作。三是建立央地联动协调机制。一方面，北京需要向中央及各部委积极争取有利于国际科技组织入驻的先行先试政策支持；另一方面，通过北京的先行先试，带头探索可供其他省份借鉴的先进经验，为中央及各部委制定相关政策提供范本。

3. 提升城市品牌与国际影响力

一是举办高水平会议，提升北京的国际科技治理影响力。可以参考巴黎、伦敦等国际科技组织聚集地的做法，通过举办高频次的国际会议，吸引全球科技领域的关键人士和决策者前来参会，集聚全球科技创新资源，传播城市形象，扩大城市影响力。二是拓展国际传播平台。这不仅要借助对华友好的国际人士等资源形成民间宣传效应，而且要发挥中国国际服务贸易交易会和中关村论坛等国际科技交流平台的集聚效应和延伸影响，吸引更多国际科技组织的关注和参与，扩大国际交流与合作。三是增强文化认同感。加快推进北京国际文化交往中心功能建设，通过举办国际文化活动、开展科技文化融合项目等方式，深化文化交流、打造文化品牌、融合科技与文化，增强国际社会对北京的文化认同，吸引国际科技组织交流合作。

（二）完善基础保障措施，推动国际科技组织可持续发展

1. 加大财税金融支持力度

一是设立专项基金，提供长期、稳定的经费支持。可参考瑞士等国的经验，探索成立"国际科技组织专项基金会"，由相关部委和北京市共同运营管理，为国际科技组织在京开展活动提供资金保障。二是制定专项工作细则，量身定制吸引国际科技组织落户的配套工作制度，特别是税收优惠政策。对国际科技组织入驻或开展活动提供免税、减税、运营费用承担和用地用房补贴等优惠政策，以缓解运营压力。将享受税前扣除优惠政策的制度由"审批制"改为"审核制"，建立方便、快捷、易于操作的免税程序，并在财产税、商品税和城镇土地使用税等方面给予相应的税收优惠。三是建立可持续盈利模式。紧密围绕北京国际科技创新中心建设的定位，重点考虑培育或引进与人工智能、新能源及医药健康等领域相关的国际科技组织，完善配套创新链和产业链布局，探索种子资金等项目运作模式，推动科技组织和相关企业实现战略合作，实现科研成果就地转化就地产生效益，促进国际科技组织的良性持续发展。

2. 加强配套措施的供给和支撑

一是加大公共管理、硬件设施、软件服务等方面的投入力度。要进一步简化国际科技组织相关人员出入境手续，出台协助国际科技组织工作人员子女入学及家属工作等众多便利措施。在国际雇员集中的地区，建造工作、生活、休闲等一体化的国际社区，扩大国际学校规模，为国际职员子女提供优良的国际教育。兴办具有国际国内双认证的医疗机构，并为国际人员在定点医院提供英文医疗服务等公共服务。二是实施长期租金减免政策或免费提供办公场地。利用北京市政府迁往城市副中心后腾退出的办公场地，选择在临近使馆区且交通便利、国际化程度较高的区域，作为国际科技组织集聚区，免费或以优惠租金提供给国际科技组织使用。三是完善外事配套服务。通过

整合现有的国际科技合作资源，加强外事工作的组织、协调、服务、咨询等职能，加大涉外人力资源、法律服务、国际会展等产业的培育，为北京国际科技组织建设提供完善的外事配套服务。

3. 强化国际科技组织专业化人才培养

一是制定更加积极开放的高层次国际科技人才引进政策，建立符合科技活动需求的评价体系和激励机制，以吸引和集聚具有全球视野和领先专业技能的顶尖科研人员，促进北京科技创新和国际科技组织建设。二是建设符合国际科技组织要求的本地复合型多层次专业人才库。依托高校院所，通过学科建设、课程开发及国际实习渠道拓展，培养具有优秀业务能力、国际文化素养和多元文化理解包容能力的复合型人才。将国际科技组织人才输送与大学生就业相结合，吸引优秀青年人才到国际科技组织任职，并在毕业季举办就业说明会，扩大影响力。三是发挥企业、高校和行业协会的带动效应，鼓励专业人才任职有影响力的国际科技组织，积极参与国际科技事务管理和活动，支持北京科学家担任重要国际科技组织领导职务，推动其更广泛、更高水平参与国际科技组织的决策和管理，为北京国际科技组织建设奠定更坚实的人际网络基础。

（三）发挥引领作用，寻求多边合作

1. 培育发起本市主导的国际科技组织

一是加大关键核心技术的自主创新力度，加强在人工智能、量子计算、生物技术等领域取得更多原创性科研成果，提升北京在前沿领域的科技影响力，以优势学科为主导发起成立国际科技组织。二是北京科技主管部门应积极整合资源，寻找和掌握国际科技组织发展的学科和区域空白点，创造条件以北京市为主导成立新学科，特别是交叉学科的国际科技组织，并在区域内建立具有重大影响、参与国家更为广泛的国际科技组织。通过更强的影响力和辐射力，团结全球或区域的科学家，共同解决人类面临的科技问题和重大关键技术难题，引领科学技术发展的前沿。三是建立政府主导、多方参与、资源共享的国际科技组织运行模式，鼓励企业、高校、科研机构积极参与，

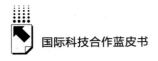
并建立资源共享平台，优化资源配置效率。

2. 打造具有全球影响力的国际科技组织

一是在基础科学、医药卫生等民间科技交流较好且不受技术出口管制的领域主动创造条件，开展先行先试，运用国际规则，在京发起成立一批国际科技组织，并按照国际惯例对其进行管理。二是推动北京国际科技组织参与全球标准制定。通过参与国际标准化活动，构建区域性标准化合作网络，提高标准化意识和知识普及，并强化知识产权保护与国际标准化组织的互动。三是依托国际大科学计划和工程，设立国际科技组织。鼓励战略科学家积极参与这些计划和工程，与全球科技人才合作应对能源安全和气候变化等挑战，推动由北京国际科技组织主导的全球重大科技合作项目进展。

3. 加强与其他国家或地区的国际科技合作

一是充分发挥"一带一路"作用。积极牵头组织共建"一带一路"国家，设立专门的科技合作机制，促进成员国在人工智能、生物技术等领域的交流与合作，同时提供科技援助与技术转移支持。二是保持与其他大国的实质合作。通过参与联合国科技合作项目，并与欧盟、日本等建立联合研究计划，共同推动全球科技治理与创新。三是加强同关键小国的高技术合作。通过设立科技合作基金、开展技术培训与人才交流等方式，支持其他国家科技发展，助力其科技自主能力提升。四是避免中美对抗。应积极倡导科技共赢理念，通过双边科技合作框架明确合作领域和机制，确保科技交流与合作不受地缘政治因素影响，推动全球科技创新和发展。

参考文献

张慧玉、柯瑶：《总部在华国际组织研究：现状、特点及展望》，《区域国别学刊》2023年第1期。

邓发云、闫月勤、邱红平：《国际科技组织对总部所在地影响研究》，《西南交通大学学报》（社会科学版）2020年第5期。

孟繁超、任孝平、李子愚等：《关于国际科技组织在华发展的研究》，《中国科学院院刊》2024 年第 3 期。

梁枫：《新时代我国发起成立国际科技组织：机理、问题与路径》，《上海交通大学学报》（哲学社会科学版）2024 年第 4 期。

郑淳、闫月勤、王海超：《国际科技组织运行机制研究——基于对全球 100 个主要国际科技组织的比较分析》，《中国科技论坛》2023 年第 1 期。

刘波主编《北京国际交往中心发展报告（2021～2022）》，社会科学文献出版社，2022。

B.9
国际组织推动北京国际科技合作的
典型案例研究

王慧娟*

摘　要： 本文基于案例分析等方法研究总结了政府间国际组织、联合国专门机构之一——世界知识产权组织（World Intellectual Property Organization，简称"WIPO"）在推动北京国际科技合作中的经验做法①，包括与高校的联合培养项目、支持企业的创新合作项目以及与政府的合作项目。研究发现，WIPO通过制定国际通用的知识产权法律框架、建立多样化的科技合作平台、提供系统的知识产权培训与能力建设以及推动政策制定与实施，有效促进了北京的科技创新与国际合作。基于此，本文提出国际组织在推动北京国际科技合作中应优化合作机制、提升项目管理水平、培养与引进国际科技合作人才等建议。

关键词： 国际组织　国际科技合作　世界知识产权组织　北京

引　言

在全球化背景下，科技合作成为推动经济和社会发展的重要动力。国际组织在促进跨国科技合作中扮演着关键角色，通过搭建合作平台、制定标准、共享资源和筹集资金等方式，推动各国在科技领域的紧密合作和共同进

---

* 王慧娟，博士，北京市科学技术研究院国际与区域合作中心助理研究员，研究方向为国际合作、科技战略。

① 感谢世界知识产权组织中国办事处的大力支持。

步。北京肩负着建设国际科技创新中心的使命，一直积极参与国际科技合作，利用国际资源推动自身的发展。然而，如何更有效地利用国际组织的资源和平台、提升北京在国际科技合作中的地位和影响力，是一个值得深入研究的问题。本文通过分析 WIPO 在推动北京国际科技合作中的具体案例，探索国际组织在这一过程中所发挥的作用和功效，并试图回答北京如何利用国际组织推动本地国际科技合作这一问题。WIPO 作为联合国的专门机构之一，通过制定国际通用的知识产权法律框架、建立多样化的科技合作平台、提供系统的知识产权培训与能力建设以及推动政策制定与实施，已经在全球范围内取得了显著成效。WIPO 与北京的合作也在知识产权保护、人才培养、创新政策制定和国际交流与合作等多个层面取得了积极进展，成为推动北京国际科技合作的典范。文章通过案例分析，总结了 WIPO 在推动北京国际科技合作中的经验做法，发现其通过多种举措有效促进了北京的科技创新与国际合作，包括与高校的联合培养人才项目，支持企业的创新合作项目以及与政府的合作项目。本文不仅为政策制定者、科研机构和企业提供科学的决策依据，也为北京利用国际组织促进科技合作提供有益的经验和启示，借此可以更清楚地展示国际组织在科技合作中所发挥的多重角色和影响，并据此提出优化合作机制、提升项目管理水平、培养与引进国际科技合作人才等建议，进一步推动北京在国际科技合作中的发展，提升其在全球科技创新体系中的地位和影响力。

一 国际组织在推动国际科技合作中的作用

国际组织在推动国际科技合作中扮演着重要角色，其在搭建合作与交流的平台、建立科技合作的规范与标准、促进科技资源的共享与交流、筹集和分配科研资金等方面发挥了重要作用。

搭建合作与交流的平台。国际组织为各国科研机构和企业提供了交流与合作的平台，有效促进了科学家和工程师之间的跨国交流与合作，推动国际科研项目的合作。例如，联合国教育、科学及文化组织（United Nations

Educational，Scientific and Cultural Organization，简称 UNESCO）和国际科学理事会（International Council for Science，简称 ISC）积极推动各国在科学研究和教育领域的合作，通过组织国际会议、研讨会和学术交流活动，促进了不同国家和地区科学家之间的沟通协作，打破了地域和文化的障碍①②。此外，国际组织还能够推动国际联合项目研究，使各国科学家能够共享资源和技术，共同攻克科学难题，提高科研成果的质量和影响力。以欧洲核子研究组织（European Organization for Nuclear Research，简称 CERN）为例，其大型强子对撞机（Large Hadron Collider，简称 LHC）项目集合了来自全球 100 余个国家的上万名科学家和工程师，通过跨国界的协同创新，实现了粒子物理学领域的重大突破③。这种大规模的国际科研合作不仅推动了科学前沿的发展，还促进了各国科技人员的交流与合作。

建立科技合作的规范与标准。国际组织通过制定科技合作的规范与标准，为各国科技合作提供了制度保障。例如，国际电信联盟（International Telecommunication Union，简称 ITU）制定了全球电信技术标准，确保了各国电信技术和设备的兼容性和互操作性④。这不仅促进了全球电信产业的发展，也为国际科技合作创造了良好的环境。

促进科技资源的共享与交流。国际组织通过搭建科技合作平台，促进各国科技资源的共享与整合。例如，UNESCO 通过其"科学与技术国际合作计划"，推动成员国在科学研究、技术创新和知识传播等方面的合作。这不仅提高了各国科技资源的利用效率，还为全球科技创新提供了强有力的支持。国际组织通过建立数据共享平台和信息交换机制，促进各国科研资源的

① Brown J.，Smith L.．International Collaboration in Science and Technology：A Review of UNESCO's Role ［R］．United Nations Educational，Scientific and Cultural Organization（UNESCO），2021，34（2）：123-145.

② Green P.，Wang Y.．Facilitating Global Scientific Collaboration：The Contributions of ISC ［R］，International Council for Science（ICSU），2020，12（3）：78-99.

③ Cooper H.，Martinez R.．The LHC Project：A Model for International Scientific Collaboration ［R］．European Organization for Nuclear Research（CERN），2022，45（4）：301-325.

④ Taylor A.，Lee K.．Standardization and Compatibility in Global Telecommunication：ITU's Strategic Role ［R］．International Telecommunication Union（ITU），2019，56（1）：205-230.

共享，提高科研效率。例如，世界卫生组织（World Health Organization，简称 WHO）在全球范围内共享健康数据和研究成果，帮助各国应对公共卫生挑战①。信息的共享促进了科研人员之间的合作和互信，使得跨国界的科研合作更加顺畅和高效。

筹集和分配科研资金。国际组织还负责筹集和分配科研资金，支持国际科研合作项目的发展。例如，地平线 2020（Horizon 2020）②为许多跨国科研项目提供了资金支持，通过设立专项基金和科研资助计划，国际组织为科研机构和科学家提供了稳定的资金来源，保障了科研项目的顺利开展。此外，通过严格的评审机制和资金使用监督，国际组织确保了科研资金的高效使用和科研项目的高质量完成。因此，国际组织在科研资金筹集和分配方面的工作对全球科研事业的发展起到了重要的推动作用。

通过这些功能和作用，国际组织不仅推动了全球科技合作的发展，还促进了科技进步和创新，对全球经济和社会发展产生了深远的影响。

二　世界知识产权组织在国际科技合作中的功能作用

WIPO 是 1967 年根据《建立世界知识产权组织公约》成立的政府间国际组织，总部设在瑞士日内瓦，为联合国 15 个专门机构之一，是知识产权服务、政策、信息与合作的全球论坛③。WIPO 的使命是引领发展一个兼顾各方利益的有效全球知识产权生态系统，以促进创新创造，使未来更加美

① Thompson E. ，Zhao L. . Global Health Data Sharing and Collaboration：WHO's Framework and Impact［R］. World Health Organization（WHO），2023，78（6）：450-475.
② 刘歌：《欧盟批准"地平线 2020"科研规划》，人民网（2013 年 12 月 12 日），http：//world. people. com. cn/n/2013/1212/c1002-23816166. html。
③ 北京外办、市知识产权局、WIPO 中国办事处、北京日报、中新社：《"国际组织在北京"系列之三——四合院里的联合国机构——世界知识产权组织中国办事处》，北京市人民政府外事办公室网站（2022 年 6 月 8 日），https：//wb. beijing. gov. cn/home/index/wsjx/202206/t20220608_ 2732155. html。

好，更可持续①。中国于 1980 年正式加入。WIPO 中国办事处（WIPO Office in China，简称 WOC）于 2014 年 7 月在京成立，是 WIPO 在全球 7 个驻外办事处之一。

在知识经济时代，发展中国家与发达国家之间的主要差距在于知识差距而非资源差距。自设立以来，WIPO 通过制定全球知识产权保护统一的法律框架、建立多样化的国际科技合作平台、提供知识产权保护的培训与能力建设等举措，有效推动了国际科技合作。

一是制定国际通用的知识产权保护机制，促进技术转移与合作。WIPO 通过制定和维护国际知识产权条约，如《专利合作条约》（Patent Cooperation Treaty，简称 PCT）、《保护工业产权巴黎公约》（Paris Convention for the Protection of Industrial Property，简称《巴黎公约》）和《保护文学和艺术作品伯尔尼公约》（Berne Convention for the Protection of Literary and Artistic Works，简称《伯尔尼公约》），为全球知识产权保护提供了统一的法律框架，从而促进了跨国界的科技合作②③。PCT 允许发明者通过提交一份国际申请，就可以同时在多个国家申请专利保护，这不仅简化了申请流程，还降低了费用，使得跨国科技合作更加便捷和高效。通过 PCT 条约，研究机构和企业可以更容易地在国际市场上保护其创新成果，促进技术转移与合作。WIPO 还为各国提供知识产权信息与数据服务，如全球专利、商标和外观设计的数据和分析服务，帮助各国和企业了解技术趋势和市场动态，以帮助企业和研究机构制定国际合作战略，发现潜在合作伙伴和市场。此外，WIPO 还提供解决知识产权侵权问题的机制，包括调解和仲裁服务，有助于解决国际科技合作中可能出现的知识产权纠纷，保护合作各方的合法权益。

二是建立多样化的国际科技合作平台，推动各领域的国际科技合作。

---

① 中国（深圳）知识产权保护中心：《什么是 WIPO》，深圳知识产权保护中心网站（2023 年 10 月 24 日），http://www.sziprs.org.cn/sziprs/ztzl/tisc/wipotisc/wipo/content/post_820108.html。

② 李是坤、边钰涵：《巴黎公约与 PCT：企业"走出去"应如何选择》，百利来（2022 年 8 月 22 日），https://baijiahao.baidu.com/s? id=1741844414203325478&wfr=spider&for=pc。

③ 福建省商务厅：《保护文学艺术作品伯尔尼公约（1992）》，福建自贸试验区门户网站（2015 年 2 月 14 日），https://ftz.fujian.gov.cn/article/index/gid/51/aid/221.html。

WIPO 发展议程的一项重要内容是为帮助发展中国家和最不发达国家获取知识和技术提供便利，以鼓励创新创造。此外，WIPO 还通过建立多种形式的国际合作平台，来促进国际科技合作。例如，WIPO 通过技术与创新支持中心（Technology and Innovation Support Center，简称 TISC）计划这一合作项目，为发展中国家和新兴经济体提供技术信息和服务、培训和咨询，帮助当地的研究人员和企业获取全球最新的技术信息，提升创新能力，促进技术转移和国际合作。WIPO GREEN 绿色技术交易平台连接各国的技术供应商和需求方，通过提供技术数据库和合作机会，推动全球范围内的可持续发展技术的国际合作。

三是提供知识产权保护的培训与能力建设，推动国际科技合作。WIPO 通过多样化的教育和培训形式为各国政府、企业和个人提供知识产权培训和教育，涵盖知识产权管理、执法、政策制定和最佳实践案例等方面的内容，以提升各国的知识产权官员、执法人员、企业和研究机构的知识产权保护和管理能力，使其在国际科技合作过程中能够更好地进行知识产权保护。

三 世界知识产权组织推动北京国际科技合作典型案例分析

在 WIPO 发布的《2024 年全球创新指数》中，北京在全球科技集群中排名第三位①，这得益于北京与 WIPO 在知识产权保护、人才培养、创新政策制定、国际交流与合作等多个层面的共同努力。

（一）WIPO 与在京高校的国际科技合作项目

WIPO 与在京高校的国际合作最典型的就是人才培养。在科技创新和数字经济快速发展的时代背景下，技术的进步、创新产业的发展以及知识的快速流动，强化了对知识产权保护的需求，因此，各国对知识产权人才的需求

---

① 北京日报客户端：《全球创新指数科技集群排名揭晓，北京位列第三！》，北京日报（2024年9月5日），https：//www.163.com/gov/article/JBAJTIAD00239BGM.html.

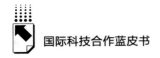
也日益强烈。近两年，WIPO 与在京的两所高校先后建立了联合培养知识产权人才的机制。

一是 WIPO 与清华大学合作开发的"知识产权与创新政策"联合硕士项目①。在国家知识产权局和北京市人民政府的支持下，清华大学与 WIPO于 2023 年 11 月共同签署了"知识产权与创新政策"联合硕士项目备忘录协议，清华大学法学院负责具体落实。该项目为全英文教学，旨在培养具备全球视野、中国情怀的知识产权高层次人才，招生名额 30 人左右。清华大学与 WIPO 就课程设置、教材选编、师资组织、教学安排以及学生实践等方面进行了一系列沟通，并面向全球招生，第一批学生于 2024 年 9 月入学。这个项目汇集来自清华大学、WIPO、政府、法院、其他著名大学、跨国公司、律师事务所等国内外知名高校、研究机构和企业的一流师资，为国家培养更多优秀的国际化知识产权人才。

二是 WIPO 与中国人民大学联合主办的暑期学校项目②。2023 年，WIPO 首次与中国人民大学合作开办暑期学校，2024 年是第二届，面向全球招生，每届招生规模约 40 人。具备较好的英语水平以及知识产权领域相关背景知识或专业能力的大学生、年轻专业人士和政府官员均可在暑期学校项目中参加为期两周的知识产权强化课程，了解知识产权如何能够作为工具促进可持续发展，以及 WIPO 在管理和提供全球知识产权服务方面所发挥的作用。课程内容包含各种与知识产权主题相关的讲座、案例研究、模拟练习、小组讨论，注重知识产权与其他学科知识的结合运用。暑期学校采取全英文授课，并邀请日内瓦大学（University of Geneva）、德国马克斯-普朗克科学促进学会（International Max-Planck Research School）、香港城市大学、北京大学、清华大学、中国人民大学等国内外著名高校、研究机构的知识产权法

---

① 《北京："知识产权与创新政策"联合硕士项目落地》，国家知识产权局网站（2023 年 11 月24 日），https：//mp. weixin. qq. com/s？ _ _ biz=MzA3ODU0NDE4OA= = &mi d=2653666503&idx = 1&sn = 5cb76ad14142cd3fdf3501a7fda31124&chksm = 849e3094b3e9b9826f0dd13befba95f1c297a1fb22168de0c8de5c76a92b17f8cf0d1ab94af5&scene=27。

② 《世界知识产权组织-中国（中国人民大学）知识产权暑期学校开班》，中国人民大学网站（2024 年 7 月 15 日），http：//www. law. ruc. edu. cn/article/？ id=59997。

教授，以及"互联网大厂"法务经理、知名律所合伙人等实务领域知识产权法专家进行授课，共同培养国际化的知识产权人才。

（二）WIPO 支持的在京企业国际创新合作项目

WIPO 为各成员国提供了免费获取技术和知识的全球性平台，即十大公司伙伴关系（PPP）合作平台。各成员国及其利益攸关方均可共享这些平台的知识和最佳案例经验，并从中获益。例如 WIPO GREEN 绿色技术交易平台在推动北京绿色能源发展方面取得了显著成效。

WIPO GREEN 加速项目是 WIPO GREEN 绿色技术交易平台推出的一项创新加速项目，旨在为技术提供者和需求者搭建一个高效对接及知识产权应用的平台。该项目不仅可以加快绿色技术的传播速度，提高技术应用的普及率，还能够有效促进技术的商业化进程，为创新者带来实实在在的收益。在进入中国前，WIPO GREEN 加速项目已经在多国落地，在水污染防治、绿色农业、适应气候变化等方面实现了一批成功对接的成果。2021 年，北京成为该项目中国首个试点城市，WIPO 为此与北京市多家政府单位和北京碳中和学会合作，与 WIPO 共同推动该项目的实施①。

绿色技术交易和转移既是北京具备比较优势的产业，又是未来重点关注的产业，北京充分发挥本土优势，通过 WIPO GREEN 加速项目助力城市绿色科技产业蓬勃发展。通过 WIPO GREEN 加速项目，北京试点完成了北京绿色技术需求初步评估，识别出二氧化碳减排、空气污染和城市垃圾是北京市目前面临较为严峻的三个主要绿色发展挑战，针对这些挑战，WIPO GREEN 加速项目完成了 100 多项绿色技术的征集和 24 项需求的征集，并将征集到的信息上传至 WIPO GREEN 全球数据库，组织"为绿色的未来而创新"绿色科技 IP 战略专项活动，开展多轮技术与需求的线上、线下考察与对接会，已有 3 组示范项目（小区柔性充电示范项目、餐厨垃

---

① 《WIPO 中国：创新驱动绿色发展，助力实现联合国可持续发展目标》，WIPO 中国办事处网站（2024 年 5 月 15 日），https：//baijiahao.baidu.com/s？id＝1799081843554883668&wf r＝spider&for＝pc。

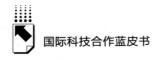

圾就地资源化处置示范项目、绿色物流与绿色供应链碳排放监测项目）成功对接落地①。

1. 北京世纪云安新能源有限公司社区新能源车充电设施案例②

随着电动汽车在北京广泛推广，商业和住宅物业管理公司发现楼宇中的充电设施供不应求。以北京世纪城物业管理有限公司（世纪城物业）所管理的远大园小区为例，其充电设施建于2001年，有600多户居民，共有400个停车位，但私人停车位中只有30个充电位，建设新的电网变电站以及充电装置既困难又昂贵。因此，该小区物业在WIPO GREEN加速项目框架中选择与北京世纪云安新能源有限公司合作，使用集群式充电桩平台（将电网上的电力转换为给电动汽车充电的充电站），与楼宇电力负荷一起优化现有的电力资源。这一技术使得楼宇能够为电动汽车提供充电设施，而不必安装额外的能源容量。

该项目于2022年5月正式实施，并随即实现楼宇电力负荷的灵活控制。一方面，智能微电网平台可以监测楼宇的电力消耗，并将信息发送到充电桩平台，以确保电力负荷不超过总电力消耗。另一方面，集群式充电桩平台实时监测充电桩的耗电数据，根据来自微电网平台的信息和充电桩的消费数据，调整和优化电力负荷以满足充电需求。该项目通过技术创新最终实现了小区新能源车充电与居民生活用电的平衡。

2. 北京中源创能工程技术有限公司餐厨垃圾就地处置案例③

2020年，北京实施了全市范围的家庭垃圾管理条例，要求所有居民对生活垃圾进行分类，包括对有机垃圾成分进行分类。2021年，该条例扩展

---

① 《WIPO中国：WIPO GREEN 2022年度报告丨两项中国城市加速项目示范案例在京成功对接》，WIPO中国办事处网站（2023年2月21日），https：//baijiahao. baidu. com/s？id＝1758422155643805909&wfr＝spider&for＝pc。

② 《WIPO中国：WIPO GREEN 2022年度报告丨两项中国城市加速项目示范案例在京成功对接》，WIPO中国办事处网站（2023年2月21日），https：//baijiahao. baidu. com/s？id＝1758422155643805909&wfr＝spider&for＝pc。

③ 《WIPO中国：WIPO GREEN 2022年度报告丨两项中国城市加速项目示范案例在京成功对接》，WIPO中国办事处网站（2023年2月21日），https：//baijiahao. baidu. com/s？id＝1758422155643805909&wfr＝spider&for＝pc。

到所有餐馆和商业厨房，有机厨余垃圾应就地处理或交由有资质的公司处理。北京北大博雅国际酒店管理层开始寻找替代技术解决方案，以降低成本并解决与清除有机厨余垃圾相关的问题，最终在 WIPO GREEN 加速项目框架中选择北京中源创能工程技术有限公司作为合作伙伴。

该项目于 2022 年 7 月正式启动，8 月开始试运营。北京中源创能工程技术有限公司提出以"有机垃圾分散处理及资源化利用技术装备"为核心的解决方案，采用分散式堆肥技术，涉及分类、粉碎、脱水和发酵的各个阶段均为全自动方式。最终该项目取得了良好的效果，北京北大博雅国际酒店通过使用北京中源创能工程技术有限公司的食物垃圾回收项目产生的回收副产品为土壤提供了难得的肥料，既消除了对环境的影响，又改良了酒店花园和周边地区的土壤，加速了城市的绿色发展。

（三）WIPO 与北京政府机构国际科技合作项目

北京是中国与 WIPO 开展国际合作交流的重要参与者。北京作为国际交往中心，在国际交往过程中，知识产权将扮演越来越重要的角色，要用好知识产权这张金名片[①]。

1. WIPO 参与多项北京有关知识产权的政策制定

北京通过与 WIPO 的合作，推动了多项知识产权领域政策法规的制定和实施。2015 年，北京市与 WIPO 签署知识产权合作谅解备忘录，为双方在知识产权运用、保护和人才培养等方面提供了合作框架。课程内容涵盖国际专利申请流程、商标注册策略、版权保护机制等，有效提升了学员的国际知识产权管理能力。此外，2024 年北京市知识产权局和北京知识产权法院联合发布《涉数据产业竞争司法保护白皮书》[②]；北京市知识产权局与中国贸

[①] 《对话委员丨王英：知识产权将在北京的国际交往中发挥更重要的作用》，北京民革微信公众号（2019 年 1 月 17 日），https：//mp. weixin. qq. com/s？_ _ biz = MzI0MzQ2MTk4Mw = = &mid = 2247486404&idx = 3&sn = e8b3eb4d30e4e63db45bfc6bf278ce91&chksm = e96df1f4 de1a78e2414e51ff0554cdf5f0729d5e3d5bfbd1275b22f84a81cf3daf2c617ccdcc&scene = 27。

[②] 徐艳红：《北京知识产权法院发布〈涉数据产业竞争司法保护白皮书〉》，人民政协网（2024 年 4 月 26 日），http：//www. rmzxb. com. cn/c/2024-04-26/3533795. shtml。

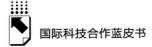

促会商法中心合作，推动了标准必要专利国际知识产权规则的研究与完善，并共同起草了《标准必要专利许可操作指南》，为创新主体提供了专业支持。

2. WIPO 与北京市共同推进知识产权多边合作

WIPO 与北京市及相关行业协会联合主办了多次重要的全球知识产权相关活动，展现了其在推动知识产权多边合作和创新方面的积极作用。2012年，WIPO 保护音像表演外交会议在北京召开，《视听表演北京条约》顺利缔结，并于 2020 年正式生效，这是新中国成立以来第一个以北京命名的国际知识产权条约，标志着中国在国际知识产权领域取得重要进展[1]。2019年，在 WIPO 的推动下，北京市与欧盟联合开展了中欧知识产权合作项目，旨在促进中国与欧洲国家在知识产权领域的合作与交流，通过组织研讨会、交流活动和联合研究，双方在专利审查、商标注册和版权保护等方面达成了一系列合作协议[2]。此外，WIPO 还与北京市人民政府、国家知识产权局、国家版权局和商务部共同举办了"一带一路"知识产权高级别会议，截至2023 年已是第三届，会议围绕专利、商标、地理标志、版权四个领域推动开展一批务实合作项目，促进了"一带一路"知识产权合作提质升级、深化拓展[3]。2024 年 4 月，WIPO 与北京市人民政府联合在中关村国际创新中心举办了"全球知识产权保护与创新论坛"，聚焦"数智时代：知识产权与可持续发展"，探讨在数字化、智能化背景下知识产权的保护和利用，活动为全球的知识产权利益相关者提供了交流思想、分享经验、探讨合作的平台[4]。这

---

[1] 北京外办、市知识产权局、WIPO 中国办事处、北京日报、中新社：《四合院里的联合国机构——世界知识产权组织中国办事处》，中共北京市委外事工作委员会办公室、北京市人民政府外事办公室、北京市人民政府港澳事务办公室网站（2022 年 6 月 8 日），https：//wb. beijing. gov. cn/home/dwhz/dbjw/202206/t20220609_ 2732864. html。

[2] 《知识产权助力中欧创新融合发展》，新华社新媒体（2019 年 5 月 9 日），https：//baijiahao. baidu. com/s？ id=1630324297730693442&wfr=spider&for=pc。

[3] 惠小东：《第三届"一带一路"知识产权高级别会议 9 月中旬在北京举行》，中国新闻网（2024 年 9 月 5 日），https：//www. chinaqw. com/ydylpc/2024/09-05/383419. shtml。

[4] 《2024 中关村论坛全球知识产权保护与创新论坛成功举办》，国际交流合作处（港澳台办公室）网站（2024 年 4 月 28 日），https：//zscqj. beijing. gov. cn/zscqj/zwgk/xwdt/436430753/index. html。

些活动充分展现了 WIPO 在促进全球知识产权治理和国际合作方面的重要作用。通过 WIPO 的国际网络和专业服务，北京的创新企业和研究机构能够更好地了解国际知识产权规则，有效保护自身的创新成果，同时积极参与到国际科技合作与竞争中，共同推动前沿技术的知识产权保护，加快国际科技创新中心建设。

四　经验启示

（一）制定国际通用的法律框架

国际科技合作需要统一的法律框架来确保各方利益，WIPO 通过制定和执行 PCT、《巴黎公约》和《伯尔尼公约》等国际知识产权条约，为全球科技合作提供了法律保障。这种统一的法律框架减少了法律冲突和不确定性，使得跨国合作更为顺畅和高效。例如，PCT 允许发明者通过提交一份国际申请即可在多个国家申请专利保护，极大地简化了流程并降低了费用。这不仅为企业和科研机构提供了便捷的知识产权保护路径，也促进了国际技术转移与合作，提升了国际合作的信心和积极性。

（二）建立多样化的国际科技合作平台

建立多种形式的国际科技合作平台，有效促进技术信息的共享和交流，推动跨国技术转移与合作。例如，WIPO GREEN 绿色技术交易平台连接了全球的技术供应商和需求方，通过提供技术数据库和合作机会，推动全球范围内的可持续发展技术的国际合作。WIPO Re：Search 平台则通过共享被忽视疾病和热带疾病的新药研发技术的知识产权和药物成果，推动全球范围内公共和私营部门之间有关健康的创新合作。这些平台为全球科技合作提供了稳定的渠道，使得技术资源能够更高效地流动，促进了全球的科技合作和创新。

多种形式的国际科技合作平台，确保了国际合作项目的连续性和可持续性。例如，TISC 计划和 WIPO GREEN 绿色技术交易平台，通过持续的技术支持和服务，帮助各国实现长期的科技创新和发展目标。这种可持续的国际合作模式，促进了全球科技资源的有效利用和分配。

（三）构建系统的人才联合培养机制

与高校联合建立系统的人才培训机制，培养大批国际化专业人才。WIPO 通过与在京高校的合作，共同培养国际知识产权人才。这使得各国在国际科技合作过程中能够更好地进行知识产权保护，保障合作各方的合法权益。例如，WIPO 与清华大学合作开设的"知识产权与创新政策"联合硕士项目[①]，为北京培养了具备全球视野的知识产权高层次人才。WIPO 与中国人民大学合作举办的暑期学校项目，通过全英文授课和多国学生的参与，促进了跨文化的交流与理解。这些教育和培训项目不仅提高了参与者的专业知识和技能，还促进了国际交流与合作，增强了各国在知识产权保护方面的能力，确保了国际科技合作的顺利进行[②]。

（四）推动相关政策的制定与实施

与政府合作推动政策的制定与实施，为国际科技合作创造良好的政策环境。WIPO 与北京市人民政府密切合作，推动了多项知识产权领域政策法规的制定和实施，如北京市知识产权局和北京知识产权法院发布了《涉数据产业竞争司法保护白皮书》[③]。这些政策法规为国际科技合作提供了法律保障和政策支持，促进了科技创新和技术转移。

---

① 国家知识产权局：《北京："知识产权与创新政策"联合硕士项目落地》，中国专利信息中心网站（2023 年 11 月 24 日），https：//mp. weixin. qq. com/s？＿＿biz＝MzA3ODU0NDE4OA＝＝&mi d＝2653666503&idx＝1&sn＝5cb76ad14142cd3fdf3501a7fda31124&chksm＝849e3094b3e9b9826f0dd13befba95f1c297a1fb22168de0c8de5c76a92b17f8cf0d1ab94af5&scene＝27。

② 《世界知识产权组织-中国（中国人民大学）知识产权暑期学校开班》，中国人民大学网站（2024 年 7 月 15 日）. http：//www. law. ruc. edu. cn/article/？id＝59997。

③ 徐艳红：《北京知识产权法院发布〈涉数据产业竞争司法保护白皮书〉》，人民政协网（2024 年 4 月 26 日），https：//www. rmzxb. com. cn/c/2024-04-26/3533795. shtml。

五　国际组织推动北京国际科技合作的建议

（一）优化国际组织与本地机构的合作机制

1. 建立高效的沟通协调机制

国际组织与本地机构之间需要建立高效的沟通协调机制，以确保信息传递的及时性和准确性。定期召开国际组织与本地机构的联席会议，讨论合作进展、面临的问题及未来的合作方向，以便双方快速解决合作过程中出现的各种问题。在国际组织和本地机构之间设立专门的协调办公室，负责日常的沟通与协调工作，确保双方的信息传递和沟通畅通无阻。

2. 签订全面的合作协议

为了确保合作的顺利进行，国际组织与本地机构之间应签订全面的合作协议，明确双方的权利和义务。明确双方的合作目标和范围，以便在具体项目中有明确的方向和目标。明确双方在合作中的职责分工，避免责任不清和推诿。规定资源共享和资金管理的具体方式，确保资源和资金的高效利用。

3. 增强本地机构的自主权

国际组织应在合作中给予本地机构更多的自主权，充分发挥其在本地的优势和资源。在合作项目的具体实施中，国际组织应授权本地机构进行项目管理，包括项目的策划、执行和评估等工作。支持本地机构的能力建设，通过提供培训、技术支持和资金援助等方式，帮助本地机构提升其管理和执行能力，从而增强其在国际科技合作中的自主性和主动性。

（二）提升科技合作平台与项目管理水平

1. 构建多层次的科技合作平台

为了更好地推动国际科技合作，国际组织应构建多层次的科技合作平台，涵盖从基础研究到应用开发的各个环节。构建基础研究合作平台，促进国家间基础研究的合作与交流，推动科学前沿的共同探索和突破。构建应用

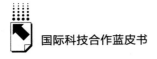

开发合作平台，推动基础研究成果的转化与应用，促进技术创新和产业发展。构建行业合作平台，推动行业间的技术交流与合作。

2. 提升项目管理水平

制定统一的项目管理标准和流程，确保项目的计划、执行、监控和评估等环节有章可循。加强项目监督和评估，通过定期的项目监督和评估，及时发现并解决项目实施中存在的问题，确保项目按时、按质完成。引入先进的项目管理工具和技术，如项目管理软件、大数据分析等，提高项目管理的效率和准确性。

3. 推动项目成果的转化和应用

建立成果转化机制，制定合作项目成果转化的具体流程，确保科研成果能够快速转化为实际应用。通过组织展览、论坛等活动，搭建合作项目成果的展示和推广平台，扩大成果的影响力和应用范围。积极推动科研机构与企业的合作，促进科研成果的产业化应用，提升科技创新对经济发展的贡献。

（三）培养与引进国际科技合作人才

1. 多渠道培养国际科技合作人才

国际组织应通过多种渠道培养具备国际视野和合作能力的科技人才。与本地高校和科研机构合作，开展联合培养项目，如硕士、博士联合培养计划，为学生提供国际化的教育和培训机会。组织短期的培训和交流项目，邀请国际知名专家和学者为本地人才授课，提升其国际科技合作的能力和水平。利用互联网技术，开展在线教育和培训项目，为更多本地人才提供接受国际化教育和培训的机会。

2. 吸引国际高端科技人才

北京市政府应鼓励和支持国际组织吸引国际高端科技人才来北京工作和生活，促进本地科技创新和国际合作。为国际高端科技人才提供优厚的生活和工作条件，包括高薪酬、住房补贴、医疗保障等。简化国际高端科技人才的引进流程，提供一站式的服务，减少其在申请工作和居留许可等方面的烦琐程序。为国际高端科技人才及其家属提供全面的后续服务，包括子女教育、配偶就业、社会融入等，帮助他们更好地适应和融入北京的生活。

3.搭建国际人才交流平台

国际组织应搭建国际人才交流平台，促进本地人才与国际同行的交流与合作。定期组织国际学术会议和论坛，邀请全球知名专家学者来京交流，提升本地人才的国际视野，促进国际合作。建立国际科技合作人才数据库，记录和管理本地和国际科技人才的信息，推动国际合作项目的高效匹配和实施。鼓励本地科研机构与国际同行共同组建跨国科研团队，开展联合研究与项目合作，提升国际科技合作的深度和广度。

（四）增强政策支持与政府合作

1.塑造有利的政策环境

国际组织应与北京市政府紧密合作，制定和实施有利于国际科技合作的相关政策。制定税收优惠政策，吸引更多的国际科技企业和机构在北京设立研发中心和分支机构，促进科技合作和创新。提供专项资金支持和补贴，鼓励本地企业和科研机构参与国际科技合作项目，降低合作成本。完善知识产权保护政策，保障合作各方的知识产权权益，增强合作的信心和积极性。

2.建立政府与国际组织的合作机制

为了更好地推动国际科技合作，国际组织应与北京市政府建立紧密的合作机制。建立定期沟通和协调机制，及时了解和解决合作过程中遇到的问题和困难，确保合作顺利进行。与北京市政府共同制订合作计划，明确合作的目标、任务和时间表，确保合作有序推进。设立联合工作组，负责具体合作项目的实施和管理，确保项目按计划顺利推进。

3.推动多边合作和国际交流

国际组织应通过广泛的国际网络推动多边合作和国际交流，扩大北京在国际科技合作中的影响力和话语权。国际组织应定期组织国际科技合作论坛、研讨会和展览等活动，促进各国科技界的交流与合作，提升北京在国际科技合作中的影响力和地位。

B.10
"一带一路"国际科学组织联盟融入
全球创新网络模式*

刘畅 张希迪 刘波 马鑫**

摘 要： 国际组织是建构全球创新网络的重要主体之一。本研究通过实地走访、文献调研等方法，分析总结"一带一路"国际科学组织联盟（ANSO）融入全球创新网络的实践和模式，为北京建设国际科技创新中心提供借鉴。研究发现，ANSO通过不断吸纳"一带一路"优质科研创新机构、支持国家间联合研究、设立奖学金和访问学者计划、搭建国际科技创新平台等模式积极融入全球创新网络。基于此，本文提出北京应立足现有资源优势，通过扩展朋友圈、联合研究、搭建国际创新平台等方式汇集各种优势资源要素，将北京打造成全球创新网络关键节点。

关键词： 国际组织 科技创新 全球创新网络 北京

引 言

2024年7月召开的中国共产党第二十届中央委员会第三次全体会议中

---

* 感谢"一带一路"国际科学组织联盟对本文的大力支持。

** 刘畅，北京外国语大学博士研究生，北京市科学技术研究院国际与区域合作中心高级经济师，研究方向为国际科技合作与国际传播；张希迪，北京市科学技术研究院国际与区域合作中心助理研究员，研究方向为科学学与科技管理；刘波，博士，北京市社会科学院国际问题研究所所长、研究员，研究方向为国际关系与国际城市；马鑫，博士，北京市社会科学院国际问题研究所助理研究员，研究方向为中美关系，"一带一路"和北京国际交往中心建设。

指出"在扩大国际合作中提升开放能力，建设更高水平开放型经济新体制"。习近平总书记强调："国际科技合作是大趋势。我们要更加主动地融入全球创新网络，在开放合作中提升自身科技创新能力。"① 全球创新网络是指，在经济全球化、信息化、知识化背景下，创新地理空间趋于多元化、分散化，创新生产组织呈现合作化、网络化、互动化，来自不同国家和地区的各类创新主体参与创新的各个环节，从而逐渐形成的开放式的创新组织网络。② 全球创新网络依据具有权利非对称、治理结构多样、知识分享以及价值实现等四大特征，可分为国际组织、产业组织、平台组织以及群体组织创新网络四类，其中国际组织创新网络通常由具有国际影响力的国际组织牵头，是一种多层次的复杂网络。③ 国际组织是指由两个及以上国家或其政府部门、社会团体、个人等通过签订契约而建立的各种机构，其建立通常基于某种特定目的，并且具备分配国际资源、管理国际事务和协调国际组织等多种功能。④

第二次世界大战后，随着联合国的成立，国际组织不断深刻影响着世界政治和人类社会发展。根据国际协会联盟（Union of International Associations，UIA）《国际组织年鉴》（Yearbook of International Organization）数据统计，截至2024年7月，共有77762家国际组织分布在300多个国家和地区。北京积极融入全球创新网络，鼓励国际组织总部落户，利用国际组织资源优势和创新网络助力北京国际科技创新中心建设。在京国际组织数量不断增加，截至2024年1月，共有115家国际组织在京落户⑤，数量居全国

① 习近平：《在科学家座谈会上的讲话》，中国政府网（2020年9月11日），https://www.gov.cn/xinwen/2020-09/11/content_5542862.htm。
② 臧红岩、陈宝明、臧红敏：《我国国际科技合作全面融入全球创新网络研究》，《广西社会科学》2019年第9期，第62~66页。
③ 陈志明：《全球创新网络的特征、类型与启示》，《技术经济与管理研究》2018年第6期，第49~53页。
④ 姚宜：《国际组织对提升城市国际影响力的作用——以广州为例》，《改革与开放》2015年第9期，第36~37页。
⑤ 《在京登记落户国际组织机构增至115家》，北京市人民代表大会常务委员会网站（2024年1月21日）http://www.bjrd.gov.cn/zyfb/zt/16j2crdh2024/bgjd/szfgzbb/202401/t20240121_3541652.html。

首位,与 2019 年相比新增 30 家①,增幅达 35%,并涌现"一带一路"国际科学组织联盟(The Alliance of National and International Science Organizations for the Belt and Road Regions,简称 ANSO)、国际地质科学联合会(International Union of Geological Science)等具有国际学术权威的全球性科技组织,推动北京积聚高端创新资源并促进创新要素流动。本文通过分析 ANSO 融入全球创新网络的实践和模式,提出北京深度融入全球创新网络的若干建议。ANSO 是中国科学院联合其他机构发起成立的国际科技组织,旨在推动共建"一带一路"地区及全球社会经济可持续发展的科技网络。作为一家落户在北京的国际组织,ANSO 提供了一个具体、生动的了解国际社团组织融入开放创新网络的鲜活案例。

一 ANSO 整体概况

ANSO 于 2018 年 11 月成立于中国,秘书处设在北京,是在"一带一路"倡议框架下,由共建"一带一路"国家科研机构、大学与多家国际组织共同发起成立的非政府、非营利性的综合性国际科学组织,并在我国民政部注册。截至 2024 年 7 月,ANSO 共有 78 家成员单位,包括各国科学院、大学、研究机构和国际组织,覆盖 52 个国家,致力于促进各国共同发展和实现联合国可持续发展目标。②

(一)成立缘起与历程

2013 年,习近平总书记提出"一带一路"倡议,成为构建人类命运共同体的中国方案。

---

① 张师淯、宋恒宇:《喜提 3 个 No.1!北京国际交往中心功能建设卓有成效》,北京时间(2023 年 6 月 26 日)https://wb.beijing.gov.cn/home/ztzl/gjjwqmts/xlbd_2023/202306/t20230628_3148833.html。

② 《"一带一路"国际科学组织联盟》,ANSO 官网(2022 年 6 月 7 日)https://www.anso.org.cn/ch/gywm/anso/。

随着共建"一带一路"国家面临的气候变化、生态环境、自然灾害、粮食安全等共同挑战日益严峻，各国亟须联合起来以科学方法解决，促进本地区共同发展和繁荣。2016年11月，中国科学院联合俄罗斯科学院、联合国教科文组织等20多个国家和地区的科研机构和国际组织，在北京举办了第一届"一带一路"科技创新国际研讨会。来自22个国家和地区科研机构的领导、2位诺贝尔奖获得者、30多位来自世界各地的院士以及来自近40个国家和地区的350多位科学家出席，提出了倡议成立ANSO的设想，建立科技合作长效机制。2017年7月，来自12所科技机构的代表在巴基斯坦举行了研讨会，制定了联盟章程草案和战略。2018年11月，在第二届"一带一路"科技创新国际研讨会中正式宣布ANSO成立，并召开了首届理事会和全体大会。时任国务院副总理刘鹤出席了ANSO成立大会，并宣读习近平主席的贺信。习近平主席明确指出，希望各国科学界携手并肩，发挥好ANSO平台作用，开展重大科技合作，培养创新创业人才，提升科技创新能力，为推动构建人类命运共同体做出重要贡献。①

（二）愿景、使命

ANSO愿景：汇聚全球科技力量，打造开放包容、互利共赢的科技合作平台，开展务实科技交流合作，服务共建"一带一路"国家和地区可持续发展，助力构建人类命运共同体。

ANSO使命为：推动民生科技和绿色技术的发展与应用；推动科技能力建设；推动科技人员交流；推动构建和谐而富有活力的科技共同体②。

（三）组织结构与运作机制

会员大会由全体ANSO会员单位组成，是ANSO的最高决策机构，每两

---

① 《"一带一路"国际科学组织联盟》，ANSO官网（2022年6月7日），https：//www.anso.org.cn/ch/gywm/anso/。

② 周睿洋、郭童：《"一带一路"国际科学组织联盟简介》，《人与生物圈》2021年第1期，第71页。

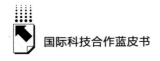

年召开一次会议。理事会由会员大会选举产生，是大会的执行机构，由 ANSO 主席、两名副主席和其他六名成员组成，每年召开一次会议。秘书处是 ANSO 的日常工作机构，在执行主任领导下，实施由 ANSO 全体大会和 ANSO 理事会做出的决定。ANSO 秘书处下设 5 个部门：综合办公室、会员与能力建设部、科学计划部、公共关系部、财务部。

ANSO 现任理事会成员单位共有 9 家，包括泰国国家科学技术发展署、中国科学院、巴西科学院、土耳其科技研究委员会、塞尔维亚科学院、埃及国家研究中心、蒙古国科学院、塞内加尔科学与技术院、南方科技促进可持续发展委员会。

二 ANSO 融入开放创新网络主要模式

ANSO 发挥国际组织优势和特点，依托自身资源优势，秉承开放性理念，积极拓宽创新合作网络"半径"。紧密团结和依靠各成员，不断完善覆盖全球的科技交流合作网络机制，围绕重大民生和全球共性挑战，实施联合研究项目，开展创新人才培养，画出国际科技合作"同心圆"。

（一）秉承开放性理念，拓宽创新合作关系网络"半径"

自成立以来，ANSO 依托中国科学院，不断凝聚多边力量，积极吸纳更多高校、科研机构和国际组织加入 ANSO"科技朋友圈"，不断完善国际科技合作网络架构，积极拓宽以 ANSO 为核心，覆盖共建"一带一路"国家的开放创新网络范围。

1. 积极吸纳共建"一带一路"各国优质科研创新机构

2016 年 ANSO 在筹备阶段，联合 20 多个国家发布《北京宣言》倡议成立"一带一路"国际科学组织，2018 年 ANSO 正式成立。截至 2024 年 7 月，ANSO 正式成员单位已由最初的 37 家发展至 78 家，覆盖 52 个国家，增长率 110% 以上，国际成员占比高达 92% 以上。

2. 依托优势资源，完善国际科技合作网络架构

ANSO秉承开放性理念，依托中国科学院，广泛连接国内外科研机构、政府部门等，密切与重要国际组织联络。获得联合国教科文组织（UNESCO）咨询地位，与联合国科技促进发展委员会（UNCSTD）签署合作协议，宣传中国对发展中国家粮食安全的贡献，并得到广泛认可。近年来，ANSO支持了包括国际防灾减灾科学联盟、跨大陆交流与丝路文明联盟在内的多个在其框架下的国际专题网络，覆盖基础科学、气候与环境变化、粮食安全、水土保护、公共健康、绿色技术、技术转化以及创新发展智库等领域，不断优化创新合作关系网络架构。

（二）"小而美"与"全球性挑战"兼顾，助力国际联合研究

设立面向成员单位征集的联合研究项目，旨在促进提升共建"一带一路"国家及区域科研能力，应对环境、气候等全球性挑战。

1. 设立"小而美"联合研究合作专项，助力共建"一带一路"国家科技发展

吉尔吉斯斯坦清洁饮用水项目——"分布式净水站系统保障吉尔吉斯斯坦农村饮用水安全"项目由ANSO联合研究合作专项支持，旨在为吉尔吉斯斯坦偏远农村地区的饮用水供应提供技术示范和解决方案，促进科技发展、民心相通。项目由吉尔吉斯斯坦建筑、住房和公用设施建设署饮用供排水发展局（以下简称"吉住建署饮用供排水发展局"）和中国科学院中亚生态与环境研究中心（比什凯克分中心）联合开展，通过在吉尔吉斯斯坦多个示范点安装智能化、低成本、高效率的小型集中供水成套装置、先进的监测技术，为吉尔吉斯斯坦多个农村地区提供了清洁饮用水。①

2. 应对人类共同挑战，设立前沿领域联合研究专项

为联合应对塑料污染这一紧迫的全球性挑战，ANSO实施联合研究合作专项"微塑料污染对脑健康及生殖健康的影响及其器官屏障功能破坏研

---

① 《"一带一路"国际科学组织联盟》，ANSO官网（2021年11月23日）http：//www.anso.org.cn/ch/news/ansoxw/202111/t20211123_672380.html。

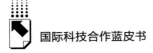
究"。专项由中国科学院深圳先进技术研究院与孟加拉国贾汉吉尔纳加尔大学、孟加拉国工程技术大学、日本九州大学、香港理工大学和桂林医学院合作，通过开展微塑料污染健康效应的机制研究加深公众对于塑料污染的认知并为可能的解决方案提供实验室依据，参与全球塑料污染治理。项目前沿性和重要性得到了联合国教科文组织政府间海洋学委员会西太平洋分委（UNESCO-IOC/WESTPAC）的认可与支持，相关成果已被 2022 年最新版的世界卫生组织权威报告引用。通过开展联合研究，与孟加拉国、日本等国际创新团组以学术会议、访学、国际培训等多种形式深入链接与合作，合力解决微塑料污染健康效应的生物机制问题，并通过论文成果的形式宣传，加深公众对于塑料污染的认知。

（三）设立奖学金和访问学者资助，推动国际优秀人才培养与交流

为了促进共建"一带一路"国家青年科技人才培养和中外学术交流，ANSO 组织实施了系列人才教育和培养项目，设立了奖学金和访问学者计划，共同提升科技创新能力。

1. 奖学金计划

在中国科学院的支持下，ANSO 设立了奖学金项目。奖学金项目面向全球招生，每年为 400~500 名来自全球的优秀青年学子提供到中国科学院大学和中国科技大学攻读硕士和博士研究生学位的机会。2024 年，ANSO 奖学金新增了非学历项目，支持国际学生来华开展短期学术交流、参加夏/冬令营、实验室实习等。

2. 访问学者计划

ANSO 于 2021 年启动访问学者计划，欢迎来自中国大陆以外的科学家和国际合作专家申请到中国科学院的机构和大学进行短期访问或现场研究。该计划包括 ANSO 伙伴项目、客座学者项目和海外校友项目三类资助。

（四）搭建国际科技创新平台，链接全球开放创新网络

成立以来，ANSO 举办涵盖各学科领域超过 100 场国际会议，包括发起

首届大湾区科学论坛、在中关村论坛举办平行论坛等，引聚科技领域和学界领军人物，链接全球开放创新网络。

1. 国际会议

自成立以来，ANSO 举办涵盖各学科领域的学术研讨会和国际会议，旨在共享科研成果，搭建国际科技创新合作高层次交流平台。2023 年，ANSO 举办"一带一路"青年科学家论坛，与首届"一带一路"科技交流大会形成有效联动。大会共有来自 80 余个国家和国际组织的近 1000 名国内外嘉宾参会，该论坛旨在展现青年科技人才的技能、知识和全球视野，为推动共建"一带一路"高质量发展、构建人类命运共同体贡献力量。2021 年，ANSO 发起首届大湾区科学论坛，国家主席习近平向大湾区科学论坛致贺信，包括 130 位院士在内的世界各国科研、企业和产业界专家学者广泛关注和参与，多位诺贝尔奖获得者、知名科学家和行业专家作主旨报告。作为本次论坛发起方，ANSO 成为链接全球科学家与开放创新网络的关键。① 2020 年中关村论坛期间，ANSO 与中国科学院、北京市联合主办全球科研首脑平行论坛，邀请全球顶尖科研机构负责人齐聚云端，展开深度对话，分享各国科技创新经验，共话疫情后国际科技合作。2023 年，ANSO 在 CBD COP15 第二阶段成功举办了"干旱区生物多样性保护、可持续利用与绿色生计"边会，联合全球生物多样性信息网络、国际山地综合发展中心、日本鸟取大学国际干旱地研究和教育平台、塔吉克斯坦国家科学院、吉尔吉斯斯坦科学院生物研究所、哈萨克斯坦动物研究所和乌兹别克斯坦科学院植物研究所等科研机构和国际组织，共同呼吁国际社会关注和保护干旱区生物多样性，促进各利益相关方携手合作。

2. 国际培训

ANSO 培训计划根据联盟成员需要而设计，开展针对 ANSO 成员的特色培训项目。国际培训高度重视围绕共同的科技挑战和关注点的合作、网络和

---

① 王攀、马晓澄：《密切国际科技交流合作更好造福人类》，《新华每日电讯》2021 年 12 月 14 日，第 10 期。

能力建设，以支持绿色和可持续发展。项目规定首席研究员应来自 ANSO 成员机构，至少 1 个 ANSO 成员机构作为合作者，提议项目的参与者应至少涉及 3 个国家（不一定来自 ANSO 成员国）。自成立以来，ANSO 与成员单位年均联合举办多场线上线下培训。有些特色培训项目，例如在塞尔维亚举办的"天然产物与药物发现"培训班，向巴尔干地区科研人员介绍与天然产物研究相关的新技术、新方法，介绍新药研发的系列技术平台，有效提升了该地区新药研发的科学性和规范性；"农情遥感监测技术培训"为应对粮食安全挑战和实现零饥饿目标提供了技术、平台和信息支撑，该项目受到联合国相关机构和所在国的高度评价。

三 促进北京积极融入全球创新网络的政策建议

随着地缘政治紧张局势和全球科技竞争日益激烈，科技创新合作中的竞争因素增加，合作难度增大。根据 2023 年 12 月发布的《国际科技创新中心指数 2023》报告，北京在国际科技创新中心创新生态综合分析中未进入前 10①，开放与合作指标落后于粤港澳大湾区、旧金山—圣何塞、伦敦、首尔等国内外城市（都市圈）。当前新一轮科技革命正在加速演变，北京应把握历史机遇，进一步深度融入全球创新网络，借鉴知名国际组织经验，通过扩展朋友圈、联合研究、搭建国际创新平台等汇集各种优势资源要素，将北京打造成全球创新网络关键节点城市。

一是坚持开放合作，不断优化创新合作伙伴关系网络布局。习近平总书记强调，"国际环境越复杂，我们越要敞开胸怀、打开大门，统筹开放和安

---

① 清华大学产业发展与环境治理研究中心（Center for Industrial Development and Environmental Governance，CIDEG）、自然科研（Nature Research）：《国际科技创新中心指数 2023》（Global Innovation Hubs Index 2023），国际科技创新中心网站（2023 年 11 月 23 日），https://www.ncsti.gov.cn/kjdt/ztbd/cxzs2023/。

全，在开放合作中实现自立自强"①。坚持以全球视野与格局展示北京在全球创新网络上的合作精神，顶层谋划、精准布局，主动扩大、优化双边与多边创新合作伙伴关系网络。充分利用全球创新资源、"两区"开放政策机遇和平台，借助北京友城关系网络，不断拓展合作圈范围，寻求更多元的国际科技合作伙伴关系，与"重要大国""关键小国"以及共建"一带一路"国家或地区在不同优势领域开展更高层次、各具特色的双边科技交流合作，签订合作协议、构建务实合作机制，不断提高对外开放的水平；积极参与多边国际组织合作，包括大科学装置（计划）、国际科技组织、顶尖国际会议和论坛，发挥开放优势，积极参与全球科技治理。

二是鼓励创新主体开展国际联合研究，"小而美"与"全球性挑战"议题双轮驱动，促进全球创新网络持续成长。区域构建全球创新网络旨在快速获取其他地区的知识、技能以及能力，同时带来知识和互补能力的传播与交流②。在联合研究项目实施过程中，科研院所、企业等各类创新主体能够更好地创新或学习相关信息、经验、模式，并通过网络的方式进行传播与知识分享，加速知识、技术、人才等各类创新要素流动与整合，不断扩大激活创新网络。可以借鉴 ANSO 模式，设立联合研究专项基金，以"小而美"与"全球性挑战"议题双轮驱动，既要考虑到共建"一带一路"国家需求，也要鼓励在更大范围、更多领域、更高层次开展国际联合研究。依托联合专项，链接全球伙伴网络中更多创新要素，加速融入全球创新网络。

三是搭建全球科技创新交流"硬+软"平台。一方面，积极搭建"硬平台"，持续推动科技创新活动。继续扩大在京国际科技组织成立或落户数量，出台政策或设立基金支持在京创新主体在全球创新网络关键节点城市共建创新研发中心和海外科技园。另一方面，持续发挥"软平台"作用，增

---

① 人民日报评论员：《在开放合作中实现自立自强——论学习贯彻习近平总书记在全国科技大会、国家科学技术奖励大会、两院院士大会上重要讲话》，中国政府网（2024 年 7 月 1 日），https://www.gov.cn/yaowen/liebiao/202407/content_6960320.htm。

② 陈志明：《全球创新网络的特征、类型与启示》，《技术经济与管理研究》2018 年第 6 期，第 49~53 页。

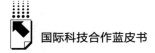

强北京在全球创新网络的"显示度"。继续办好面向全球科技创新交流合作的国家级平台"中关村论坛"，培育数字技术、人工智能等领域国际顶尖科学前沿论坛，布局创立一批国际顶级英文科技期刊，提升北京在全球创新网络的国际话语权和软实力。

四是鼓励国际创新人才来京，进一步推动全球创新人才交流。针对青年科技人才和高层次人才设立来京奖学金或访学基金，通过优化升级人才政策和提高人才服务水平、进一步放开落户政策等方式，加强国际人才服务保障，进一步开放外籍人才引进和使用，加速海外优秀科研人才交流。

参考文献

王智新：《国际科技合作融入全球创新网络研究评述与展望》，《科学管理研究》2021 年第 1 期。

熊鸿儒：《我国融入全球创新网络的位势评估、拓展框架与政策建议》，《经济纵横》2024 年第 3 期。

王群勇、杜梅慧：《对外开放度与跨国合作创新网络：基于 TERGM 的分析》，《调研世界》2023 年第 5 期。

司月芳、曾刚、曹贤忠等：《基于全球—地方视角的创新网络研究进展》，《地理科学进展》2016 年第 5 期。

黄宁、李研、卢阳旭等：《深圳融入全球创新网络的现状、问题与建议》，《全球科技经济瞭望》2023 年第 4 期。

国际智库篇

B.11

北京推进国际高端智库建设的路径研究

罗希婧　邓思嘉　张 点*

摘　要：　在全球化和信息化的背景下，智库建设成为提升国家软实力和国际影响力的重要途径。国际上许多城市在智库建设方面积累了丰富的经验，这些经验对北京推进国际高端智库建设具有重要的借鉴意义。文章从城市层面探索智库的形成与建设机理，采用模糊集定性比较分析法，对全球顶级的25个智库所在的城市进行系统比较。文章认为，城市应在政治支持、学术氛围、国际合作和媒体传播等多个维度综合施策，优化智库建设环境，以推动智库数量的增加和全球顶级智库的产生。

关键词：　高端智库　智库集聚　模糊集定性比较分析　北京智库

---

* 罗希婧，博士，北京市科学技术研究院国际与区域合作中心副主任，高级经济师，研究方向为科技创新、区域合作；邓思嘉，北京市科学技术研究院国际与区域合作中心助理研究员，研究方向为科技创新、区域合作；张点，北京市科学技术研究院国际与区域合作中心研究实习员，研究方向为金融科技、国际金融合作。

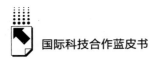

前　言

兰德公司创始人弗兰克·科尔博姆（Frank Collbohm）认为智库就是一个思想生产工厂。作为一种组织形式，他们接受甲方为解决某些问题的实际需要而提供的金额，组织研究人员，解决这些具体问题。当前智库已经成为国家多元治理格局中的关键一环，在现代国家治理中承担着重要使命。正是由于智库的重要性，对于智库建设进行研究也成为学界的研究重点。聚焦如何发挥智库的效能，学界从政策影响力、学术影响力、社会影响力、国际影响力、媒体/舆论影响力等方面构建了完整的智库评价体系，并为如何优化智库建设路径积累了丰富的研究成果。这些研究注重智库自身建设中涉及的相关因素，忽视了智库作为一类特殊的生产组织，其产生与发展受到外部客观环境的影响。

北京作为我国政治、文化、国际交往中心、科技创新中心，不仅是国家发展战略的重要承载地，也是科技创新资源高度集聚的中心，具备了引领全国科技创新的现实基础。在世界知识产权组织发布的《全球百强科技创新集群》榜单中，北京列第四位，科学研究国际影响力不断提升。但智库作为国际科技创新中的重要资源要素，存在总体质量不高、国际影响力微弱、参与国际治理的深度和广度有限等困境。从实践层面看，了解北京如何加快国际高端智库建设，对提升我国在国际舞台上的话语权、赢得创新发展的主动权，为全球治理贡献更多中国智慧和力量具有重要的实践意义。从学术角度看，厘清智库建设与城市发展之间的关系，可为智库产生与建设提供一种新的研究视角。但现有研究多关注于智库自身治理的模式与机制，缺少从区域空间布局的影响路径对智库的产生与聚集进行探讨。华盛顿拥有丰富的政府资源、学术资源和资金资源，吸引了大量顶级智库。布鲁塞尔作为欧盟总部所在地，是欧洲智库的重要集聚地。通过深入研究智库空间布局与影响力之间的关系，可以更好地理解智库的运作机制，并为提升智库的影响力提供参考。

基于此，本研究以全球聚集智库较多且发展较好的城市作为典型案例，运用模糊集定性比较分析方法，探究城市发展对智库建设的核心影响因素和作用路径，以期为优化智库治理创新提供参考。

一 北京市智库建设现状及必要性分析

（一）北京建设全球顶级智库的创新基础

首先，北京作为中国的首都，拥有相对较高的政治资源和政策优势。北京市政府出台了一系列扶持政策和措施，为智库的发展提供了良好的政策环境。2015 年 1 月，北京市出台《关于加强首都新型智库建设的实施意见》，明确了智库的定位和发展方向，并提出了一系列扶持措施，包括资金支持、政策优惠、人才引进等。2017 年，北京市政府召开常务会议研究加强首都新型智库建设等事项，并研究了加强首都新型智库建设的实施意见和首都高端智库试点单位建设管理办法。2017 年，北京市正式启动首都高端智库建设，首批确定 14 家试点单位。经过持续努力，北京新型高端智库建设质量持续提升，服务首都中心工作的能力不断提高，为推动首都发展、推进首都高端智库建设做出了积极探索。

其次，北京具有高集聚、高强度、高产出的创新资源。从人才方面来看，北京地区集聚两院院士 846 人，占全国半数以上；高被引科学家达 411 人次，入选人数全球占比达到 5.77%，居全球城市首位。从创新主体来看，北京原始创新资源丰富，集聚了 3 家国家实验室、77 家全国重点实验室、90 多所高校、1000 多家科研院所[①]。从科技产出方面，2022 年，北京地区专利和发明专利授权量 202722 件，同比增长 1.98%，每万人发明专利拥有

---

① 《北京国际科技创新中心建设稳步推进 去年新设科技型企业 12.3 万家》，国际科技创新中心网站（2024 年 7 月 4 日），https：//www.ncsti.gov.cn/kjdt/ztbd/bjgjkjcxzxjsszntj/sznjscx/202403/t20240309_150734.html。

量达到218.3件，稳居全国第一位①。从国际交往来看，北京以更加积极的姿态参与国际事务、国际规则话语体系和叙事体系的构建。截至2022年6月，在京登记落户的国际组织已达113家，其中，政府间国际组织及其驻华代表机构32家，非政府间国际组织总部38家、非政府间国际组织代表机构43家，各类国际组织总部和代表机构数量均居全国首位②。

（二）国际视角下北京建设顶级智库的现状

从智库发展的质量来看，根据美国宾夕法尼亚大学"智库研究项目"（TTCSP）研究编写的《全球智库报告2020》，北京地区拥有8家全球顶级智库，相较于美国华盛顿特区、英国伦敦、印度新德里，拥有顶级智库的数量排名全球第四（见表1）。

表1　2020全球顶级智库所在城市的分布（共174家）（部分）

单位：家

序号	城市	国家	顶级智库数量
1	华盛顿特区	美国	17
2	伦敦	英国	12
3	新德里	印度	9
4	北京	中国	8
5	布鲁塞尔	比利时	7
6	柏林	德国	5
7	首尔	韩国	4
8	东京	日本	4
9	波恩	德国	4
10	新加坡	新加坡	3
11	内罗毕	肯尼亚	3

---

① 《2022年度北京市专利数据》，北京市知识产权局网站（2024年7月26日），https：//zscqj. beijing. gov. cn/zscqj/zwgk/tjxx/zl/tjnb62/326024211/index. html。

② 《113家国际组织在京落户，国际交往中心建设成绩单来了》，新京报（2024年7月4日），https：//baijiahao. baidu. com/s? id＝1769745705546213553&wfr＝spider&for＝pc。

序号	城市	国家	顶级智库数量
12	墨西哥城	墨西哥	3
13	莫斯科	俄罗斯	3
14	米兰	意大利	3
15	马德里	西班牙	3

资料来源：根据 2020 *Global Go To Think Tank Index Report* 整理而来。

同时对北京地区上榜的全球顶级智库名单研究发现，其中4所带有高校性质，具有硕博授予资质；2家隶属政府部门，系政府部门专业研究机构；1家民营智库，研究领域注重国际关系。除中国与全球化智库这一民营智库，通过对这些智库的隶属关系进行分析发现，其他7家智库都是国家级智库，北京市市级的智库单位没有一家上榜（见表2）。

表2 2020北京市上榜智库全球顶级智库名单

排名	智库名称	研究领域
18	中国现代国际关系研究院	专注于国际关系和安全研究，提供政策建议，影响中国的外交政策和安全战略
38	中国社会科学院	涵盖社会科学的广泛领域，包括经济、社会、法律和文化研究，是中国最具权威的学术机构之一
50	卡内基国际和平基金会中国中心	作为国际知名的智库在中国的分支，致力于推动国际和平与合作的研究
56	国务院发展研究中心	直属于国务院，主要从事经济社会发展战略、政策研究和咨询，直接为中央政府提供决策支持，是中国政府最重要的智库之一
58	中国国际问题研究院	专注于国际问题和外交政策研究，促进中国与世界其他国家的相互理解和交流
64	中国与全球化智库	关注全球化和国际合作问题，提供关于中国在全球化过程中角色的研究和建议
81	北京大学国际战略研究所	关注世界政治、国际安全、国家战略等领域的学术研究和政策研究
96	上海国际问题研究院	通过对当代国际政治、经济、外交、安全的全方位研究，发挥资政建言、理论创新、国际交流和舆论引领等作用

资料来源：根据 2020 *Global Go To Think Tank Index Report* 整理而来。

从北京地区智库发展的质量来看，根据 2024 年"开放智库目录"（Open Think Tank Directory）对全球 3750 家智库的统计分析，可以看到华盛顿特区的智库数量达到 159 家，排名第一位，远超北京（62 家）；北京排名第五（见图 1）。

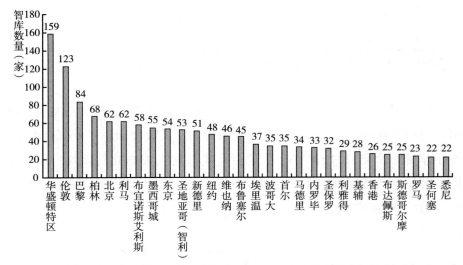

图 1　2024 年 Open Think Tank Directory 智库城市统计

资料来源：根据 Open Think Tank Directory 数据库 2024 的数据整理而来。

虽然两家国际机构对于北京市拥有的智库数量统计结果不一致，但可以看出，近年来北京地区的智库出现了井喷式的发展。从发展类型来看，北京地区的智库包括党政智库、高校智库、科研院所智库、社会智库等多种类型。从筹资方式来看，北京地区也存在财政支持型、企业发展型、公益性质等各种类型的智库。总体来说，北京市的智库发展正处于一个多元化和初级的发展阶段，与国际上高端智库的建设还存在一定差距。

二　理论基础与分析框架

（一）全球智库在不同城市的集聚现状

在经济地理学区位论中，学界对于产业的空间布局与区位选择一直是其研究的核心命题。智库的集聚不仅反映了城市在知识生产和政策咨询方面的能力，也折射出这些城市在全球治理和创新中的地位。从上文我们发现，全球智库主要集中在少数几个关键城市，如华盛顿特区、伦敦、布鲁塞尔、北京、东京和巴黎等。这些城市不仅是所在国家的政治、经济中心，通常也是国际组织、跨国企业总部和大学集聚的地方。为了测算全球智库在不同城市的集聚程度，本文创新性引入基尼系数来衡量智库分布的不均衡性，这一做法有助于量化智库在全球各城市间的分布差异，为政策制定者和学者提供新的视角。图 2 是根据全球主要城市所拥有的智库数量，按照洛伦兹曲线（Lorenz curve）① 原理制作的全球智库城市集聚程度图。据此测算其基尼系数（Gini Coefficient）②，其中 Gini = 0.667466185>0.5。一般来说，基尼系数越高，其不平衡性也就越高。该值大于 0.5，可见全球智库城市在集聚程度上存在显著的不平等，从侧面说明了全球智库在空间上的集聚性是显著存在的。

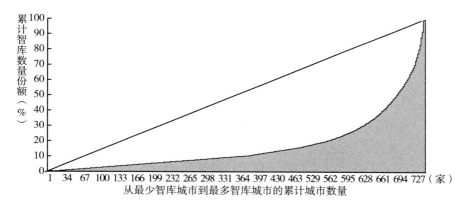

图 2　全球智库城市集聚程度示意

资料来源：作者自绘。

---

① 指在一个总体（国家、地区）内，以"从最贫穷的人口计算起一直到最富有人口"的人口百分比对应各个人口百分比的收入百分比的点组成的曲线。
② 表示在全部居民收入中，用于进行不平均分配的那部分收入占总收入的百分比。一般认为，基尼系数小于 0.2 时，显示居民收入分配过于平均，0.2~0.3 时较为平均，0.3~0.4 时比较合理，0.4~0.5 时差距过大，大于 0.5 时悬殊。

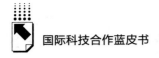

（二）城市发展驱动智库建设的分析框架

智库的兴起是多种因素共同作用的结果，既有内部原因，也包括外部的影响机理基础。需要将智库创新与空间关联起来，从创新的角度对智库集聚与协同进行新的解释。智库作为一类生产思想的企业或者机构，从经济地理学的视角，可以从政治环境和政策支持、经济基础和资源保障、学术氛围和人才集聚、信息交流和国际合作、媒体和社会影响五个维度进行分析。这五个维度相互交织、相互促进，为智库提供了发展的土壤和动力，最终会影响到智库的发展数量及智库的发展质量（见图3）。

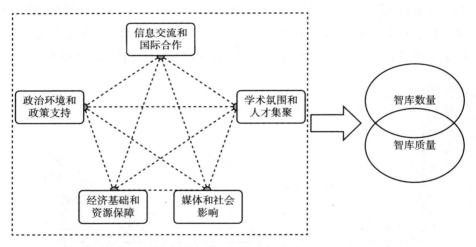

图3　城市驱动智库发展的分析框架

1. 政治环境和政策支持

智库作为一个集知识交流、思维碰撞与权力互动于一体的平台，其存在与发展需遵循并支持现有权威观念，以此确保获得执政者的资助与认可，进而实现知识、思想与政治层面的认同。首先，城市作为某国的政治或者经济决策的中心，为智库提供了重要的资源和机遇。最早的智库源自美国国防部门，目的就是讨论战略和作战计划，可见政府的需求是其最初的驱动力。所在城市的政府如果重视智库的建设，会在资金、政策、资源等方面给予支持，促进智库的发展。同时有学者认为民主政体的进步为智库机构拓展了发展天地，相反，在集权统治的背景下，智库的存在与成长遭遇了严峻的考验和挑战。这一点在全球智库机构的分布及其数量上也有所体现。其次，良好的政治环境，使得智库可以利用与政府官员和决策者的近距离接触，更好地了解政策需求和提供政策建议。以华盛顿特区为例，美国政府和非政府组织为智库提供了大量的资金支持和政策保障。这些政策不仅包括财政支持，还涵盖了税收减免、研究资助、人才引进等方面。华盛顿特区的智库因此能够稳定地进行长期的研究和完成项目，进而提升了其国际影响力。

2. 经济基础和资源保障

经济环境是指城市或地区的经济结构、产业布局、资源禀赋和经济发展水平等。随着城市经济的发展，社会对公共政策、社会治理、环境保护等方面的关注也会增加，这时更需要智库提供政策分析、战略规划和经济预测等服务。且城市的产业结构决定了该地区的主要经济活动和政策需求。同时一个城市的经济实力决定了其是否有足够的资源来支持智库的建立和运营。经济基础雄厚的城市通常能够提供更多的资金支持，包括政府资助、企业赞助和个人捐赠。如美国智库蓬勃发展，离不开充足的经费支持。大城市通常拥有更好的基础设施和资源，包括科研设施、数据资源、图书馆和档案馆等，其为智库的研究提供便利。除此之外，经济基础好的城市通常能够吸引和培养更多的高素质人才。

3. 学术氛围和人才集聚

近代智库的研究已经不单单限制于某一单一学科，智库研究的问题涉及社会学、经济学、政治学、计算机等多个学科。某些在特定环境下萌生出的理论、技术和方法也会对智库的研究产生影响，因此要想系统而全面地分析社会问题，并提出行之有效的解决办法，就需要以总体视角理解特定社会背景下的学术、技术和理论环境。当地城市的学术环境对于智库的产生具有重要的影响作用。智库主要生产知识产品，而高校的特点之一是学科门类齐全和人才资源丰富，这为智库的发展提供了理想的基础。这种学术环境不仅为智库提供了广泛的研究视角，还提供了深厚的专业知识，有助于智库在分析和政策建议时的创新和深入。美国的高等教育体系较为发达，通过培养大量的研究型人才和推动学科发展，为智库提供了丰富的知识基础和研究支持，这些因素共同推动了美国智库的创新和发展。智库需要依赖高素质的人才和良好的学术氛围。伦敦的智库一方面通过多种渠道吸引国际顶尖人才，另一方面为人才培养提供丰富的支持，包括高额的薪酬待遇、良好的研究环境和广泛的国际交流机会等，因此能够吸引和保留世界一流的研究人才。

4. 信息交流和国际合作

国际交流环境对于智库的产生和发展有着多方面的影响路径。一方面，国际交流为智库提供了全球范围最新的研究成果、政策动态等，加速了知识和信息交换。另一方面，国际交流加速了智库研究人员的国际化程度，提高了研究的质量。同时国际化的环境有助于智库在国际舞台上建立声誉，通过在国际媒体和学术期刊上发表文章提升研究成果的国际关注度。智库利用其地理位置优势，更容易与国外合作伙伴建立联系，并获取外部资源。更为重要的是，良好的国际交流环境有助于智库更好地理解国际规则和全球治理体系，并在国际事务中发挥更大作用。可见，对于智库的成功，城市的国际化环境将对其研究方向、研究质量、资源获取、人才培养产生深远影响。布鲁塞尔的智库通过参与国际学术会议、举办国际论坛和开展合作研究项目，提升了其国际影响力和知名度。这些国际交流与合作不仅促进了智库之间的知识共享与资源整合，也提升了布鲁塞尔作为国际政治中心的地位。

5. 媒体和社会影响

大城市的媒体资源丰富，智库的研究成果更容易通过媒体传播，扩大社会影响力和知名度。从最近的实践来看，德国智库通常设有专门的宣传推广部门，并与本地媒体保持良好关系。媒体的主动采编和报道可以显著提升智库的曝光度和影响力，帮助其研究成果和活动更广泛地传播。美国智库在新一代网络通信技术的推动下，增加了对自媒体平台的投入，使得它们能迅速传播最新研究成果，并有效表达政策观点和主张，增强了其在公共讨论中的影响力；在脸书（Facebook）等新型社交媒体问世以后，美国智库利用大数据技术分析社交媒体上的新兴问题和趋势，同时重视通过网络平台收集和分析情报信息，再通过与权威数据库的合作，为决策咨询项目提供更加全面和丰富的信息资源。巴黎的智库通过多种渠道向社会公众传播其研究成果和政策建议，提高了社会公众对智库的认知和认可。

三　研究设计

（一）研究方法：模糊集定性比较分析

由于认定标准和统计口径存在差异，因此很难准确统计全球智库数量。根据 2020 年美国宾夕法尼亚大学智库研究项目组统计的数据，全球智库数量为 11175 家。但是根据 2024 年 Open Think Tank Director 统计的数据为 4000 多家。采取全口径地分析与研究并不现实也不科学，为此，本研究采用模糊集定性比较分析。

模糊集定性比较分析（Fuzzy Set Qualitative Comparative Analysis，简称 fsQCA）是一种结合模糊集理论与定性比较分析的研究方法。它主要用于处理社会科学研究中存在的模糊性和复杂性，尤其是在处理因果关系的不确定性时。选择该方法主要基于以下几个考量。一是本研究致力于探寻城市发展对于智库产生或者集聚的影响因素，厘清智库形成的复杂机理，而 fsQCA 提供了一种处理复杂社会现象的有力工具，特别是在变量之间存在非线性关系、交互作用或者存在多种因果路径。二是多案例的研究能有效避免单案例研究的局限性，在不同案例之间进行比较，有助于发现不同情境下的相似性和差异性。三是 fsQCA 在中小规模样本的分析中比回归分析更具优势，在因果复杂性的分析方面更具敏感性，本研究的样本规模符合 fsQCA 对样本规模的要求。

（二）案例选取与概述

本研究的城市案例来自美国宾夕法尼亚大学"智库研究项目"（TTCSP）研究编写的《全球智库报告 2020》、*Open Think Tank Directory 2024* 等资料中拥有较多智库的城市。城市选取全球智库数量排名最多的城市，包括华盛顿特区、伦敦、新德里、北京、布鲁塞尔、柏林、首尔、东京、内罗毕、墨西哥城、马德里、悉尼、斯德哥尔摩、圣地亚哥、纽约、罗马、布宜诺斯艾利斯、巴黎、耶路撒冷、雅加达、香港、圣何塞、圣保罗、上海、蒙得维的亚，共 25 个城市作为样本。这些城市隶属于不同的大洲、不同的国家，确保了关键变量的变异性和多样性；同时这些城市拥有全球智库的数量较多，具有典型性，确保案例的数量能够代表所研究现象的不同情境（见表 3）。

表 3 城市推动智库建设的典型案例库

序号	城市	城市推动智库成立或发展的典型经验研究
1	华盛顿特区	政府提供资金支持和政策鼓励，以促进智库的发展
2	伦敦	高水平的学术资源和国际合作是智库成功的关键
3	新德里	政府和私营部门的合作推动了智库的发展
4	北京	政府支持和政策指导是智库发展的重要因素
5	布鲁塞尔	欧盟的政策支持和资源共享促进了智库的成长
6	柏林	强大的经济基础和丰富的学术资源助力智库的发展
7	首尔	政府支持和政策协调为智库提供了有力的支持
8	东京	高水平的学术资源和国际合作推动了智库的进步
9	内罗毕	国际组织的支持和合作促进了智库的发展
10	墨西哥城	政府政策支持和经济资源为智库提供了坚实的基础
11	马德里	政府和学术机构的合作推动了智库的发展
12	悉尼	国际合作和资源共享促进了智库的成长
13	斯德哥尔摩	政府政策和高水平学术资源是智库成功的关键
14	圣地亚哥	国际合作和政府支持助力智库的发展
15	纽约	政府支持和强大的经济基础为智库提供了有力的保障

序号	城市	城市推动智库成立或发展的典型经验研究
16	罗马	政府支持和政策指导推动了智库的发展
17	布宜诺斯艾利斯	政府和私营部门的合作是智库成功的关键
18	巴黎	政府支持和学术资源助力智库的发展
19	耶路撒冷	政府政策和国际合作促进了智库的成长
20	雅加达	政府和国际组织的支持为智库提供了坚实的基础
21	香港	国际合作和政策支持推动了智库的发展
22	圣何塞	政府和私营部门的合作助力智库的进步
23	圣保罗	政府支持和经济资源为智库提供了有力的保障
24	上海	政府支持和学术资源推动了智库的发展
25	蒙得维的亚	政府支持和国际合作促进了智库的成长

资料来源：作者自行整理而来。

（三）变量的设定与收集

条件变量在上述理论基础上，秉承易于测量原则、数据与变量相契合原则以及可靠性原则，从政治环境和政策支持、经济基础和资源保障、学术氛围和人才集聚、信息交流和国际合作、媒体和社会影响五个方面归纳出 13 个具有代表性的城市对智库产生与集聚相关的变量。结果变量体现的是智库建设的数量与质量，为此分别选择该城市的智库数量以及该城市上榜全球顶级智库的数量为指标（见表 4）。

表 4　结果变量与条件变量的设定

变量类型	一级变量名称	二级变量	指标来源	单位
结果变量	智库生态	城市拥有的智库数量	Open Think Tank Director 2024 统计数据	个
		城市上榜的全球顶级智库数量	*2020 Global Go To Think Tank Index Report*	个

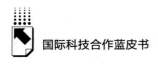

变量类型	一级变量名称	二级变量	指标来源	单位
条件变量	政治环境和政策支持(A1)	政府效能(B1)	theglobaleconomy.com 网站2023 年数据	—
		发言权和问责制(B2)	theglobaleconomy.com 网站2023 年数据	—
		公民自由指数(B3)	theglobaleconomy.com 网站2023 年数据	—
	经济基础和资源保障(A2)	人均 GDP(B4)	OECD 大都市数据库、各国统计局官方网站、公开资料整理(2023 年 12 月)	万美元
		城市经济发展指数(B5)	牛津经济研究院《全球城市指数 2024》	—
	学术氛围和人才集聚(A3)	每百万人均 PCT 申请量(B6)	世界知识产权组织《全球创新指数 2023》	个
		每百万人均科学出版物数量(B7)	世界知识产权组织《全球创新指数 2023》	本
		城市人力资本指数(B8)	牛津经济研究院《全球城市指数 2024》	—
	信息交流和国际合作(A4)	驻本地外国使领馆数量(B9)	Embassypages.com(2024 年 7 月)和公开来源整理	个
		国际会议数量(B10)	国际大会与会议协会《2023 ICCA 国家及地区排名分析报告》	场
	媒体和社会影响(A5)	移动宽带连接速度(B11)	Speedtest 全球指数(2024 年 6 月)	Mbps
		互联网使用率(B12)	联合国数据库(2021 年 12 月)	%
		城市生活品质(B13)	牛津经济研究院《全球城市指数 2024》	—

(四)数据处理

本研究选择的 25 个城市数据就是 25 个案例。由于不同指标对评价结果的影响存在差异，指标权重对评价结果的科学性具有重要影响，为了消除指标数据量纲不同和性质差异所带来的影响，对原始数据进行缺失值和 z 分数（Z-score）标准化处理。利用熵值法[①]计算各个维度的权重（见表5），得到一级变量的值。

表5　二级指标赋权

项	信息熵值 e	信息效用值 d	权重(%)
B1	0.941	0.059	6.278
B2	0.965	0.035	3.720
B3	0.958	0.042	4.446
B4	0.910	0.090	9.626
B5	0.971	0.029	3.060
B6	0.799	0.201	21.439
B7	0.853	0.147	15.689
B8	0.983	0.017	1.800
B9	0.940	0.060	6.417
B10	0.897	0.103	11.049
B11	0.896	0.104	11.139
B12	0.979	0.021	2.219
B13	0.971	0.029	3.118

注：熵值是不确定性的一种度量。熵越大说明数据越混乱，携带的信息越少，效用值越小，因而权重也越小。

资料来源：利用熵值法计算所得。

对一级指标进行编码校对，按照 Ragin[②] 提出的5%（完全不隶属）、95%（完全隶属）以及50%（交叉点）的标准分别进行数据校准，使其成为 0~1 的模糊集。

[①] 熵值法是一种基于信息论中熵概念的数学方法，用于判断某个指标的离散程度，进而确定该指标在综合评价中的重要性。离散程度越大，该指标对综合评价的影响越大。

[②] Ragin C. C.. *Redesigning Social Inquiry*：*Fuzzy Sets and Beyond*，Chicago，University of Chicago Press，2008：44-68.

对各条件变量进行必要性分析，主要考察一致性和覆盖性。其中一致性指数是衡量条件在结果发生的情况下出现的频率，其值介于 0~1。一般来说，设定为 0.9 以上，这意味着条件在 90% 以上的结果发生案例中都出现了。覆盖性即条件对结果解释的程度，数值大小代表对解释力的大小。将上述校准后的模糊值导入 fsQCA 4.1 软件进行必要性分析。结果显示，所有条件变量的一致性水平均小于 0.9，因此不存在影响智库数量与质量的单个必要条件。这说明智库建设生态的形成并非由单一因素决定，而是由多种因素共同作用的结果（见表 6）。

表 6　单个条件变量的必要条件检测

前因条件	一致性				覆盖性			
	Y1	~Y1	Y2	~Y2	Y1	~Y1	Y2	~Y2
A1	0.662842	0.638625	0.674342	0.642523	0.588097	0.683634	0.642130	0.646045
~A1	0.643425	0.615216	0.628290	0.644081	0.596075	0.687653	0.624693	0.676206
A2	0.498676	0.603511	0.446546	0.632399	0.528531	0.771749	0.507951	0.759588
~A2	0.784643	0.631309	0.788651	0.590343	0.621244	0.603075	0.670161	0.529700
A3	0.641660	0.514996	0.707237	0.462617	0.653777	0.633093	0.773381	0.534173
~A3	0.639894	0.718361	0.574013	0.803738	0.522334	0.707493	0.502882	0.743516
A4	0.797882	0.476225	0.799342	0.468847	0.746491	0.537572	0.802643	0.497110
~A4	0.505737	0.775421	0.499178	0.813863	0.444531	0.822343	0.470908	0.810706
A5	0.611651	0.583028	0.647204	0.618380	0.563873	0.648495	0.640358	0.646054
~A5	0.618712	0.607900	0.642270	0.655763	0.551534	0.653816	0.614477	0.662471

资料来源：利用 fsQCA 4.1 软件计算所得。

（五）组态分析

通过 fsQCA 软件进行真值表完善，使用 fsQCA4.1 软件构建真值表，设置一致性阈值为 0.85，案例频数阈值为 1。fsQCA 结果分析输出三种方案：复杂解、中间解与简约解，由于中间解构建的模型覆盖度较广，包含有意义的逻辑余项，故采用中间解。根据 fsQCA 中间解的结果，可以识别出以下 5 种组态路径，这些路径共同解释了城市驱动高端智库建设的影响因素（见表 7）。

表7　条件变量组合路径（中间解）

变量条件	城市智库数量(Y1)组态		城市全球顶级智库数量(Y2)组态		
	1	2	3	4	5
政治环境和政策支持(A1)		●	●	●	●
经济基础和资源保障(A2)	◎		◎	◎	
学术氛围和人才集聚(A3)	●	◎	●		●
信息交流和国际合作(A4)	●	●	●		●
媒体和社会影响(A5)	◎	●		●	●
原始覆盖率	0.46955	0.33451	0.500822	0.402961	0.314145
净覆盖率	0.257723	0.122683	0.122533	0.0246711	0.0773027
一致性	0.866449	0.92665	0.931193	0.870338	0.933985
总体解的覆盖率	0.592233		0.602796		
总体解的一致性	0.868047		0.853318		

说明：●表示核心条件存在，◎表示核心条件不存在，空白表示该条件可存在也可不存在。

资料来源：利用 fsQCA4.1 软件计算所得。

通过 fsQCA，本文探讨了不同条件组合对城市智库数量（Y1）以及城市全球顶级智库数量（Y2）的影响路径。以下是组态分析的详细结果。

1. 城市智库数量（Y1）的组态分析

（1）组态路径1：~A2fsA3fsA4fs * ~A5fs。结果显示在缺乏经济基础和资源保障（~A2fs），具有良好的学术氛围和人才集聚（A3fs）、信息交流和国际合作（A4fs），以及缺乏媒体和社会影响（~A5fs）的城市，智库数量较多。这一路径表明，即使城市的经济基础较弱，但如果该城市具有良好的学术氛围和频繁的国际交流，同时缺乏媒体和社会影响，仍能促进智库的产生和发展。这些城市主要依靠学术资源和国际合作来弥补经济资源的不足，从而形成较多的智库。

（2）组态路径2：A1fs~A3fsA4fs * A5fs。结果显示在具有政治环境和政策支持（A1fs）、缺乏学术氛围和人才集聚（~A3fs）、具有信息交流和国际合作（A4fs），以及具有媒体和社会影响（A5fs）的城市，智库数量较多。这条路径显示，政治支持和媒体影响是智库数量增长的关键因素。即便学术氛围不足，但在强有力的政策支持和媒体传播下，智库依然能够迅速发展。

政治环境和政策支持为智库提供了必要的资源和平台，而媒体的传播效应则帮助智库扩大其影响力。

2. 全球顶级智库数量（Y2）的组态分析

（1）组态路径3：A1fs～A2fsA3fs＊A4fs。在具有政治环境和政策支持（A1fs）、缺乏经济基础和资源保障（～A2fs）、具有学术氛围和人才集聚（A3fs），以及具有信息交流和国际合作（A4fs）的城市，全球顶级智库数量较多。这表明政治支持和学术资源是顶级智库产生的重要因素。这条路径强调了学术氛围和人才集聚对智库建设的重要性。城市需要拥有良好的学术环境和高素质的人才资源，才能吸引和培养智库人才，推动智库发展。政治环境和政策支持以及信息交流和国际合作也发挥着重要的辅助作用，为智库提供良好的发展环境和资源保障。城市需要积极参与国际合作，建立国际交流平台，才能获取全球信息和资源，提升智库的国际影响力。

（2）组态路径4：A1fs～A2fsA4fs＊A5fs。在具有政治环境和政策支持（A1fs）、具有经济基础和资源保障（～A2fs）、具有信息交流和国际合作（A4fs），以及具有媒体和社会影响（A5fs）的城市，全球顶级智库数量较多。这条路径强调了政治支持和国际合作的重要性，此外，媒体的传播效应也对顶级智库的产生起到了关键作用。通过政策支持、国际合作和媒体影响的结合，这些城市能够培养出顶级智库。

（3）组态路径5：A1fsA3fsA4fsA5fs。在具有政治环境和政策支持（A1fs）、具有学术氛围和人才集聚（A3fs）、具有信息交流和国际合作（A4fs），以及具有媒体和社会影响（A5fs）的城市，全球顶级智库数量较多。这条路径显示，在学术氛围、政治支持、国际合作和媒体影响的共同作用下，城市能产生顶级智库。政策支持为智库提供了必要的资源和平台，国际合作和媒体传播则帮助智库提升其国际影响力。这条路径强调了媒体和社会影响对智库建设的重要性。城市需要拥有发达的媒体资源，才能帮助智库传播研究成果，扩大社会影响力。

3. 小结

通过上述的组态路径可以看出，城市发展对智库建设的影响是多维度的。不同城市的智库生态系统是由多种条件组合共同作用的结果。首先，无论是智库数量还是全球顶级智库数量，政治环境和政策支持在所有组态路径中都起到了关键作用。其次，在大多数组态路径中，信息交流和国际合作也是促进智库发展的重要因素。同时结果表明，一是对于智库数量，经济基础和资源保障的影响较为复杂；而对于顶级智库数量，在经济基础和资源保障不足的情况下，仍然可以通过其他因素弥补。二是学术氛围和人才集聚对顶级智库数量而言重要性较高，而对智库数量的影响则相对不那么一致。三是媒体和社会影响对顶级智库数量的影响较为显著，而对智库数量的影响则因具体路径而异。

四　北京推动国际高端智库建设的启示与建议

城市驱动高端智库建设是一个复杂的系统工程，需要政府、社会和智库自身的共同努力。通过分析不同城市驱动高端智库建设的组态路径，可以为北京推进国际高端智库建设提供重要的参考和借鉴，帮助北京打造具有国际影响力的智库之都。

（一）加强政治环境和政策支持

分析结果显示，政治环境和政策支持（A1fs）在几乎所有组态路径中都起到了关键作用。为此，北京市政府应进一步加强对智库的资金支持、政策优化和资源配置。例如，可以设立专项资金用于智库的建设和运营，提供政策上的便利和支持；制定和实施支持智库发展的长远规划和政策框架，确保智库在政策上得到稳定和持续地支持；通过简化审批流程、加强政策透明度等措施，提高政府效能，吸引更多高端智库落户北京。

（二）提升学术氛围和人才集聚

学术氛围和人才集聚（A3fs）对顶级智库数量而言重要性较高。为此，应充分利用北京丰富的高校和科研机构资源，尤其是促进智库与高校和科研机构的合作，以推动知识和人才的流动；通过设立人才引进和培养计划，吸引国际顶尖研究人才，提升智库的人才水平。同时，鼓励和支持现有研究人员进修和进行国际交流。最后通过举办高水平的学术会议、论坛和研讨会，促进学术交流和思想碰撞，提升北京的学术影响力。

（三）加强信息交流和国际合作

信息交流和国际合作（A4fs）在多数组态路径中也是促进智库发展的重要因素。为此，应扩大国际交流与合作，加强与国际智库和研究机构的合作，积极参与国际学术会议和研讨会，提升北京智库在国际上的影响力和知名度。通过与国际组织、外国使领馆等建立联系，引进国际研究资源和信息，增强北京智库的国际视野和研究能力。设立专门的国际合作办公室或平台，协调和推动北京智库与国际机构的合作项目和研究计划。

（四）提升媒体和社会影响

媒体和社会影响（A5fs）对顶级智库的建设有显著作用。加强与媒体的合作，利用传统媒体和新媒体平台，扩大智库研究成果的传播范围和影响力。尤其是社交媒体的崛起，为北京智库建设发展弯道超车提供新的赛道。通过举办发布会、媒体见面会等活动，展示智库的研究成果和专家观点，提升智库的社会知名度和品牌形象。通过社交媒体、公众讲座和研讨会等方式，加强与社会公众的互动和沟通，提升智库在公众中的影响力。

（五）加强经济基础和资源保障

尽管经济基础和资源保障（A2fs）在某些情况下不是智库建设的必要条件，但其重要性仍不可忽视。故北京市仍可以通过优化营商环境、吸引投资等措施，提升北京的经济发展水平，为智库提供更为坚实的经济基础。通过多渠道筹集资金，包括政府资助、企业赞助和社会捐赠，增加对智库的资金支持，确保智库的可持续发展。在资源配置上向智库倾斜，提供必要的研究设施、数据资源和其他研究支持，提升智库的研究能力和水平。

参考文献

〔美〕亚历克斯·阿贝拉：《兰德公司与美国的崛起》，梁筱芸、张小燕译，新华出版社，2011。

张振伟、庞丽艳、李冬梅编著《数说北京科技创新 2023》，北京科学技术出版社，2024。

王俊松、潘峰华、郭洁：《上海市上市企业总部的区位分布与影响机制》，《地理研究》2015 年第 10 期。

余官胜、林俐：《企业海外集群与新晋企业对外直接投资区位选择——基于浙江省微观企业数据》，《地理研究》2015 年第 2 期。

Monika Płaziak, Anna Irena Szymańska："Role of Modern Factors in the Process of Choosing a Location of an Enterprise", *Procedia - Social and Behavioral Sciences*, 120 (2014)：72-83.

Maria Bigday："Genesis of a Social Space：Think Tanks in Belarus 1992-1995", *East European Politics and Societies*, Vol. 35（2021）：768-789.

Johan Christensen, Cathrine Holst："How Do Advocacy Think Tanks Relate to Academic Knowledge? The Case of Norway", *Scandinavian Political Studies*, Vol. 43（2020）：223-239.

Stone Diane："Recycling Bins, Garbage Cans or Think Tanks? Three Myths Regarding Policy Analysis Institutes", *Public Administration*, 85（2010）.

R. Kent Weavera1："The Changing World of Think Tanks", *Political Science and Politics*, Vol. 22（1989）：563.

B.12
创新国际智库合作机制提升北京国际开放合作能力研究

王蕾 郑赫 赵京梅 朴林宁*

摘　要： 本文梳理了韩国研究财团全球合作事业的概况，包括推动全球合作体系和网络的建立，启动全球枢纽合作中心等大型国际联合研究项目，阐明了国际智库在提升国际开放合作中的资源共享、协同创新特点，并针对北京创新国际智库合作机制提出了建议。未来，北京应进一步加强与国际智库的合作，优化合作机制，提升项目管理能力，同时注重对国际科技合作人才的培养与引进。

关键词： 国际智库　国际开放合作　韩国研究财团　北京

引　言

全球科技创新正在深刻影响各国的经济和社会发展，而国际开放合作成为推动这一进程的重要途径。北京作为中国的科技创新中心，其国际开放合作水平直接关系中国在全球科技领域的竞争力。国际智库作为全球知识和信

* 王蕾，北京市科学技术研究院国际与区域合作中心国内合作部负责人，助理研究员，研究方向为科技创新、区域合作；郑赫，韩国研究财团北京代表处代表，高级研究员，研究方向为科学技术政策；赵京梅，韩国研究财团北京代表处（韩中科学技术合作中心）高级研究员，研究方向为科学技术政策；朴林宁，韩国研究财团北京代表处职员，研究员，研究方向为中韩科技政策。

息的中心，在国际开放合作中扮演着不可或缺的角色。通过分析国际智库的作用，本文旨在探讨如何利用这些资源提升北京的开放合作效能，推动北京在全球科技创新网络中的地位进一步提升。

一 国际智库在国际开放合作中的功能作用

国际智库通过出版各类研究报告、提出政策建议、发表期刊论文等方式，将最新的科技发展动态和政策趋势传播给全球的政府、企业和研究机构。此外，智库还通过举办国际会议和研讨会，促进不同国家和地区科技专家的交流与合作，这不仅有助于在国际范围内传播科学知识，还能够为未来的国际开放合作奠定基础。

国际智库能够为各国政府或国际组织提供一定的政策咨询服务，帮助其制定和落实更加有效的国际科技开放合作政策。以欧盟的智库如欧洲政策研究中心（CEPS）为例，其定期发布的科技政策报告和建议，已经成为欧盟科技合作决策的重要依据。国际智库的研究方向是随着国际政策及国际局势的不断变化而发展的，智库虽然没有直接参与国家的政策制定，但它们作为重要智囊，仍然在一定程度上影响了国家战略、政策制定和社会舆论。[1]

国际智库合作可以促成广泛的国际网络，能够连接不同国家和地区的科技资源，促进跨国科技合作项目的实施。智库可以在了解并尊重各国法律和文化差异的基础之上，建立相互信任、相互尊重的合作关系，并积极促成团队成员到其他国家参加工作坊、会议和研究交流活动等，以推动近距离交流，从而形成良好互惠的合作网络。[2] 智库通过这种网络，可以将分散的资源和人才有效整合，形成协同效应，推动更高效的国际开放合作。智库还承

---

[1] 尹志欣、许晔、朱姝等：《美国智库构建中美科技合作新框架的思考与启示》，《全球科技经济瞭望》2023年第6期，第61~67页。
[2] 涂彦：《科技智库国际区域合作服务于创新平台研发中心的路径思考》，《华东科技》2023年第12期，第100~102页。

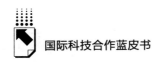
担着思想引领和战略规划的功能，它们不仅研究当前的国际合作政策和趋势，还通过前瞻性研究，引领未来国际合作的方向。

二 北京国际开放合作能力的现状

开放合作能力是指一个国家或组织在国际舞台上与其他国家或组织进行有效合作的能力，特别是在共享资源、知识和技术方面。开放合作能力是国际合作的重要基础，由政策支持、沟通交流、技术创新、人才培养和评估反馈等多方面构成，目的是确保国家或组织在国际舞台上的有效参与。通过在国际社会上与其他国家或组织追求共同目标、促进多边合作、增强互信，从而共同应对全球复杂问题。开放合作能力在当今全球化和多极化的背景下，愈加显得重要。

（一）北京国际合作主要领域与形式

北京市在开展国际合作时，重点围绕国际重大科技战略规划和科学技术发展趋势，布局在医药健康、节能环保、智能装备、新材料等提升综合国力及科技竞争力的关键优先领域。在国际合作模式方面，北京市主要采用研发合作、成果转化与推广、市场合作、人才引进与交流、标准制定等多种模式。目前，北京市的国际科技合作模式呈现多元化的发展趋势，有一半以上（占58%）的合作是通过两种及以上的模式混合展开的，其次研发和成果转化与推广上的合作占比都在10%以上，其余在10%以下的有市场合作、人才引进与交流。①

（二）北京国际合作的政策与环境

北京市人民政府十分重视国际合作，出台了一系列推进国际合作的政策，为合作的进行营造了良好的政策环境。北京市人民政府通过加强国际科

① 平宇栋、王旖琪、方艺润等：《全球经济衰退背景下北京市国际科技合作面临的问题与对策研究》，《中国科技资源导刊》2023年第6期，第31~38页。

技合作的顶层设计和规划指导，制定了多项专项规划和行动计划。此外，通过推动大科学装置和科技基础设施的全球开放共享，北京市支持与全球顶尖科学家及国际科技组织共同深入研究重大科学问题。① 在打造国际合作创新共同体方面，北京市也根据各省区市特点打造科技创新共同体，实现优势互补、资源共享、互惠互利、共同发展。②

（三）北京国际开放合作存在的问题

尽管北京市已形成了多层次、全方位、多领域的国际合作格局，但北京国际合作仍面临一些问题和挑战。首先，目前北京市国际合作的层次、水平和质量仍有较大提升空间。如在合作深度层面，北京市参与性合作较多，由本土科研机构主导进行合作的大型项目并不多。其次，我国参与国际治理的程度较弱，具有一定国际影响力的社会组织较为缺乏，这对北京市参与国际标准与规则的制定会产生不利影响。最后，在人才方面，在成果转化领域的高水平技术经理人，缺乏对市场趋势的敏感度以及商务运作、产品交流等能力。特别是在人工智能和生物医药等高技术领域，国际人才的短缺限制了合作项目的深度和广度。③

三　典型案例分析——韩国研究财团

（一）韩国研究财团成立的背景与使命

韩国研究财团（National Research Foundation of Korea，NRF）成立于2009年6月26日，是韩国代表性研究管理机构，旨在高效、公平地支持学术研究

---

① 张仁开：《京沪深国际科技合作政策比较研究》，《科技智囊》2022 年第 9 期，第 19~27 页。
② 刘竞妍、王焱、王桂华：《北京上海浙江国际科技合作政策分析及对吉林的启示》，《农业与技术》2023 年第 11 期，第 178~180 页。
③ 平宇栋、王旖琪、方艺润等：《全球经济衰退背景下北京市国际科技合作面临的问题与对策研究》，《中国科技资源导刊》2023 年第 6 期，第 31~38 页。

及人才培养，促进国家学术和科技发展。其主要职能包括资助学术和研发活动、推动国际合作、支持研究机构运营、培养研究人才，以及管理和使用相关资料与信息。财团组织结构包括 7 个本部、4 个中心、19 个团和 50 个组，其中基础研究本部、人文社会研究本部、国策研究本部由 PM 组织运营（见图 1）。

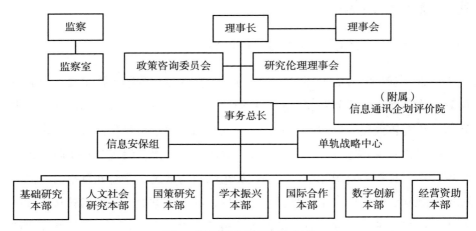

图 1　韩国研究财团组织架构

资料来源：韩国研究财团官方简介。

截至 2024 年 6 月，韩国研究财团领导干部 2 人，研究员及其他职员 408 人，公务人员 204 人，共计 614 人（见表 1）。另外，韩国研究财团还有 25 名全职 PM（本部长 3 名、团长 19 名、责任 PM3 名）及 1063 名非全职 PM（责任专门委员 43 名、专门委员 1020 名）。

表 1　韩国研究财团在编人员现状

单位：人

区分	领导干部	不定职*	研究员			行政人员	公务人员	共计
			责任	高级	原级			
在编人员	2			408			204	614

＊指执行辅助工作或执行特定任务而依法另外指定的公务员。

资料来源：韩国研究财团提供。

韩国研究财团各部门的主要职能也各有不同，基础研究本部负责自然科学、生命科学、医药学、工学、ICT·融合研究等领域的资助（见表2）。

表2　韩国研究财团各部门主要职能

主要部门	职能
事务总长	受理事长命令,管理财团的事业及经营(规章第18条)
基础研究本部	资助自然科学、生命科学、医药学、工学、ICT·融合研究领域(bottom-up型)
人文社会研究本部	人文、社会科学领域创意性研究及跨学科融合复合资助(bottom-up型)
国策研究本部	根据生命、纳米、能源、宇宙、原子能等国家战略提供顶层设计资助
学术振兴本部	大学财政资助事业、产学合作、人才培养等
国际合作本部	国际合作活动、国际化事业等
数字创新本部	政策制定、成果调查与分析、信息系统运营等
经营资助本部	财团的人事、劳务、基金事业、财务会计、运营资助等
单轨战略中心	制定极限挑战R&D战略及资助课题
研究伦理理事会	研究伦理、法务、研究不正当调查、分析、研究费管理等
信息通讯企划评价院	事业总管、企划、预算、机构评价及提高顾客满意度等
宣传室	对内外宣传,成果扩散等
信息安保组	信息安全、个人信息保护等
监察室	应对各种内外部审计、运营审计机构等

资料来源：韩国研究财团提供。

韩国研究财团2024年预算为9.9323兆韩元（约518亿元人民币），按照支出功能分类，基础研究方面的支出占部门支出总额的比重较高，预算约5.2358兆韩元（约273亿元人民币），占总预算的52.7%（见表3）。

表3　韩国研究财团2024年预算

单位：万元人民币

区分	2024年			
	合计	科技部	教育部	其他机构等
总预算	5184685	2449879	2596885	137921
		48%	50%	3%
·研究开发	2733093	2171019	428747	133327

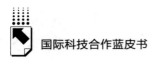
续表

区分	2024 年			
	合计	科技部	教育部	其他机构等
加强学术研究力量	160045	—	160045	—
构造理工学术研究	268671	—	268671	—
振兴基础研究	1174014	1174014	—	—
未来源泉技术开发	623356	598857	—	24499
碳中和基础建设	31720	31720	—	—
研究·解决社会问题	9685	6701	31	2953
振兴原子能	128772	128511	—	261
振兴宇宙开发	336830	231216	—	105614
·人才培养	2227678	66095	2161583	—
加强大学教育力量	125998	—	125998	—
加强大学自律力量	1399053	—	1399053	—
资助国立大学运营	298688	—	298688	—
资助学校教育课程运营	—	—	—	—
激活产学研合作	337844	—	337844	—
科技人才培养	66095	66095		
·建设研究振兴及基础	22852	18922	—	3930
资助科技创新	1556	1556	—	—
科学技术基础建设	5370	5370	—	—
激活公共研究成果	4088	187	—	3901
扩展科学文化	11446	11446	—	—
科学技术振兴基金运营等	392	363	—	29
·国际合作	33271	26052	6555	664
增进国际教育合作	6555		6555	
科技国际合作	26052	26052	—	—
向发展中国家派遣科学技术资助团	664	—		664
·企划评价管理费	29166	29166		
企划评价管理费(一般)	26819	26819		
企划评估管理费(本金)	2347	2347		
·研究运营费资助等	30744	30744		
机构运营费	11476	11476	—	—
机关固有事业费等	19268	19268	—	—
·收益事业费	16	16		
·结转资金	107865	107865		

资料来源:韩国研究财团提供。

韩国研究财团的愿景是成为构建学术及健康生态系统研究的全球主导者，战略目标是学术研究创新平台升级、引领国家研发模式、培养未来创新人才、全民认同、沟通基础成果共享，以及 ESG 实践并经营效率化。

（二）韩国研究财团2023年主要推进成果

1. 量身制作型人文基础研究的资助有了质的提升

韩国研究财团通过定制化资助取得了显著成果，包括扩大新兴研究和国家技术保障的战略投资，优化领域专项资助系统，促进区域大学的平衡发展，以及提升人文社会学术成果的传播与利用。具体措施包括通过"专注基础研究项目（2023）"① 支持年轻研究者开展长期挑战性研究，通过韩国研究财团创新研究中心（Innovation Research Center，IRC）支持与国家战略技术相关的专业领域研究和人才培养。此外，财团还提供国家战略技术领域博士后研究员的成长支持，并加强夯实非正式研究人员的学术基础。

"专注基础研究"2023 年共资助了 15 个项目，项目期限为 10 年，2023 年起每年资助强度为不超过 104.8 万元人民币/项，2023 年资助规模为 1519.6 万元人民币。创新研究中心（IRC）2023 年共资助了 3 个项目，项目期限为 10 年，2023 年起每年资助强度为不超过 2620 万元人民币/项，2023 年资助规模为 6550 万元人民币（以上两个项目根据项目评价资助规模会有波动）。"世宗科学奖学金海外培训项目"2023 年资助了 44 名博士后研究员，总额为 1676.8 万元人民币，"人文社会学术研究教授项目"② 2023 年 A 类型（长期 5 年，优先资助 2 年后根据课题评价结果决定是否资助后续 3 年）资助总额为 2.72 亿元人民币（每个项目 20.9 万元人民币，共 1301 个项目），B 类型（短期 1 年）资助规模为 2.26 亿元人民币（每个项目 10.5

---

① 《专注基础研究项目，由韩国科技部和韩国研究财团为了长期资助优秀的年轻研究者制定的项目》，韩国科技部官网（2023 年 3 月 2 日），https：//www.msit.go.kr/bbs/view.do?sCode=user&mId=113&mPid=238&bbsSeqNo=94&nttSeqNo=3182783。

② 《人文社会学术研究教授项目》，https：//www.nrf.re.kr/biz/info/info/view？menu_no=378&biz_no=427。

万元人民币，共 2150 个项目）。

为实现战略资源分配，韩国研究财团通过举办领域专项规划与咨询委员会的定期化和系统化举办会议（共 27 次会议），实现了研究者主导的项目运营体系的高效化。同时，财团持续推动区域大学资助政策，以促进研究生态的平衡发展（见表4）。

表 4　地区均衡发展政策与事业成果

政策资助	继续实施地区选择目标制,增加个人研究地区课题的选定,保持基础研究室的地区分配
项目资助	资助地区创新先导中心(RLRC)的扩大,资助地区大学优秀科学家事业

基础学科资料中心（Korean Research Memory，KRM）的用户数据库使用量及 KRM 关联机构（包括大学、图书馆、政府机构等）数量持续增长，提升了人文社会学术研究成果的传播与利用。具体数据如下：基础学科资料中心的用户数据库使用量从 2022 年的 1183 万次增加到 2023 年的 1308 万次，增长 10.6%；基础学科资料中心关联机构从 2022 年的 99 个增加到 2023 年的 115 个，增长 16.2%。[①]

2. 国家政策研究为确保国家增长动力，加强发掘未来有潜力的技术

韩国研究财团通过国家重点研究资助，强化了对未来有前景技术的发掘，以确保国家增长动力。成果包括：设计挑战性研究资助系统、取得新药和传染病等核心生物领域的投资与商业化成果、加强电子信息领域 R&D 原始技术的战略性、提升碳中和科学能力、支持第三次努里号发射并助力宇宙航空局建立，以及支持核能、核聚变和辐射研究。

具体措施包括制定"极限挑战战略中心计划[②]"，重新设计任务导向的研发治理结构，推广责任项目经理（Program Manager，PM）制度。财团在

---

① 《基础学科资料中心统计报告》，https：//www. krm. or. kr/baseData/bird_type_statistics. jsp#。
② 极限挑战战略中心计划：《为促进"极限挑战研发项目"发展计划设立极限挑战战略中心计划》，韩国研究财团官网（2023 年 3 月 9 日），https：//www. nrf. re. kr/cms/board/img/view？menu_no＝86&nts_no＝194215。

生物、电子信息、碳中和、宇宙开发和原子能技术等领域扩大投资，推动技术转移与产品化，并强化全球合作研究，提升气候变化监测和再生能源技术，支持宇宙强国战略与核能产业出口竞争力。

3. 人才培养新项目企划及财政资助促进事业高速发展

韩国研究财团为实现"全球人才培养"使命，策划了新项目并提供了财政资助。成果包括：转变为地方主导的区域创新中心大学资助体系（Regional Innovation System & Education，RISE），促进大学学术研究与人才培养，扩大创新资助项目。财团设立"中央区域创新中心大学资助体系中心"，构建地方产学研合作体系，调整地方创新平台管理，加强产学研合作先导大学培养（Leaders in Industry-university Cooperation，LINC）3.0 在区域联动中的作用，并推动区域特色产业联动和人才培养项目（Higher Vovational Education hub district，HiVE）。此外，推出面向硕士、博士及博士后的学习与学术研究机构（Learning & Academic research institution for Masters phD stedentrip and postdoc students and Postdocs，LAMP）资助硕士、博士及博士后研究，优化 21 世纪智慧韩国工程（Brian Korea21，BK21）项目。同时，通过增加普通财政资助和设立地方大学活跃化项目，强化大学的竞争力。

韩国优秀海外人才引进及提升官方发展援助（Official development assistance，ODA）项目的成效也有所提高。通过对美国、欧洲等优质人才所在国家/地区的战略性宣传［举办针对 EU 科学家和外交官的项目说明会，以及在韩美科学技术学术大会（United Kingdom Conference，UKC）和韩国-欧洲科学技术学术大会 EKC（European Knowledge Conference，EKC）等会议上运用了宣传展位和专题讨论会］，成功扩大了海外人才的国内引入（2022 年 144 名增加至 2023 年 194 名，增长 34.7%)[①]。同时，通过四阶段（预资助、入境资助、生活资助、后续管理）的定制化定居资助服务，改善

---

① 《出入境人员与滞留外国人统计》，韩国统计局网站（2024 年 8 月 7 日）. 사증발급인정서 발급 현황（kosis. kr）。

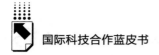

了引进研究人员在国内的长期定居条件（2022 年在韩国停留超过三年的有56 名，2023 年增至 117 名）①。

通过多部门（韩国科技部与韩国专利局）协作，提高科学技术援助项目的效果，发掘用于解决发展中国家问题的新合作项目。同时，通过重新派遣科学技术资助团（Technical Program Committee，TPC），培养开发合作领域的人才。特别是针对 TPC 应用了综合运营方式，优化了招聘、选拔和管理等流程，强化了管理体系。

4. 国际合作为活跃全球研发建立合作网络

韩国研究财团致力于建立全球研发合作网络（Global Research and Development Cooperation Network），取得以下成果：为了促进国际合作，完善国际合作相关机制，推进国际合作研发相关政策和制度的制定，集中资助国家战略领域和全球热点问题的国际联合研究，打好海外人才引进基础。

具体措施包括加强科学技术国际合作的中长期资助，建立跨部门治理架构，并加强与海外合作机构的联系。在国际联合研究方面，财团支持国家战略领域的中规模研究（如量子技术）和全球性问题的研究（如传染病）。

韩国研究财团在 2023 年战略性推进国际合作项目，通过推动科学技术国际合作战略，改进政府层面的国际合作制度（如科学技术合作法律草案和国际联合研究手册），同时通过加强内部部门联动，与海外合作机构合作，增强基础研究和国家重点项目的国际合作，并打好与战略领域领先国家的多方面合作基础。

具体而言，韩国研究财团推动了科学技术国际合作战略，并进行了政府层面的国际合作制度改进，以促进研发的全球化。

通过对国际机构间合作的资助项目结构进行调整，成功简化了项目结构（从 39 个减少到 25 个）②，改进了评估制度，提高了研究管理和预算执行的效率及灵活性，并重新定义了国际合作项目的角色，强化了与韩国研究财团

---

① 资料来源于韩国研究财团定期研究的内部材料。
② 《2023 年韩国研究财团业务报告资料》（2020 年之后的报告书为内部材料），https：//www. nrf. re. kr/cms/board/library/list？menu_no=419。

其他部门的联动与合作。此外，韩国研究财团通过关联韩国国家重点任务和韩国研究财团战略任务，提出并选择了相关 RFP（征集提案），并逐步将 MOU 中心的双边资助转变为基于合作需求的多边合作方式。

为了扩大全球合作机构间的交流，韩国研究财团还推动了针对研究和资助议题的交流活动，组织了与日本科学振兴机构（Japan Science and Technology Agency，JST）（2023 年 7 月 13~14 日）、德国科学基金会（Deutsche Forschungsgemeinschaft，DFG）和瑞典研究理事会（Vetenskapsråde，VR）（2023 年 10 月 28 日至 11 月 5 日）之间的员工研修班。

5. 提升应对环境变化的研究行政系统

韩国研究财团致力于提升应对环境变化的研究系统，取得以下成果：重新设计研究资助系统，提升信息化治理和系统，扩展研究理论文化。

具体措施包括：推进"未来战略平台"[①]，建立学术和研究创新体系，资助 174 个项目（预算 330.12 亿元人民币）[②]，调查分析大学研究和产学研合作情况，提供投资效果分析和夯实政策制定基础。此外，财团提升信息化治理，设立信息安全团队，加强信息安全和数据开放。通过各部门课题资助系统（Integrated R&D Information System，IRIS）与韩国研究财团研究事业综合资助系统[③]的整合，提升研究信息系统功能，并改善研究理论信息门户，推动健康学术生态系统建设，强化学术活动资助系统的联动。

6. 主要推进成果

韩国研究财团 2023 年的研发财政预算为 511.22 亿元人民币，占韩国总体国家研发预算的 31.3%，韩国研究财团资助项目所产出的科学引文索引（Science Citation Index，SCI）论文占韩国科学引文索引论文的 41.9%（在 76100 篇中有 31857 篇）[④]。

---

① 韩国研究财团内部材料。
② 韩国研究财团内部材料。
③ 韩国研究财团研究事业综合资助系统网站，https：//ernd. nrf. re. kr/index. do。
④ 《2022 年韩国教育部学术研究资助项目绩效分析报告》，韩国国家研究基金会网站（2022 年 4 月 23 日），https：//www. nrf. re. kr/cms/board/library/view？menu_no = 419&nts_no = 218235。

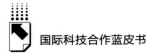

韩国研究财团集中资助国家战略领域和解决全球热点问题，具体措施包括：对国家战略技术领域（如量子技术、先进生物技术等）进行中规模国际联合研究的新资助 ［国际合作网络战略强化项目（EU/欧洲，1179 万元人民币，10 个项目）］，以及资助针对全球性问题（如传染病、气候变化等）的国际联合研究，战略性国际联合研究（2751 万元人民币，21 个项目），建设海外优秀研究机构合作中心（3615.6 万元人民币，18 个项目）。

韩国研究财团通过推动科技联合委员会及全球活动，完成政府核心任务，并资助国内外顶级研究机构之间的共同研究、人才交流、信息交换活动及合作基地的建设。2024 年将推动新的项目总预算为 524 万元人民币①（每个项目 131 万元人民币，共 4 个项目），韩国 2023 年的合作活动及成果如图 2 所示。

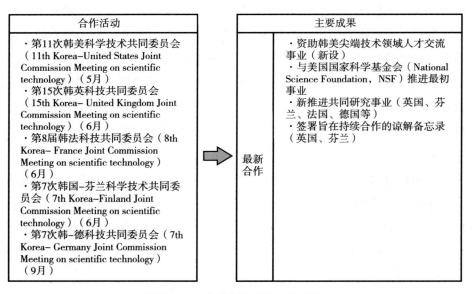

图 2　2023 年韩国合作活动及成果

资料来源：韩国研究财团提供。

_____

① 韩国研究财团提供。

（三）韩国研究财团全球合作的政策环境及主要推进方向

随着政府的全球 R&D 推进战略实施①，韩国研究财团需要调整新的国际合作管理，利用韩国研究财团海外（美国、日本、中国、瑞典等）代表处功能，加强国际合作基础（见表5）。

表5　韩国研究财团全球合作事业具体推进成果

政策环境分析	
□政府的全球 R&D 推进战略(23.11)、大幅扩大全球 R&D 预算等要求调整新的国际合作管理 □需要重新确立及强化将 R&D 事业和国际合作联系、调整的国际合作本部作用 □需要完善应对新全球 R&D 环境变化的法律、制度等,迅速奠定国际合作基础 □随着多种形态外部资助要求的剧增,组织运营风险增大	

区分	内容
优势（S）	·作为韩国的代表性研究资助机构,韩国研究财团的全球知名度、领导力上升 ·通过多种形态的国际合作,积累运营经验 ·运营政府科学技术共同委员会,与51个国家的81个机关签订谅解备忘录 ·主要国家驻外办事处及海外据点中心运营
弱点（W）	·大幅扩大国际合作带来的综合调整及联系不足 ·符合国际合作事业性质的事业推进基础不足 ·韩国研究财团职员的国际合作专业性及力量停滞
机会（O）	·随着全球大流行及政府加强国际合作,国际合作活动正式开始 ·扩大战略领域政府 R&D 预算及增加国家核心技术领域国际合作需求
威胁（T）	·全球技术霸权竞争加剧 ·国际合作的重要性日益提高,各部门之间的竞争加剧 ·国际合作管理与科学技术外交政策缺失

资料来源：韩国研究财团提供。

1. 国际合作项目的重点推进方向和任务

韩国研究财团的国际合作项目重点在于强化整体协调功能、建立战略性资助体系、建设坚实的合作基础和改善相关制度。计划通过全球研发监测和协调来提升国际合作的总体管理，增强跨部门的协同工作，并制定领域别或国家别

---

① 《全球 R&D 推进战略》，韩国科技部网站，https：//www. korea. kr/briefing/pressRelease View. do？ newsId＝156601810。

的合作战略。此外，财团还将建立能够应对多样化国际合作需求的制度，改善制约因素，提升组织和员工的能力，以适应不断变化的国际环境。同时，财团积极参与国际科技合作法律法规的制定与修订，优化项目管理和评估制度，并标准化管理主要合作点，修订全球研发指南，以增强项目的针对性和有效性。[①]

2. 国际合作事业推进项目详细内容

（1）提升国际合作项目资助体系的效能

韩国研究财团计划通过建立和运营资助国际合作的协作体系，以提升国际合作项目资助体系的效能。韩国研究财团将发挥控制塔的作用，协调和连结所有研发项目的国际合作，并加强对与海外合作国家和机构、其他部门及专业机构的国际合作的协调与资助。此外，为了增强研发项目与国际合作项目在区域和国家层面的连接功能，韩国研究财团计划强化战略制定、重点领域合作及国家发现等策划和分析功能（见图3）。

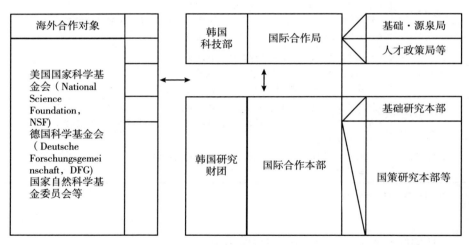

图3 国际合作项目资助体系

资料来源：韩国研究财团提供。

韩国研究财团计划通过推动与其他项目的国际合作，增强合作的协同效应。计划实施一种新形式的基础研究国际共同研究——全球匹配型项目，以促进双边合作（见表6）。

表6　韩国研究财团与海外合作对象的合作资助情况

区分	德国科学基金会	瑞典战略研究基金会	英国皇家学会
总预算	1575 万元人民币(20 课题)	1050 万元人民币(10 课题)	315 万元人民币(5 课题)
每个课题的资助规模	78.75 万元人民币/3 年	105 万元人民币/3 年	63 万元人民币/3 年

资料来源：韩国研究财团提供。

同时，韩国研究财团将通过标准化海外据点管理和运营，努力提高国际组织合作活动的效果。具体来说，将通过制定海外据点的治理结构、规定、项目/业务管理等指南，建立有效的协作基础并提高据点运营效率。此外，将加强对科学技术和研发主要全球问题及现状的发现与积极建议，提供科技政策、外交支援等来提高财团的专业性，同时策划和执行对新兴全球协作体〔如二十国集团（Group of 20，G20）、亚太经合组织（Asia-Pacific Economic Cooperation，APEC）〕的参与活动。

（2）促进研发国际合作的制度改善

韩国研究财团为促进研发国际合作、推进国际合作研发制度改进事项的实际应用和持续完善，将制定《国际共同研究改进措施应用方案（手册）》，并开展针对国际共同研究全过程中的关键问题（如知识产权等）的政策研究。此外，还计划推动对变更后的制度进行制度评估的标准化、效率化和专业化升级。

（3）提高韩国研究财团固有国际合作事业的效能

韩国研究财团计划通过建立新的国际合作平台和加强内部外部联系，提升固有国际合作项目的效能。这包括简化现有项目结构以提高效益，并通过在国内组织中韩日三大主要机构的活动，进一步强化东北亚研发合作平台，如亚洲研究理事会主席会议（Heads of Research Councils in Asia，A-

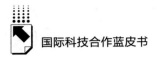
HORCs）和东北亚研讨会。

（4）加强战略性国际合作活动

韩国研究财团计划通过以下措施加强战略性国际合作：提升国家战略技术领域能力，重点在网络安全、半导体、量子技术等领域开展联合研究与人才交流；推动应对全球环境变化的综合国际合作；积极开发前瞻性合作领域，强化与西欧、北欧等科技先进国家的战略领域合作，建立面向12个国家战略技术的开放平台国际合作资助体系。

为了应对全球环境变化，韩国研究财团计划扩大国际合作，特别是针对气候变化和传染病等全球性问题。2024年与北欧国家（如瑞典、挪威）举行科技联合会议，推动共同研究。财团还加强与传统基础科学强国（如匈牙利、土耳其）及新兴科技国家（如中南美洲的巴西、印度-太平洋地区）的合作，拓展合作机会。此外，将前瞻性地发掘合作领域，通过科技联合会议和国际活动，积极履行核心战略任务，并利用全球研发数据［如爱思唯尔（Elsevier）和科睿唯安（Clarivate）数据库］分析，提出优先合作领域并推动实施。

（5）强化海外人才引进及国际共同研究项目的战略性

首先韩国研究财团计划通过改进吸引海外优秀科学家项目（Brain Pool）制度，重点支持长期引进优秀海外研究者，并优先选择国家战略技术领域的研究课题。其次，将确保优秀研究者交流资助项目（BrainLink）的持续性，通过推动全球合作体系和网络的建立，支持新研究团队的选拔和长期派遣，同时促进科学家参与国内技术交流，增强与国内研究者的互动。最后，财团将启动全球枢纽合作中心（Global Hub Center，G-Hub）等大型国际共同研究项目，建立世界一流的国内外研究机构合作平台，支持顶级研究中心的建立及其间的联合研究、人员交流和信息交换。

3. 中韩合作事业现状及未来计划

韩国研究财团和国家自然科学基金委员会（National Natural Science Foundation of China，NSFC）在1992年签订了谅解备忘录，在2014年举办的第18届中韩基础科学交流委员会签订了中韩核心共同研究事业推进协议（见表7）。

表7　韩国研究财团与国家自然科学基金委员会合作情况

区分	中韩合作研究	中韩学术研讨会	中韩合作研究项目
主要时间	·1992年签订谅解备忘录 ·1992年启动项目	·1992年签订谅解备忘录 ·1992年启动项目	·2014年启动项目
事业目的	·掌握最新科学技术知识及研究信息 ·构建研究者间的合作网络	·掌握最新科技知识及研究信息 ·构建研究者间的合作网络	·中韩推进大型共同研究 ·两国通过战略领域的资助提高相互成果
资助领域	·科技与经营管理领域（每年指定优先领域）	·科技与经营管理领域	·每年指定战略领域
资助规模	·资助课题：每年20个左右新课题 ·资助规模：7.86万元人民币以内 ·资助期限：2年以内	·资助课题：每年10个课题左右 ·资助规模：5.24万元人民币以内 ·资助期限：当年	·资助课题：每年2个课题左右 ·资助规模：31.44万元人民币以内 ·资助期限：3年以内
资助方法	·受理：两国自行公告 ·选拔：两国自行选拔 ·确定：两国协商后最终选定	·受理：两国自行公告 ·选拔：两国自行选拔 ·确定：两国协商后最终选定	·选择领域：委员会 ·公告及第一次选定：两国自行 ·确定：两国协商后最终选定

资料来源：韩国研究财团提供。

韩国研究财团与国家自然科学基金委员会的合作项目资助中的合作交流项目和双边学术研讨会原定资助项目数各为20个、10个，每年随项目申请情况会有所增加（见表8）。

表8　韩国研究财团与国家自然科学基金委员会合作项目资助情况

单位：个

区分	2012年	2013年	2014年	2015年	2016年	2017年	2018年	2019年	2020年	2021年	2022年	2023年	共计
合作交流项目	22	22	20	23	23	21	27	27	26	29	20	24	284
双边学术研讨会	10	10	10	10	11	10	11	12	10	3	12	11	120
合作研究项目	—	—	2	2	3	2	2	2	3	2	3	2	23
共计	32	32	32	35	37	33	40	41	39	34	35	37	427

资料来源：韩国研究财团提供。

韩国研究财团与国家自然科学基金委员会于 2024 年开启了中韩合作研究项目，由中韩两国交替决定研究主题，每年资助 2~3 个项目（见表 9）。

表 9　韩国研究财团与国家自然科学基金委员会合作研究项目现状

年份(提案国)	主题
2014 年（中国）	再生医疗材料（Regenerative Medical Materials）
2015 年（韩国）	可再生能源材料（New and Renewable Energy Materials）
2016 年（中国）	物联网大数据（IoT Big Data）
2017 年（韩国）	光催化剂的机制学方法（Mechanistic Approach on Photocatalysis）
2018 年（中国）	大数据机器学习（Big Data Machine Learning）
2019 年（韩国）	气候变化驱动下东北亚陆缘海生态系统的海洋热带微生物入侵：监测其多样性和丰度、化学特征和应用（Climate Change-driven Invasion of Marine Tropical Microbes in Ecosystem of Northeast Marginal Seas：Monitoring Their Diversity and Abundance，Chemical Characterization，and Application ）
2020 年（中韩共同）	新型冠状病毒相关（COVID-19）
2021 年（中国）	代数图论、拓扑图论、网络可靠性（Algebraic graph theory，topological graph theory and interconnection network）
2022 年（韩国）	企业创新数字技术及数字平台（Innovative Digital Technologies and Digital Platform in the Industries）
2023 年（中国）	仿生金属催化（Biomimetic metal catalysis）
2024 年（韩国）	抗微生物耐药性（Preparing for the next pandemic–Antimicrobial Resistance）

资料来源：韩国研究财团提供。

为确认中韩在科学技术政策、研究、成果扩散（技术交流、创业等）等方面的交流现状，探索发展方向，为中韩科学技术交流提供平台，韩国研究财团于 2024 年举办并参与了中关村论坛平行论坛——中韩科技产业创新论坛[①]。主办机构有韩国研究财团北京代表处、KIC 中国，以上为韩方；北京市科学技术委员会、中关村科技园区管理委员会、中关村发展集团、北京市朝阳区人民政府，以上为中方。

---

① 华凌：《中关村国际技术交易大会中韩生命科学专场举办》，https：//www. stdaily. com/index/h1t8/202405/fc1620b23c394dbf80 c5c1fe0a2d1df2. shtml。

韩国研究财团计划通过与北京市科学技术研究院的合作及中关村论坛等来积极宣传中韩科技合作项目的卓越性，相互分享科技领域的主要政策，相互促进两国创新研究的提升及科学普及。

未来，韩国研究财团也将积极推动与北京大学、清华大学、航空航天大学及优秀企业等的合作研究和人员交流，并通过产学研合作加强技术转移与联动。

四 国际智库提升北京国际开放合作的建议

（一）政策建议

北京市应加强统筹，设立专门的监督机构，跟踪评估国际合作项目，确保政策有效实施并及时调整。将国际合作政策与城市发展战略相协调，与教育、人才、安全等领域紧密结合。如在人才合作与培养方面，为激励本地科研机构的人才参与国际合作，建议设立专项基金和奖励机制，并提供财政支持和税收优惠。随着科技创新实力的增强，需转变为由我国主导的合作模式，重视全球创新要素配置，鼓励本地机构参与国际组织和技术标准制定，支持本土科学家在国际组织中担任领导角色，以提升北京在国际合作中的主动权。

（二）国际智库与本地机构的合作机制优化

优化国际智库与本地机构的合作机制是促进国际合作的关键。智库应在了解本地需求和优势的基础上，建立高效合作机制，确保资源最佳配置。首先，智库应推动建立多层次、跨领域的合作平台，通过研讨会、联合研究项目等增强智库与机构之间的互动，形成良性合作生态。其次，智库应在了解资源分配情况的基础上，明确合作目标与责任分配，通过透明协议和有效沟通保障合作顺利进行。最后，智库应推动合作成果的共享与推广，使研究成

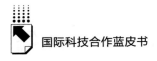
果广泛应用，为本地机构带来实质益处，增强其在国际合作中的参与度，同时巩固北京的全球科技合作地位。

（三）创新合作平台与项目管理提升

创新合作平台建设与项目管理提升是国际科技合作成功的关键。智库应推动构建一体化的创新合作平台，利用信息技术打造全球协作平台，实现无缝对接和资源共享。平台应包括虚拟实验室、在线数据库和专家网络，提供全方位支持。同时，智库应引入敏捷管理、风险管理等先进工具，并结合大数据和人工智能技术，提升项目管理的专业化和精细化，实时监控项目进展，降低风险并提高成果转化率。通过定期评估和反馈，智库可持续改进合作流程，提升项目管理整体水平，从而在全球科技合作中发挥更大作用。

（四）国际合作人才的培养与引进

智库应采取综合措施，培养具备全球视野和跨文化沟通能力的科技人才，并通过国际化引才策略吸引顶尖人才参与合作。首先，智库应与全球知名高校、科研机构和企业合作，通过联合博士项目、国际研修班和跨国研究计划等方式，培养拥有国际竞争力的科研人员，并推动人才在不同国家和机构间的流动。其次，智库应提供有竞争力的薪酬和科研条件，吸引海外高层次人才，同时为其家庭提供全面生活保障。此外，智库应构建国际人才的社区和网络，定期举办国际学术会议和工作坊，促进人才交流与合作，推动全球科技的可持续发展。

参考文献

한국연구재단 홈페이지 . www. nrf. re. kr.

과학기술 국제공동연구 사례 분석을 통한 국가 국제공동연구 활성화 및 개선 방안

연구. (한국연구재단 정책연구 2023-31, KAIST 임만성 등, 2024).

새로운 혁신의 길, R&D 시스템 대전환. (한국연구재단 15주년 기념 특별포럼 자료집, 2024.5).

R&D 정책 네트워크 구축/운영을 통한 글로벌 미래 아젠다 발굴 연구. (한국연구재단 정책연구 2023-14, 고려대 안준모 등, 2024).

2022년 한국연구재단 주요 연구개발사업 성과분석 보고서. (한구연구재단, 2024.4.23).

B.13
国际智库交流合作的创新模式研究

孙 巍　王菲菲*

摘　要： 本研究探讨了国际智库在交流合作中的创新模式及其对提升国际影响力的作用。通过文献综述与案例分析，识别出传统合作形式的局限性，进而提出了几种创新模式，包括网络化合作、多边跨国合作、公共私营伙伴关系（PPP）和联合利益相关者合作模式。这些模式提升了智库之间的互动效率、加大了合作深度，增强了其在全球政策制定中的影响力和话语权。同时，研究指出北京智库在国际交流合作中面临创新不足、资源联动机制不完善、国际影响力不强等问题。基于国际经验，提出了丰富合作模式、健全国际交流机制、完善资源联动等建议，为北京智库提升国际影响力提供了理论支持和实证依据。

关键词： 国际智库　交流合作　创新模式　多边合作　北京智库

随着全球化的深入发展和国际形势的不断变化，国际知名智库的交流与合作显得越发重要。智库作为政策研究与建议的重要机构，其交流合作的形式和模式直接影响着全球政策的制定和实施。在当今复杂多变的国际环境下，智库的作用更加突出，成为国家软实力的重要载体和国际竞争力的重要因素。

2015年发布的《关于加强中国特色新型智库建设的意见》中指出，智库在对外交往中发挥着不可替代的作用，强调要重点建设一批具有较大影响

---

* 孙巍，博士，北京市科学技术研究院助理研究员，研究方向为文化科技、科技创新战略；王菲菲，易华录文化大数据研究所研究员，研究方向为科技文化融合、文化大数据。

力和国际知名度的高端智库。然而，现实情况表明，尽管近年来中国特色新型智库在决策影响力、学术影响力、社会影响力等方面取得了显著进步，但其国际影响力的提升速度相对较慢。[①] 国际知名智库通过合作，不仅能加强不同国家和地区间的政策交流与理解，还能推动全球公共政策的科学化与合理化。智库通过整合全球资源，形成有效的解决方案，为全球可持续发展做出贡献。

因此，研究国际知名智库交流合作的创新模式，探索如何通过创新提升智库的国际影响力，是当前重要且紧迫的任务。通过研究与实践模式创新，智库可以提升其全球影响力与话语权，增强在国际合作中的竞争力和政策影响力，为推动全球治理提供新的思路和方案。

一 国际智库交流合作的现状分析

（一）智库交流合作的传统形式

智库在全球政策制定和国际事务中的角色日益重要。随着全球化进程的加速，智库国际合作已成为一种常态，不同国家和地区的智库通过多种方式展开合作，目前智库合作的形式主要包括以下几种。

1. 学术交流

学术交流是智库合作的基础形式，通过研讨会、讲座、圆桌讨论和工作坊等活动形式促进知识共享和观点交流。这种形式不仅有助于建立学术联系，提升研究水平，还能推动政策建议的完善和传播。例如，美国的布鲁金斯学会（Brookings Institution）与英国的查塔姆研究所（RIIA）经常举办联合研讨会，探讨全球经济和安全议题。这些交流活动有助于增强智库在国际政策讨论中的影响力和话语权。国内的中国社会科学院与国外智库也常常通过双边论坛交流中外政策经验，增强双方在不同领

---

① 干春晖：《中国智库国际化发展策略研究》，《中国科学院院刊》2022 年第 7 期。

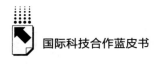
域的合作。

2. 国际论坛

国际论坛为智库提供了展示和讨论研究成果的平台，推动全球政策的多边讨论和协作。通过参与国际论坛，智库能够在国际舞台上提出和倡导政策建议，增加其全球影响力。例如，每年在瑞士达沃斯举行的世界经济论坛（WEF）吸引了众多国际智库参与，通过多边对话影响全球经济政策的制定。中国也在积极举办共建"一带一路"国际合作高峰论坛，通过这种形式推动全球对话，增强政策合作。

3. 联合研究项目

联合研究项目整合多方资源和专业知识，开展跨学科和跨国界的研究，以应对复杂的全球性问题。此类合作能够结合不同智库的优势，提升研究的深度和广度。例如，美国兰德公司（RAND）与欧洲政策研究中心（CEPS）合作研究公共卫生政策，以推动跨国合作应对全球健康挑战。国内的清华大学国情研究院也与国际智库联合开展关于中国经济转型的研究，促进中外政策研究的交流与创新。

（二）当下智库交流合作的局限性

针对当下智库在国际化合作交流中的现状分析可见，目前其发展过程中仍面临诸多局限性。这些限制影响了智库的合作深度和广度，并对其在全球化背景下的影响力提出了挑战。

1. 合作机制僵化

智库的合作机制往往存在僵化问题，依赖于传统的合作模式，如定期会议和研讨会，缺乏创新和灵活性。这种机制僵化限制了智库在快速变化的全球环境中适应新挑战的能力。例如，美国布鲁金斯学会（Brookings Institution）和卡内基国际和平基金会（CEIP）等老牌智库，尽管在全球政策制定中具有重要地位，但主要依赖于固定的合作框架和烦琐的行政程序，导致其在应对新兴议题如气候变化和网络安全等方面响应较慢。

2. 资金与资源限制

智库国际化合作中常常面临资金来源不确定性和资源分配不均衡的问题。许多智库特别是在新兴市场和发展中国家的智库，面临着资金不稳定的挑战，限制了它们的长期规划和战略实施。例如，非洲和拉丁美洲的智库往往依赖国际捐助者的支持，这种资金来源的不确定性使得它们难以进行持续性研究。即使是在资金较为充裕的欧洲，智库之间的资源分配也存在不均衡的问题，欧盟大部分研究资金流向少数大型智库，而一些小型智库在资源获取方面面临困难。

3. 政治与文化障碍

不同国家间的政治利益冲突和文化差异也给智库的国际化合作带来了挑战。智库在国际化合作中常常受到政治环境变化的影响，不同国家间的政治利益冲突可能导致合作项目的中断或搁置。文化差异也会成为智库交流中的障碍。在与西方国家的合作中，亚洲智库常常发现文化差异影响了双方的沟通效率和合作质量，如在学术表达、研究方法以及交流方式上存在较大差异，导致误解和沟通不畅。

二 国际智库交流合作的创新模式

随着全球化的加速和信息技术的迅猛发展，智库国际化合作模式不断创新，这不仅提高了智库在全球政策制定中的影响力，也为应对复杂的全球性问题提供了新的解决方案。

（一）网络化合作模式

网络化合作模式是智库利用现代信息技术，通过在线平台和数字工具开展跨国界、跨区域的合作交流。这种模式突破了传统合作的地理限制，使得智库能够更灵活、高效地进行政策研究和信息共享。

1. 在线会议与虚拟论坛

在线会议与虚拟论坛是网络化合作的核心组成部分。通过数字平台，智

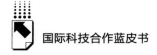
库能够实时互动、交流思想和分享研究成果。例如，布鲁金斯学会和世界经济论坛通过虚拟平台定期举办在线会议，讨论全球经济和政治问题。这种合作形式不仅减少了时间和成本，还使得参与者能够更加广泛地参与全球政策讨论。

2020年，卡内基国际和平基金会（CEIP）利用虚拟论坛快速组织全球专家讨论国际安全和科技创新问题，通过整合多方观点，提高了政策建议的时效性和全面性。卡内基国际和平基金会（CEIP）的虚拟会议系列涵盖了多个主题，包括网络安全、人工智能和气候变化等，这种在线互动为全球政策专家提供了及时交流意见的平台。

2. 数据共享平台

数据共享平台是智库网络化合作的重要工具，能够提升研究的有效性和准确性。兰德公司（RAND Corporation）通过其全球数据共享平台与国际组织和智库共享经济、社会和军事领域的数据。这种共享机制使得多个国家的智库和政府部门能够获取关键数据，从而支持跨国安全政策的制定。兰德公司（RAND Corporation）与北约合作，建立了一个共享安全数据的平台，帮助各国制定和调整安全政策，以应对全球安全态势的变化。

世界银行通过其"世界发展指标"平台，与各国智库和研究机构共享关于全球经济发展的关键数据。这些数据帮助智库进行跨国比较研究和政策评估，并推动全球发展目标的实现。例如，世界银行的数据被用于评估发展中国家在消除贫困和推动可持续经济增长方面的进展。

欧盟委员会也推出了"欧洲数据门户"，通过与欧洲各国智库合作，提供关于经济、社会、环境等各个领域的开放数据。智库利用这些数据进行深入的政策研究，为欧盟成员国的政策制定提供科学依据。这种跨境数据共享极大地增强了政策的透明性和可信性。

3. 云计算技术与智库网络结合

云计算技术与智库网络的结合，使得智库在信息处理、知识管理和研究合作方面更加高效和智能化。欧洲政策研究中心利用云计算技术构建了智库网络，支持跨国研究合作，促进政策建议的快速生成和传播。通过云计算，研究人员可以即时访问和分析大量数据，从而提高研究的精度和效率。

亚太经济合作组织（APEC）通过云平台搭建区域智库合作网络，支持成员国在经济发展和贸易政策领域进行深入交流。APEC 的云平台提供了一个共享资源的空间，成员国智库可以利用这一平台进行数据分析和政策交流，推动区域合作的深化。

印度国家转型研究院（NITI Aayog）也利用云计算技术，开发了一个国家级数据共享和分析平台，以支持跨部门和跨领域的政策研究。通过这种技术手段，印度的智库能够更好地整合国内外研究资源，提高政策建议的科学性和实效性。

（二）跨国、跨界、跨域的多边合作模式

多边合作模式强调跨国、跨界和跨域的智库合作，通过联合行动和资源整合，推动全球政策的协同与创新。这种模式适用于复杂的全球性问题，能够通过多方参与提出更高效的解决方案。

1. 跨国合作

国际智库联盟通过联合不同国家和地区的智库，形成强大的合作网络，推动共同政策目标的实现。拉美智库联盟（Latin American Think Tanks Network，LATN）在贸易政策和区域一体化方面通过区域合作提升了拉美地区的全球影响力。这种合作使得成员能够共享研究成果和协调政策建议，在推动地区一体化和经济合作方面取得显著进展。联盟还与联合国拉丁美洲和加勒比经济委员会（ECLAC）合作，研究拉美地区的可持续发展问题，为政府提供政策建议。

欧洲智库联盟（ETTG）通过联合研究和政策倡导，在国际发展、气候变化和安全政策上发挥重要作用，增强了欧洲在全球治理中的地位。ETTG 的成员包括欧洲顶尖智库，如查塔姆研究所（Chatham House）、德国国际与安全事务研究所（SWP）等，它们共同研究欧洲在全球治理中的角色和责

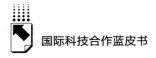

任，并通过协调政策影响国际议程。

2. 跨界合作

多元联合研究项目整合多方资源和专业知识，进行跨学科和跨国界的研究，以应对复杂的全球性问题。全球发展研究中心（Global Development Research Center，GDRC）通过与国际金融机构和政府部门合作，开展关于经济增长和公共健康的多元联合研究项目，这些项目整合了不同国家的研究资源和数据，为政策建议提供更为全面的视角。

世界银行与多个国家智库合作，研究贫困减少和教育改革，通过整合多方资源，提出了具有全球适用性的政策建议。世界银行与非洲发展银行（AfDB）合作，研究非洲国家的教育体系改革，通过共享经验和数据，为非洲国家制定更有效的教育政策提供指导。

3. 跨域合作

跨国数据共享在智库合作中具有重要意义，能够提升信息透明度和合作效率。国际能源署（IEA）与各国智库共享能源数据和分析工具，支持全球能源政策的制定。这种合作模式增强了能源政策的透明性和有效性，推动清洁能源的普及。

IEA 通过其全球能源数据平台，提供关于全球能源生产、消费和排放的数据，使各国政府和智库能够进行深入分析，以制定符合本国实际的能源政策。通过这种方式，各国能够在全球能源政策的制定中占据更加主动的位置。

在"一带一路"倡议下，中国通过与共建国家的智库合作进行数据共享，支持基础设施建设和经济发展。中国社会科学院与巴基斯坦经济研究所合作，共享关于"一带一路"项目的经济和社会数据，通过合作研究，帮助共建国家更好地理解和利用"一带一路"项目带来的机遇。

（三）公共私营伙伴关系（PPP）模式

智库国际合作的公共私营伙伴关系（PPP），即 Public – Private Partnership 是指政府与私人组织之间，为了合作建设城市基础设施项目，或是为了提供某种公共物品和服务，以特许权协议为基础，彼此之间形成一种伙伴式的合作关系。该模式结合了公共部门（如政府）和私营部门（如企业、智库等）的优势，共同为公共产品或服务的提供贡献力量。

智库国际交流合作中的 PPP 模式存在以下特点：一是能够实现利益共享与风险共担。在 PPP 模式下，智库与政府等公共部门形成紧密的合作伙伴关系，共同分享项目带来的利益，并合理分担项目风险。这种机制有助于降低单一部门的压力，提高项目的整体成功率。二是有益于实现长期合作与稳定回报。PPP 模式通常具有较长的合作期限，这有助于智库获得稳定的资金来源，并专注于长期研究和咨询服务。同时，政府也能通过长期合作获得持续的政策支持和智力支持。三是推动优势互补与资源整合。智库在专业知识、研究能力等方面具有优势，而政府则拥有政策制定、资源调配等权力。通过 PPP 模式，双方可以充分发挥各自优势，实现资源的高效整合和利用。

布鲁金斯学会作为美国著名的独立研究机构，经常与国际组织（如联合国、世界银行等）合作开展国际研究项目。这些项目往往涉及全球性问题，如气候变化、经济发展、社会治理等，需要多国政府和国际组织的共同参与和支持。在 PPP 模式下，布鲁金斯学会与国际组织共同确定研究议题和目标，明确各自的职责和贡献。通过签署合作协议，双方建立长期稳定的合作关系，共同筹集资金、组建研究团队、开展实地调研等工作。研究成果以报告、政策建议等形式呈现，供各国政府和国际组织参考。布鲁金斯学会与国际组织的合作不仅推动全球性问题的研究和解决，还促进国际的交流与合作。这种 PPP 模式为智库提供了更广阔的研究平台和资源支持，有助于提升智库的国际影响力和话语权。

美国莱斯大学的贝克公共政策研究所作为全球最佳大学智库之一，经常与跨国企业合作开展政策研究、市场分析等项目。这些项目旨在为企业提供政策咨询、市场洞察等支持，帮助企业更好地应对国际市场的挑战和机遇。在 PPP 模式下，贝克研究所与跨国企业共同确定研究议题和目标，明确双方的合作方式和利益分配机制。通过签署合作协议，双

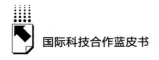

方建立紧密的合作关系，共同开展研究工作。研究过程中，贝克研究所利用其丰富的学术资源和研究能力，为企业提供专业的政策分析和市场预测；而跨国企业则提供资金支持和市场数据等资源，确保研究的针对性和实用性。

（四）联合利益相关者合作模式

联合利益相关者合作模式是一种复杂而多维的合作机制，它涉及多个层面的参与者和多样化的合作方式。在智库国际交流合作中，利益相关者主要包括政府、智库机构、企业、国际组织、媒体以及公众等。这些利益相关者各自拥有不同的资源和优势，通过多方合作可以实现资源共享、优势互补，共同推动智库国际交流合作的深入发展。

在该合作模式中，不同的利益相关者在其中发挥的作用各不相同，在共同利益的驱使下，该合作模式更具信任基础和相对稳定性。该合作模式还存在以下优势：一是促进知识整合与跨学科融合。利益相关者合作模式通过汇聚来自不同学科、领域和背景的专家与资源，促进了知识的整合与跨学科融合。在国际交流合作中，这种跨学科的知识整合尤为重要，因为它能够应对全球性、复杂性的挑战，提供更加全面和深入的解决方案。二是增强研究的独立性与客观性。利益相关者合作模式通过引入多方参与，增加了研究过程的透明度和公开性，有助于减少单一利益主体对研究结果的操控和偏见。同时，多方利益相关者之间的制衡与监督，也促使智库在研究中保持更高的独立性和客观性。三是推动全球治理体系的完善与创新。利益相关者合作模式通过促进智库之间的国际合作与交流，推动了全球治理理念的传播与共享，为全球治理体系的完善与创新提供了重要的智力支持。这种合作模式有助于构建更加公正、合理、有效的全球治理体系，推动人类社会的和平与发展。

此外，公众是智库国际交流合作的最终受益者之一。通过举办科普活动、开展公众调查等方式，可以吸引公众参与合作过程、提高公众对智库工作的认知度和支持度。非洲技术研究中心（肯尼亚）与社区组织、公民社会组织和用户群体等合作，了解他们在科技发展和可持续发展方面的需求和挑战。通过与社区的合作与参与，非洲技术研究中心（肯尼亚）能够更好地了解基层情况，推动以社区为中心的科技政策和可持续发展项目的实施。

国际科学理事会是一个全球性的科学组织，致力于促进国际科学合作、科学教育与公众科普。国际科学理事会与联合国教科文组织（UNESCO）、世界银行、各国科研机构、非政府组织以及私营部门等建立了广泛的合作关系。这些合作伙伴共同构成了科普项目的联合利益相关者群体，发挥自身优势，共同推动科普工作。一是设计跨国界科普项目。国际科学理事会针对全球性的科学议题和公众关注的热点问题，设计了一系列跨国界的科普项目。这些项目不仅关注科学知识的传播，还注重科学方法、科学精神和科学伦理的普及。二是利用多元化平台。国际科学理事会充分利用互联网、社交媒体、传统媒体等多种渠道，以及科学节、科普展览、科普讲座等多种形式，将科普内容传递给全球公众。同时，国际科学理事会还鼓励合作伙伴在本国或本地区开展形式多样的科普活动，形成全球性的科普网络。

三 北京智库国际交流合作的经验启示与发展路径

（一）北京智库国际交流合作存在的问题

1. 国际科技交流合作模式的创新性、多元性不足

我国智库在国际合作中的合作渠道较为单一，以政府和科技工作者为主，缺乏与国际组织、非政府组织和跨国企业等多边或民间组织的深度合作。以北京为代表的智库虽然具备丰富的科技资源，但合作模式相对传统，多依赖学术交流和论坛参与，尚未形成多元化的合作模式。例如，北京市的部分智库通过多次组织国际科技合作论坛，参与对象多为学术机构和国内外政府部门，而与国际企业、非政府组织的联合项目较为匮乏。这种合作模式

的局限性，使得北京智库在技术转移、产业化合作方面的突破较少，难以形成持续性、创新性的国际合作项目。

2. 北京智库国际合作的资源联动和统筹机制有待完善

总结国际智库的先进经验，其开展国际合作成功的重要因素之一是全球创新资源的联动配置、统筹利用机制较为健全，能够充分联动国际科技合作的不同主体、不同学科、多元人才等要素资源。一方面，当前在开展国际科技合作中，我国智库使用全球创新资源的能力和水平还有待提高，对研发经费、人才智力、科研平台、开放数据、信息资源等开展国际合作的资源要素联动仍然不足、整体实力有待提升。另一方面，不同国家间存在语言、文化、宗教、价值取向等差异，国际适应度不足进一步加大了我国智库开展国际合作交流的成本与难度。此外，我国智库国际沟通平台还不健全、沟通机制不够通畅、信息流通存在障碍、资源共享有局限性、决策机制标准化程序建设有所欠缺。北京的智库尽管在国内具备良好的科研平台和资源，但在全球资源联动和整合上仍显不足。

3. 北京智库的国际影响力和适应性仍需提升

我国是智库发展最为活跃的国家之一，智库总数紧随美国列全球第二[①]，我国国际科研合作中心数量居全球第 4 位[②]。尽管智库总数较多，但智库国际合作仍存在"有高原、缺高峰"的桎梏。我国智库在参与国际科技交流合作过程中公共外交职能发挥不足、不深，缺乏国外舆论传播体系，对外公众科普职能发挥仍然较为欠缺。许多北京智库在国际事务中的深度参与不足，缺乏与国际社会深层次的沟通与协调。例如，在全球治理领域，北京智库对气候变化、能源安全等全球议题的深度参与较为欠缺。

在国际上，我国主导制定的国际标准在国际标准化组织和国际电工委员会制定的国际标准量中占比不到 2%。我国科技智库参与全球治理研讨、国

---

① 资料来源：TTCSP 全球智库数据库。

② 《国务院新闻办就加快建设创新型国家全面支撑新发展格局举行发布会》，中华人民共和国中央人民政府网站（2021 年 3 月 2 日），https://www.gov.cn/xinwen/2021-03/02/content_5589617.htm。

际议题设置、协商谈判、规则制定等方面，缺少深层次的沟通与分析，国际影响力未达到高度。

（二）国际经验对北京智库国际交流合作的启示与建议

1. 丰富北京智库国际交流合作的内容与模式

一是拓展合作伙伴范围。积极寻求与国际组织、非政府组织、跨国企业等多边和民间组织的合作，建立多元化的合作伙伴网络。二是搭建国际科技交流合作平台。创建或加入国际智库联盟，通过这些平台促进信息共享、合作研究和经验交流。这些平台可以是线上数据库、论坛、工作组或定期举办的国际会议。三是探索多元化合作模式。除了传统的学术交流和研究项目合作外，还可借鉴国际知名智库交流合作经验，创新国际交流合作模式，包括公私合作伙伴、双边合作、多边项目、国际研讨会、联合出版、远程视频会议、探索联合实验室、技术转移中心、创新孵化器等新型合作模式，以适应不同国家和地区的合作需求。四是深化研究合作内容。鼓励智库在关键技术、全球性挑战（如气候变化、能源安全等）和国际科技政策等国际共同关注的领域和学科开展深入合作研究。

北京智库也应借鉴国际领先智库的多元化合作模式，拓展与不同主体的合作关系。以德国的凯尔国际经济研究所（Kiel Institute for the World Economy）为例，该智库通过与欧洲跨国企业、非政府组织和多边机构合作，推动了多领域的联合研究项目。北京可以利用自身的优势资源，如中关村科技园区，结合高科技产业与国际企业开展合作，依托中关村的科技企业，北京智库可以联合跨国公司共同研发智能制造、绿色能源等领域的前沿科技，推动技术转移和产业化进程。此外，北京市发改委曾与法国企业合作开展新能源项目，便是一个成功的示范，类似的跨界合作可以进一步深化。

2. 健全适应国际规则的北京智库交流机制

首先，完善沟通平台和机制。建立和完善国际沟通平台，如创建多语种的官方网站、社交媒体账号等，以及高效的沟通机制，确保信息的及时传递和反馈。其次，优化国际科技交流合作环境。通过政策支持、资金投入和法

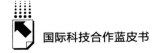
律保障等手段，为国际智库合作创造良好的外部环境。加强国际通用话语体系政策沟通与协调。确保合作双方或多方的政策目标一致，避免政策冲突和资源浪费。最后，加强智库内部的国际化建设，注重国际通用话语体系与规则，提升国际研究能力、建立具有国际视野的研究团队，以及推动智库成员参与国际交流。

北京智库在国际化过程中，应建立高效的沟通平台和多语种服务机制，以提升国际合作中的沟通效率。在实践过程中可借鉴英国的布鲁金斯学会（Brookings Institution）在全球政策推广中的经验，设立国际合作项目专门基金，通过资金支持，推动更多智库参与全球治理议题的讨论。例如，北京市生态环境局在气候变化领域已与欧盟建立了长期合作机制，通过联合项目加强了国际环境政策对话，未来可以加大在能源、环保等全球议题上的交流与合作。

3. 完善北京智库的资源联动与统筹机制

一是提高全球创新资源配置能力。加强与国际科技合作机构的联系，优化研发经费、人才智力、科研平台等资源的国际配置。推动建立国际科技合作专项基金，支持重点领域的国际合作项目。二是克服文化差异与障碍。加强跨文化交流与培训，提升智库成员的国际适应能力和跨文化沟通能力。建立多语种工作团队，确保国际合作的顺畅进行。三是完善沟通平台与机制。搭建国际科技合作信息平台，实现科研数据、研究成果等资源的共享。加强与国际标准化组织的合作，推动我国主导制定的国际标准得到更广泛地应用。同时，完善决策机制标准化程序建设，确保国际合作项目的科学性和规范性。四是强化政策支持与保障。出台更多支持智库国际合作的政策措施，包括资金扶持、税收优惠、人才引进等，为智库的国际交流合作提供有力保障。

北京智库也应提高全球资源整合的能力，特别是在科研资金、人才和数据共享方面。例如，北京社会科学院通过设立"一带一路"智库合作机制，已与东南亚、中东欧等多国的智库建立了长期合作关系，通过共建数据平台，推动了政策分析和信息共享。这类机制应继续优化和扩大范围，特别是针对国际重大科技合作项目，应更多引入全球资源和专家参与，以实现跨国联合研究的深度合作。

参考文献

杨瑞仙、权明喆、魏子瑶：《国外顶尖智库发展经验探究》，《现代情报》2017 年第 8 期。

朱旭峰：《"思想库"研究：西方研究综述》，《国外社会科学》2007 年第 1 期。

B.14
中关村全球高端智库联盟多边交流合作机制研究

陈 旭 赵立达*

摘 要： 本文探讨了中关村全球高端智库联盟在多边交流合作方面的实践与经验。通过多边交流合作机制，智库联盟汇聚了国内外优质智库资源，促进了不同国家与地区间的资源共享、合作交流及人文交流。智库在推动科学决策、服务社会发展、推动人文交流等方面发挥着重要作用，并提出了构建国际合作网络、促进知识与人才交流、推动多边对话与扩大政策影响、利用现代信息技术和创新工具等建议。智库联盟自成立以来，在推动多边交流合作方面积累了丰富的经验，为其他智库提供了有益的启示。

关键词： 中关村全球高端智库联盟 多边交流合作 智库建设 协同创新

引 言

随着全球化进程的加速，各国之间的相互联系与依存程度达到了前所未有的高度，人类社会正以前所未有的紧密方式联结在一起。在这样的背景下，智库作为政府和社会对话的重要桥梁，扮演着日益重要的角色。智库不仅为政策制定提供科学依据，同时也是推动社会科技进步、促进国际交流与合作的重要力量。然而，面对复杂多变的国际局势，如何进一步提升智库的

---

* 陈旭，北京市科学技术研究院助理研究员，研究方向为信息化与经济管理；赵立达，北京市科学技术研究院行政管理人员，研究方向为国际交流合作。

服务能力，拓展其国际视野，成为一个亟待解决的问题。在此背景下，多边交流合作成为智库发展的重要推动力。文章以中关村全球高端智库联盟为例，探讨了智库开展多边交流合作机制。通过多边交流合作机制，智库可汇聚更多优质智慧和资源，推动构建人类命运共同体。未来，智库应继续深化多边交流合作机制，搭建交流平台，拓展国际视野，加强协同创新，为政策制定提供更加全面、科学的依据。同时，政府和社会各界也应给予智库更多的支持和关注，以推动智库事业的持续发展。

一　智库开展多边交流合作必要性

2022 年 4 月，中共中央办公厅印发的《国家"十四五"时期哲学社会科学发展规划》明确提出，要加强中国特色新型智库建设，着力打造一批具有重要决策影响力、社会影响力、国际影响力的新型智库，为推动科学民主依法决策、推进国家治理体系和治理能力现代化、推动经济社会高质量发展、提升国家软实力提供支撑。[1]

近年来，我国着力推进智库建设，在搭建交流平台、开展合作研究、服务社会发展、推动人文交流等方面取得了巨大的成效，但是要在短时间内高速发展，达到高端智库水平，还存在一些差距。而能够促进智库建设高速发展的动力，就是多边交流合作。

国家主席习近平高度重视智库外交建设，在重大国事活动中多次强调加强智库外交，加强智库国际交流合作；把智库交往与政府、政党、议会等的交往并列，认为智库是国家间人文交流合作的组成部分和新渠道；[2]多边合作机制为国家间合作与发展搭建了平台，为维护世界和平与稳定提供

---

① 《中共中央办公厅印发〈国家"十四五"时期哲学社会科学发展规划〉》，中国政府网，2022 年 4 月 27 日，https://www.gov.cn/xinwen/2022-04/27/content_5687532.htm。
② 《【智库研究】加快中国智库国际化建设是一项重要而紧迫的任务》，中国互联网新闻中心网站（2021 年 4 月 30 日），http://www.china.com.cn/opinion/think/2021-04/30/content_77455762.htm。

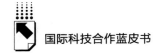

了制度保障。[①]

  智库在未来高速发展的征程上，需要不断地自我发展与对外开展多边交流合作，不断自我完善与革新，同时，为了适应目前复杂多变的国际关系，智库采用多边交流合作机制，才能不断优化以适应外部环境，并与多边环境相互促进、共同发展。

二　多边交流合作在推动智库发展中的主体作用

  国家主席习近平在莫斯科国际关系学院发表题为"顺应时代前进潮流 促进世界和平发展"的重要演讲中指出："这个世界，各国相互联系、相互依存的程度空前加深，人类生活在同一个地球村里，生活在历史和现实交汇的同一个时空里，越来越成为你中有我、我中有你的命运共同体。"[②] 智库通过多边交流合作机制，可以促进不同国家与地区之间的资源共享、合作交流、人文交流及文化相互鉴定，有助于人类社会的全面发展。

（一）搭建交流平台，拓宽智库品牌国内外影响力

  智库发挥纽带作用，通过多边交流合作机制，充分整合利用国内外创新平台和优质资源，以确保其服务于政府决策的研究，通过多元化信息渠道，创造社会舆论和社会导向，为智库长效健康发展助力。例如，代表智库的重要研究成果"皮书"，每年度以研究报告的形式出版，旨在传播智库研究的前沿内容成果。截至2021年4月，皮书数据库累计机构用户超过1500家，遍及13个国家，皮书对专业领域、政府决策、社会公众都产生了重要的影响。[③] 皮书通过出版及传播，高效利用其公共媒体影响力，有效

①　《丰富新形势下多边主义实践（有的放矢）》，人民网（2021年12月29日），http：//opinion.people.com.cn/n1/2021/1229/c1003-32319346.html。
②　《习近平在莫斯科国际关系学院的演讲》，中青在线（2013年3月23日），https：//news.cyol.com/gb/articles/2022-02/17/content_ LzxMRuG7P.html。
③　谢曙光主编《中国皮书发展报告（2021）》，社会科学文献出版社，2021，第144页。

地对内对外宣传智库的阶段性研究成果。这不仅在全球范围内共享了智库的研究数据和成果，引领了大众舆论，还在一定程度上拓宽了智库品牌的国内外影响力。

（二）充分发挥人才优势，开展联合科学研究

高端智库建设的核心是人才。智库发挥统筹作用，通过多边交流合作机制，多元化汇集不同背景、不同类型高质量专家学者及具有一定专业技术能力的社会人才，持续加大力量，积极推动不同学科、不同领域、传统学科加前沿新科学技术的课题研究；汇聚不同声音，产生观念碰撞，更好地集中力量为科学决策研究提供智力支持。例如美国最著名的高端智库兰德公司，汇聚学界、政界、商界、媒体界等精英，采用"旋转门"机制；专家来自50个国家，大多致力于跨学科、跨机构合作，跨国别研究合作较普遍[1]。大量高端跨学科人才汇集，充分发挥各类型人才优势，使得智库的科学研究及合作更加高效和成功。

（三）借助科技外交，推动人类社会共同发展

在当今复杂多变的国际社会形势下，国际科技竞争日趋激烈，要在这场大战中博弈并取得关键性的突破，在与不同国家的合作中，应采取不同的合作方式，积极寻求覆盖全球的科技合作伙伴关系网。当国与国之间各种直接关系遭遇困境和挫折时，科技外交仍是让国家之间保持彼此联系的一个途径。[2] 科技外交能够增强国家之间在科技和外交两个领域的有效合作。双方可以获得最优秀的人才资源，开展人才互访及全方位人员培训机制；积极搭建信息及资源设备交流平台，鼓励协同开展跨学科跨专业创新前沿研究，共同申报国内外科学研究项目，为更深层次的交流合作提供全方位、多元化的

---

[1] 刘曼、陈媛媛、朱金箫：《美国知名智库兰德公司专家群体画像》，《图书馆论坛》2023年第11期，第138~148页。

[2] 孙艳：《科技外交理论的概念演化、范畴界定及欧美实践的启示》，《中国软科学》2024年第5期。

优质服务；同时可以通过科学技术领域和网络进行对话，为未来外交政策的实现提供强有力的基础支撑。

（四）服务社会发展，为企业提供强力支撑

在"一带一路"共建中，要开展不同国家之间的比较研究，搭建共商共建共享的渠道和方式，建立共同的市场；在企业应对冲突、管控危机、开展跨文化对话等方面，发挥智库咨询、协调等作用[①]。随着我国对外开放战略的大力实施，"一带一路"框架内的各经济体在基础设施建设、制造业和服务业等领域广泛开展多边双边合作，为推动人类社会共同发展产生重大作用。由此产生的一系列问题，包括法律法规、知识产权、国际化人才招聘和相关的风险安全问题等，迫切需要智库提供相关智力支持。

三　中关村全球高端智库联盟多边交流合作经典案例分析

（一）中关村全球高端智库联盟概况

1. 基本框架

中关村全球高端智库联盟（The ZGC Global High - Level Think Tank Alliance，ZGCTA，以下简称"智库联盟"）成立于2020年9月，是依托中关村论坛孵化，并经北京市科委、中关村管委会批准，由北京市科学技术研究院倡议，联合国内外多家高端智库共同搭建的多边交流合作平台。以"汇聚全球智识　服务创新发展"为宗旨，通过促进知识交流、合作研究、社会发展和人文对话，增强国际智库协作能力与文明互信。

智库联盟的服务范围包括科学研究、决策咨询、会议会展、科技交流、科技培训、科普服务等，形成了一站式综合服务平台，支持地方发展及科技

---

① 《【智库思享】李国强：为何中国智库国际化建设迫在眉睫?》，中国网（2021年6月11日），http：//www.china.com.cn/opinion/think/2021-06/11/content_ 77562485.htm。

创新。自成立以来，智库联盟不断发展壮大，截至 2024 年 9 月，已吸纳了来自 12 个国家的 72 家国内外高端智库，涵盖综合智库、科技智库、经济智库、行业智库、出版传媒智库和企业智库等六种类型。此外，智库联盟还建立了包含近百位诺贝尔奖得主、院士等在内的高水平专家资源库，为各项活动提供智力支撑（见图 1）。

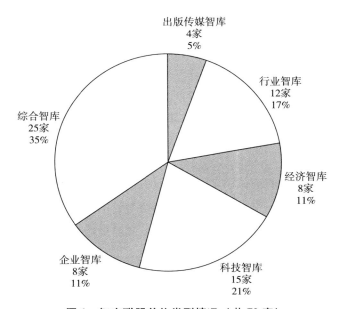

图 1　智库联盟单位类型情况（共 72 家）

资料来源：智库联盟网站（截至 2024 年 9 月）。

2. 组织架构

智库联盟的成员构成多元且国际化，由 16 家国外智库联盟单位和 56 家国内智库联盟单位组成，遍布中国、美国、德国、法国、日本、韩国、马来西亚、塞尔维亚、新加坡、以色列、印度等国家和地区，形成了广泛的国际合作网络（见图 2）。

智库联盟的管理机构主要包括理事会、秘书处和专业委员会。理事会作为最高决策机构，负责制定联盟的发展战略和决策重大事项，由理事长单位、副理事长单位和理事单位组成。秘书处是联盟的日常管理机构，主要负

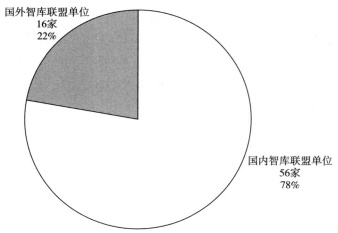

图 2　国内外智库联盟单位构成（共 72 家）

资料来源：智库联盟网站（截至 2024 年 9 月）。

责协调和执行理事会的决议以及处理联盟内部事务，由秘书长、管理部、服务部和研究部组成，秘书长负责全面领导秘书处的工作。专业委员会是联盟的专业支持部门，由主任委员、副主任委员和委员组成（见图 3）。

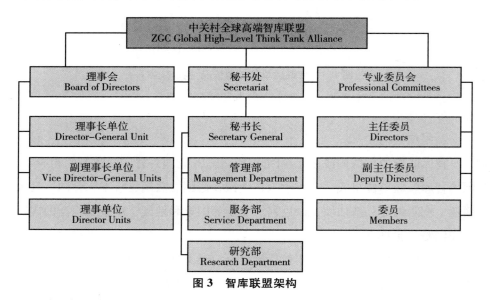

图 3　智库联盟架构

资料来源：智库联盟网站。

（二）智库联盟开展多边交流合作的机制

1. 高端交流平台机制

智库联盟通过系统化、专业化的高端活动策划与执行，为国内外智库搭建一个信息共享、资源共享和成果共享的交流平台。该机制有助于打破知识和信息壁垒，提升智库的研究创新能力和国际影响力。通过组织一系列国家级科技创新交流活动，智库联盟能够汇聚全球智慧，促进思想碰撞与合作研究。

在打造交流平台方面，智库联盟策划了"2+N"品牌活动，即中关村论坛"全球科技创新高端智库论坛"和"智库之声"两大核心活动，加上品牌培训、对话沙龙、项目路演等 N 项系列活动，为智库间的合作与交流提供了广阔空间。

通过连续多年参与并承办中关村论坛"全球科技创新高端智库论坛"，智库联盟依托其丰富的高端智库资源，成功打造了一个具有广泛影响力的智库论坛品牌。以 2024 年中关村论坛"全球科技创新高端智库论坛"为例，该论坛吸引了来自世界各地的众多知名院士、驻华使节、国际组织代表以及数十家国内外高端智库单位参与，发布了 32 项研究成果，并签署了 4 项合作备忘录，进一步强化了国际合作网络。同时，新增了来自中国、英国、塞尔维亚三国共 13 家理事单位，标志着智库联盟的壮大与发展。此次活动彰显了在全球化背景下加强国际合作的重要性，也突出了开放共享创新生态系统对科技进步和社会发展的关键作用。

此外，智库联盟积极参与其他重要国际活动的承办工作。如 2022 年中国国际服务贸易交易会"绿色低碳城市国际科技创新论坛暨北京国际前沿科学对话会"，聚焦绿色低碳技术的发展趋势及应用前景，促进了相关领域的国际合作和技术转移；2023 年中关村国际技术交易大会"医药与健康产业国际科技创新交流会"，汇集了医疗健康领域的专家学者，探讨了最新科研进展和技术应用，推动医药健康产业创新发展。另外，智库联盟联合北京市"两区"办策划举办了"中国（京津冀 & 成渝）·匈牙利创新合作大会暨2022年北京'两区'全球超链接推介活动",通过搭建中匈科技创新资源对接平台,促进了科技项目的对接与落地,加深了与京津冀、成渝地区相关机构的合作关系,为两地企业和科研机构提供了宝贵的交流合作机会。

智库联盟通过打造高端交流平台、参与承办高端论坛、推出"智库之声"系列讲座及与其他机构合作等多种方式,成功推动了科技创新与合作的发展,未来将继续发挥其独特优势,为推动全球科技创新与合作贡献更多的力量。

2. 合作研究与出版机制

智库联盟通过合作研究与出版机制,汇聚多方资源与智慧,致力于开展前瞻性、针对性及储备性的研究工作。这一机制旨在增强全球智库的协同创新能力,促进知识共享和成果转化,并通过高质量的研究成果和出版物提升智库联盟的学术与国际影响力。

在实践中,智库联盟已取得显著成效。例如,北京市科学技术研究院、中国科学技术发展战略研究院、中国科协创新战略研究院、首都科技发展战略研究院、中国(海南)改革发展研究院、中共中央党校(国家行政学院)科研部、全球化智库(Center for China and Globalization,CCG)、随锐科技集团、施普林格·自然集团(Springer Nature)等9家理事单位携手策划并出版了《全球变局下的中国发展与机遇》这一重要著作,深入剖析了当前国际形势下中国的机遇与挑战,从多个角度探讨了中国在全球变局中的角色和发展路径,不仅包括对宏观经济政策、科技创新、可持续发展等方面的系统性研究,还提出了具体的政策建议,为决策者提供了重要参考。

此外,智库联盟通过学术期刊、政策报告、专题讲座等多种渠道发布研究成果,确保其广泛传播与应用。"智库之声"系列讲座作为重要品牌活动之一,吸引了众多国际知名学者、政策制定者和业界领袖分享见解与经验,促进了跨文化的思想交流与融合。这些举措不仅在合作研究方面取得了丰硕成果,也有效推动了研究成果的应用与传播,进一步巩固了智库联盟在全球智库网络中的地位。

3. 科技赋能与区域发展支持机制

智库联盟聚焦科技创新与经济社会发展需求,依托其丰富的科技、人才、产业资源，为科学决策提供高水平的智力支持，助力地方经济社会发展和产业转型升级；不仅为政府决策提供了重要参考，还促进了智库研究与国际科技政策的良性互动，展现出强大的社会影响力和服务能力。在实践中，智库联盟以区域需求为导向，推动国内外优质资源面向国内市场下沉落地。采用"论坛+展览+项目对接"的组织形式，智库联盟有效促进了地方经济社会的发展。

智库联盟聚焦辽宁沈阳、河北张家口、湖北十堰、新疆乌鲁木齐、四川成都和重庆等地，不断创新产学研用协同合作模式，切实助力地方经济社会发展。例如，在湖北十堰市，智库联盟深入调研产业技术需求，引入高端专家资源，共同推荐专家担任招才大使，为当地产业发展注入新动力。同时，与张家口科协共同举办"科普大讲堂"，推动科技资源在张家口地区的有效流通互动，提升了当地的科技素养和创新能力。在沈阳铁西区（经开区、中德园），智库联盟结合当地产业需求，成立专业委员会，在技术研发、人才建设、产学研合作等方面提供有力支撑，探索出了一条智库联盟助力地方产业转型升级、实现自身可持续发展的有效路径。通过努力，智库联盟不仅在地方经济发展中发挥了重要作用，还为全国范围内的产业升级和技术创新提供了宝贵的经验和示范。

4. 国际合作交流与人文传播机制

智库联盟通过国际合作交流与人文传播活动，促进了知识共享和技术转移，加深了各国间的人文交流与文明互信。这些努力对于构建开放、包容且充满活力的全球科技创新生态体系至关重要，也为应对全球化挑战提供了智慧和支持。

在实践中，智库联盟积极参与国际科技活动，传递中国的声音与故事。例如，2024 年 9 月，智库联盟秘书长在 APEC 可持续发展政策与新技术研讨会上发表主旨报告，介绍了中国在绿色技术和政策方面的成就；同年 8 月，在秘鲁利马举行的亚太经合组织第三次高官会议（SOM3）上，智库联盟秘书长作为亚太经合组织（APEC）科技创新政策伙伴关系（PPSTI）基金项目负责人做了现场报告，进一步拓展了国际合作网络。

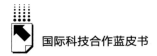
在促进女性参与科技创新方面，智库联盟采取了积极行动。2023 年 11 月，智库联盟秘书长成功获批 APEC 基金项目"女性参与科技创新（STEM）：APEC 地区促进创新发展实践对话"，并通过举办 2023 女性科技创新先锋论坛活动，推动女性科技创新政策交流与实践推广。2022 年 12 月，协办了亚太经合组织（APEC）"公共部门和私营部门促进高质量科技创新需求合作"线上工作会，智库联盟秘书长从女性视角分享了女性在区域高质量科技创新供需合作中的重要作用。

智库联盟还致力于"一带一路"国际科技培训，加强跨国界的知识和技术转移。2020 年，"一带一路"国际科技合作培训中心成立，智库联盟策划了中国—俄罗斯、中国—以色列双边培训共 8 场，吸引了来自中国、俄罗斯、蒙古国、新加坡、巴基斯坦等国家的百余名专家和学者参加。同时，智库联盟策划组织了"创新体系构建与国际科技合作""北科国际讲堂""中欧科研创新合作专题座谈"等 6 场培训，以助力构建科技创新生态及提升国际化能力。2023~2024 年，智库联盟继续深化"一带一路"国际科技合作，通过"智库之声"系列活动暨"一带一路"国际科技合作巴西专场讲座，强化了中巴两国在科技创新、经济及可持续发展领域的合作。

为进一步拓展国际合作网络，智库联盟致力于在全球范围内构建更加开放、包容的科技创新生态体系。2024 年 5 月，智库联盟代表团访问塞尔维亚和匈牙利，与当地科研机构和社会组织探讨未来合作可能性。同年 7 月，巴西科学院（Academia Brasileira de Ciências）院士袁锦昀教授到访智库联盟秘书处，双方就深化中巴民间科技交流合作展开了富有成效的讨论。通过这些国际合作交流活动，智库联盟不仅增强了自身的国际影响力，还为推动全球科技创新合作做出了重要贡献。

四 智库联盟开展多边交流合作的经验启示

智库联盟自成立以来，在推动多边交流合作方面积累了丰富的经验，这些经验不仅为智库联盟自身的持续发展奠定了坚实基础，也为其他类似组织提供了可借鉴的模式。

（一）构建全球智识网络

在构建全球智识网络方面，智库联盟强调了搭建高效沟通平台的重要性。通过建立系统化和专业化的交流机制，智库联盟能够打破地域限制，实现知识资源的跨境流动。这种跨领域的信息共享体系促进了不同背景下的思想碰撞，进而增强了智库间的研究创新能力，并提高了它们在全球议题上的影响力。此外，该网络还注重维护成员间的长期合作关系，以确保各方能够持续受益于集体智慧的增长。

（二）促进创新发展与区域合作

智库联盟致力于促进创新发展与区域合作，其做法在于紧密联系地方需求，将国际视野与本地实际相结合。通过对特定地区的深入研究，智库联盟能够提供针对性强且具有前瞻性的政策建议，支持地方政府制定更加科学合理的决策方案。同时，通过整合国内外优质资源服务区域经济发展，智库联盟帮助提升了当地产业竞争力，促进了经济社会的整体进步。这一过程中的关键在于充分调动各方积极性，形成政府、企业和社会力量之间的良性互动格局。

（三）增强协同创新机制

增强协同创新机制是智库联盟取得成功的重要因素之一。为了提高研究效率并保证成果质量，智库联盟鼓励成员单位之间开展合作研究，共同探索解决复杂问题的新途径。这不仅有助于汇聚多元视角下的解决方案，还能有效降低单个机构承担的风险成本。与此同时，通过建立健全合作框架来规范参与者的行为准则，可以保障整个过程中各利益相关方的权利得到平等对待，从而激发更广泛的合作意愿。

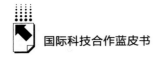
（四）提升国际传播效能

提升国际传播效能对于扩大智库联盟的社会影响至关重要。为此，智库联盟采取了一系列措施加强自身品牌建设，包括定期发布高质量研究报告、举办高水平学术会议等。这些活动不仅展示了中国智库的专业水平，也为外界了解中国的科技创新成就及其对世界发展的贡献打开了窗口。值得注意的是，在对外交流时采用易于理解的语言风格，并结合具体案例说明抽象概念，有利于增进不同文化背景下受众的理解度和提升支持率。

（五）推动科技成果的实际应用

智库联盟始终关注如何将理论研究成果转化为实际生产力，即推动科技成果的应用落地。这意味着需要建立起一套有效的成果转化机制，涵盖从基础研究到市场推广的全过程管理。在此过程中，智库联盟扮演着桥梁角色，一方面协助科研团队识别潜在市场需求，另一方面则积极寻找合适的合作伙伴，共同推进技术商业化进程。此外，针对新兴领域或前沿技术，智库联盟还会适时组织专题研讨，邀请行业专家分享见解，以便快速捕捉最新动态并指导后续研究方向。

智库联盟的成功实践表明，要有效地开展多边交流合作，必须重视平台建设、聚焦地方特色、强化多方协作、优化信息传播策略及加速科技成果转化等多个维度的工作。只有这样，才能真正发挥出智库作为智力支撑的作用，助力各国应对全球化进程中面临的各种挑战。

五 北京智库开展多边交流合作的建议

随着全球化进程的不断推进，国家间的相互依赖日益加深，全球性挑战如气候变化、公共卫生安全、经济不平等和地缘政治紧张等问题愈加凸显。在此背景下，智库作为政策研究和咨询的重要机构，在促进国际理解与合作方面扮演着越来越重要的角色。北京作为中国的政治、文化中心，拥有丰富的智库资源和深厚的研究基础。在当前全球化的背景下，智库不仅需要在国内政策制定过程中发挥重要作用，还应当积极参与国际事务，通过多边交流合作提升自身的国际影响力，并为解决全球性问题提供智力支持。

（一）构建国际合作网络

构建国际合作网络是北京智库开展多边交流合作的基础。为了实现这一目标，北京智库应主动寻求与全球各地知名智库建立长期稳定的合作伙伴关系。这种合作不限于学术交流，还应涵盖共同开展研究项目、联合举办国际会议以及共享研究成果等多种形式。通过这样的合作，不仅可以增强北京智库在全球议题上的发言权，还能促进不同文化和背景下的思想碰撞，从而产生更具创新性和前瞻性的解决方案。此外，北京智库还可以利用其地理优势，成为连接亚洲乃至世界其他地区智库的枢纽，通过定期组织区域性的研讨会来加强各方之间的联系，形成一个覆盖广泛、结构紧密的国际智库网络，为解决跨国界问题奠定坚实的合作基础。

在具体的实践中，北京智库可以通过多种方式推动国际合作网络的建设。首先，积极参加国际性的智库会议和论坛，并在这些场合上发表观点、提出倡议，以引起广泛关注和支持。这种方式不仅能够展示北京智库的专业水平和研究成果，还能进一步提升其国际影响力。其次，与国际知名智库签订战略合作协议，共同开展长期研究项目。这些项目可以聚焦于数字经济、公共卫生、环境保护等特定领域，通过联合研究团队的努力，产出高质量的研究成果，并通过联合出版物、政策报告等形式发布，为决策者提供科学依据。

此外，北京智库还可以联合举办国际会议和研讨会，邀请全球范围内的专家学者参与，促进知识的传播和交流，加深彼此的理解和信任。同时，建立国际专家数据库和资源共享平台，为全球智库提供信息交流和合作的平台。智库成员可以通过平台共享数据资源、研究成果和最佳实践，提高研究效率和质量。该平台还可以作为信息发布和宣传的重要渠道，增强北京智库在全球范围内的可见度和影响力。

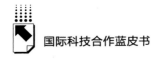
（二）促进知识与人才交流

促进知识与人才交流对于推动多边交流合作具有重要意义。北京智库可以通过多种方式吸引世界各地的优秀研究人员前来学习和交流，从而丰富本地智库的研究内容并培养具备国际化视野的人才。例如，可以组织国际学术研讨会和专题论坛，邀请全球范围内的专家学者共同探讨前沿问题，分享研究成果。这样的活动不仅能够加强理论与实践的结合，还能通过面对面的交流增进理解和信任。同时，鼓励本土研究人员积极参与国际会议、发表国际期刊论文以及参与跨国研究项目，有助于他们在国际舞台上展现专业能力和研究成果。通过这些渠道，本土研究人员可以深入了解其他国家和地区的情况，拓宽国际视野，并建立广泛的国际合作网络。此外，还可以通过资助和支持研究人员到海外实地考察，使他们能够亲身体验不同文化背景下的科研环境和社会发展状况，从而为他们开展研究工作提供更加全面和深入的视角。

为了进一步打破地理界限，北京智库可以积极探索与其他国家智库共建虚拟研究中心的可能性。利用互联网技术，虚拟研究中心能够实现即时沟通与协作，使得身处不同地域的研究人员也能方便快捷地分享数据资料、讨论研究进展。这种方式不仅提高了工作效率，还加快了项目的推进速度，有助于在全球范围内形成更加紧密的知识共享网络。

通过这些举措，北京智库不仅能够在国际上树立良好的形象，还能在推动全球科技创新合作方面发挥重要作用。这不仅有助于提升北京智库在全球舞台上的地位，还将为中国在全球治理中发挥更大作用提供有力支撑。

（三）推动多边对话与扩大政策影响

推动多边对话与扩大政策影响是北京智库开展多边交流合作的核心任务之一。为此，北京智库需要积极参加各类国际论坛和会议，在这些场合上发表观点、提出倡议，以期引起广泛关注和支持。特别是在一些关键领域如可持续发展、数字经济治理等方面，北京智库应当结合自身专长提出切实可行的政策建议，争取将其纳入国际议程之中。

在国际论坛和会议上，北京智库可以利用其研究优势，就全球性问题提供独特的见解和解决方案。除此之外，还可以发起成立专门针对特定问题的工作组或专家委员会，邀请相关领域的权威人士加入其中，共同探讨解决方案，工作组可以通过召开定期会议、研讨会等形式，深入分析当前面临的挑战，并提出具体的政策建议和技术方案。通过这种方式可以有效整合多方资源，形成合力应对复杂难题。

与此同时，北京智库还需注重与政府决策部门保持密切沟通，及时反馈研究成果并为其提供科学依据，通过建立常态化的沟通机制，如定期报告、专题汇报等，北京智库可以确保其研究成果能够迅速转化为政策建议，为相关政策的制定和实施提供支持。

此外，北京智库还可以通过出版蓝皮书、政策简报等形式，向社会各界发布其研究成果。这些出版物不仅可以为政府部门提供参考，还可以为学术界、企业界和公众提供有价值的信息。通过广泛传播研究成果，北京智库可以增强其在公共政策领域的影响力，进一步推动多边对话和国际合作。

（四）利用现代信息技术和创新工具

在当今全球化和信息化迅速发展的背景下，北京智库必须紧跟时代潮流，积极探索如何借助现代信息技术和创新工具来优化多边交流合作的方式方法。随着大数据、云计算等信息技术的广泛应用，传统的信息获取渠道已经发生了深刻变化。因此，北京智库需要通过技术创新提升研究效率和服务质量，以保持其在全球竞争中的领先地位，并为全球治理贡献智慧和力量。

首先，基于人工智能的数据分析工具是提高研究效率的关键手段之一。这些工具能够帮助研究人员快速处理海量数据，从中提炼出有价值的信息。例如，自然语言处理技术可以自动提取和分类文献中的关键内容，节省大量手动筛选的时间；机器学习算法则能识别数据中的模式和趋势，提供更深入的洞察资讯。这不仅提升了研究的速度，还增强了研究的准确性和深度，使北京智库能够在复杂多变的国际环境中做出更加科学合理的决策建议。

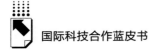
其次，区块链技术的应用对于保障数据安全和透明度具有重要意义。在多边交流与合作中，确保信息的真实性和完整性至关重要。区块链技术的分布式账本特性使得任何数据修改或篡改都可以被追溯，从而增强了数据的安全性和可信度。此外，智能合约等机制可以确保各方按照约定履行职责，简化合作流程，减少纠纷。通过这种方式，北京智库可以更加高效地与其他国家和地区的智库进行合作，共同推动全球性问题的研究和解决。

虚拟现实（VR）和增强现实（AR）等新兴媒介为远程会议和教学活动提供了全新的体验。利用这些技术，参与者仿佛身临其境般地参与到活动中，极大地提高了互动效果。例如，通过VR技术可以创建虚拟会议室，让身处不同地域的参会者如同面对面交流一样，增强了沟通的效果；AR技术则可以在培训和教育过程中提供更加直观的学习体验，帮助参与者更好地理解和应用研究成果。这些技术不仅提升了交流的质量，还扩大了参与者的范围，促进了知识的传播和共享。

视频会议软件、社交媒体和数字营销工具也是提升北京智库影响力的重要手段。通过Zoom、Microsoft Teams等视频会议软件，北京智库可以降低地理障碍，提升日常沟通与协作效率，减少因面对面会议所需的交通成本，提高工作效率，使得跨国合作变得更加便捷高效。同时，通过微博、微信公众号、LinkedIn等平台发布最新的研究成果、政策建议和活动预告，智库可以有效地扩大受众覆盖面，吸引更多的关注和支持。高质量的内容推送和互动策略有助于建立稳定的粉丝群体，增强智库的品牌知名度。

总之，只有不断创新思维方式和技术手段，北京智库才能在全球化进程中发挥更大的作用。通过构建国际合作网络、促进知识与人才交流、推动多边对话与政策影响以及利用现代信息技术和创新工具，北京智库可以全面提升自身实力和影响力。唯有如此，才能更好地服务于国家战略大局，助力中国在全球舞台上发出更强有力的声音。

参考文献

迟福林主编《高水平开放的中国与世界》，中国工人出版社，2021。

方力主编《全球变局下的中国机遇与发展》，人民出版社，2022。

刘宝存、傅淳华：《"一带一路"倡议下的中外人文交流机制——现状、问题与出路》，《大学教育科学》2018 年第 5 期。

伍建民主编《北京推进"一带一路"数字创新研究》，北京科学技术出版社，2023。

苏丹：《科研机构国际科技交流与合作现状研究》，《黑龙江科学》2023 年第 21 期。

国际借鉴篇 ▷

B.15
欧盟国际科技合作机制及启示

耿　楠*

摘　要：　新形势下，国际科技合作日渐成为构建开放创新格局的重要引擎和提升国家及区域科技创新竞争力的重要路径。作为全球研究与创新的佼佼者，欧盟一直高度重视科技创新发展和国际科技合作，开创了跨国资源整合与政策引领下的国际科技合作模式。欧盟制定系列国际科技合作战略，系统性开展科技计划项目，加大与第三国合作的经费保障，在加强顶层设计、建立全球伙伴关系、不同伙伴分类施策和坚持研究创新基本价值观、加强监管与评估等方面具有自己的特色，对于北京从完善国际科技合作顶层设计、扩大国际"朋友圈"、加大科技计划/项目开放力度、完善国际研究创新经费投入和监督评估机制等方面着手推进国际科技合作具有一定的启发和借鉴意义。

关键词：　欧盟　国际科技合作　顶层设计　科技计划

---

* 耿楠，北京市科学技术研究院国际与区域合作中心副主任、高级经济师，研究方向为科技管理与国际合作。

当前，百年未有之大变局加速演进，全球科技创新合作面临着前所未有的机遇和挑战。加强国际科技合作不仅是支撑科技发展的内在需求，亦是应对全球挑战的必然要求，并日渐成为构建开放创新格局的重要引擎和提升国家及区域科技创新竞争力的重要路径。

欧洲联盟（European Union，EU，以下简称"欧盟"）在科学研究与技术创新领域一直处于国际领先地位。欧盟委员会 2024 年 7 月发布的《欧盟科学、研究和创新绩效 2024》（Science，Research and Innovation Performance of the EU 2024）报告提到："2022 年，欧盟科学产出位居全球第二，科学绩效占比 18%。在科学成果开放获取方面处于领先地位，80%的出版物经过同行评审公开可用，国际联合出版物占其所有出版物的 56%。①"一直以来，欧盟高度重视科技创新发展和国际科技合作，以国际科技合作战略为引领，以科技创新计划为支撑，建立了较为成熟和有效的国际科技合作机制。可以说，欧盟开创了跨国资源整合与政策引领下的国际科技合作模式，这对于北京开展国际科技合作具有一定的启发和借鉴意义。

一 欧盟开展国际科技合作的历程

（一）20世纪50~60年代：共同体先后创建推进科技一体化

欧盟科技一体化发展的步伐始于 20 世纪 50 年代初，早于欧盟的成立。彼时，为促进科技和经济的共同发展，欧洲煤钢共同体（European Coal and Steel Community，ECSC）、欧洲经济共同体（European Economic Community，EEC）和欧洲原子能共同体（European Atomic Energy Community，Euratom）三所机构陆续成立并合并，科技一体化进程逐步推进。

1951 年 4 月，德国、法国、意大利、荷兰、比利时和卢森堡六国缔结

---

① European Commission，Directorate-General for Research and Innovation，*Science*，*Research and Innovation Performance of the EU-A Competitive Europe for A Sustainable Future*，Publications Office of the European Union，2024，https：//data. europa. eu/doi/10. 2777/965670.

条约，约定在共同管理下运营其煤炭和钢铁行业，次年，欧洲煤钢共同体正式成立。在此基础上，1958 年欧洲经济共同体和欧洲原子能共同体成立，标志着欧洲一体化延伸至一般经济合作。原子能共同体原为确立六国间的核能源政策，而后逐渐演变为核领域的科技研究组织。1965 年 4 月 8 日，三个共同体合并条约签署并于 1967 年 7 月 1 日生效，主要目的是创建单一的委员会和单一的理事会，机构进一步精简。1957 年，根据《欧洲原子能条约》，当时的欧共体联合研究中心（Joint Research Center，JRC）现欧盟委员会联合研究中心应运而生，其使命是提供独立的、基于证据的知识和科学，为欧盟对社会具有积极影响的政策提供支持，是目前欧盟委员会的 39 个总司级单位之一。

（二）20世纪70~90年代：跨国科技计划相继提出并逐步强化

这一时期，面对欧洲单一国家国际竞争力不足、产业投资重叠、内部科技资源不平衡及新科技革命落后于美国日本的不利局势，欧洲人更加意识到联合的重要性。为了整合分散的科研项目，共同承担研究费用，协调成员国的研发优势，从而获取欧共体乃至欧洲的整体优势，欧共体制定长期规划并陆续提出多项跨国科技合作研究计划，走上了科技共同体之路。

1971 年，欧洲建立了科学技术领域的第一个具有跨国性质的网络框架合作计划——欧洲科学技术合作计划（European Cooperation in Science and Technology，COST），这是第一个处于试验性科学和技术合作阶段的欧洲资助方案。该资助组织创建研究网络，在各种研究和创新框架下接受欧盟资助，迄今已有 50 多万名研究人员参与其网络活动，为科学合作奠定了基础。1984 年，具有里程碑意义的研发计划——欧盟研发框架计划（Framework Programmes，FP）出台，这是当今世界上最大的官方科技计划之一。1985 年 7 月，时任法国总统的弗朗索瓦·密特朗（François Mitterrand）提出促进欧洲国家技术合作的倡议，被命名为"尤里卡计划"（EuReKA）。欧洲科学技术合作计划、欧盟研发框架计划和"尤里卡计划""互为分工与合作，优势互补，共同构成了欧盟政府在科技联合和一体化行动中最重要的骨架①"。除此之外，欧共体还针对通信领域、信息技术、生物技术、技术转移等特定领域提出多项专项科技研发合作政策。

（三）21世纪以来：新形势下欧盟国际合作战略和科技计划不断迭代更新

新形势下，欧盟更加重视国际科技合作，先后发布多项国际科技合作战略，欧盟框架计划也不断迭代更新，预算不断增加，国际科技合作进入新阶段。2012年，欧盟委员会发布《科学、技术和创新的国际合作：应对不断变化的世界的战略》（International Cooperation in Science，Technology and Innovation：Strategies for a Changing World）。2021年5月18日，欧盟委员会发布《全球研究与创新方法：变化中的欧洲国际合作战略》（《The Global Approach to Research and Innovation：Europe's Strategy for International Cooperation in A Changing World》）。

2007年，欧盟七个框架计划（2007~2013）出台，执行期延长为7年，总预算大幅增加，为506亿欧元②。2011年11月，"地平线2020"（Horizon 2020）暨第八期研发框架计划（2014~2020年）出台，预算近800亿欧元③。2021年1月，欧盟开始实施第九期研发框架计划"地平线欧洲"（Horizon Europe）战略计划（2021~2027年），这是目前欧盟执行的最新科技创新战略计划，包括"优秀的科学、全球性挑战与欧洲产业竞争力、创新的欧洲"三大支柱，预算共计955亿欧元④。系列框架计划是目前为止持

---

① 马勇、周天瑜：《欧盟科技一体化发展及其科技合作模式研究》，《世界地理研究》2013年第1期。

② European Commission. Research and Innovation Funding 2014-2020. ［2024-08-31］. https：//wayback. archive－it. org/12090/20191127213419/https：/ec. europa. eu/researc h/fp7/index _en. cfm.

③ European Commission. Horizon 2020. ［2024－08－26］. https：//research－and－innovation. ec. europa. eu/funding/funding-opportunities/funding-programmes-and-open-calls/horizon-2020 _en.

④ Publications Office of the European Union：Horizon Europe. ［2024－08－28］. https：//op. europa. eu/en/publication-detail/-/publication/59b08976-c915-11eb-84ce-01aa75ed71a1/language-en/format-HTML/source-327609006.

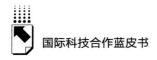
续时间最长、最为成功的跨国国际科技合作计划，促使欧盟有效地集中了创新资源、提升了科技创新能力，是欧盟实施其国际合作战略的主要工具之一。

二 欧盟开展国际科技合作的战略和具体举措

（一）欧盟国际科技合作的相关机构

在欧盟各机构及部门中，欧盟研究和创新总局（Directorate-General for Research and Innovation，DG RTD）与欧洲研究执行机构（European Research Executive Agency，REA）、欧洲创新与技术研究所（European Institute of Innovation and Technology，EIT）等，都是与科学、研究、创新及国际科技合作密切相关的。欧盟研究和创新总局主要负责欧盟的研究、科学和创新政策，委员会工作方案、战略计划、管理计划和年度活动报告等均是由该机构发布的。欧洲创新与技术研究所是 2008 年以来最大的欧洲创新网络，主要职责为推动创新方法，为全球挑战找到解决方案并将其商业化，负责"地平线欧洲"三大支柱之一"创新的欧洲"。欧洲研究执行机构管理欧盟研究基金，资助高质量的研究和创新项目，主要负责"地平线欧洲"和"地平线 2020"框架下的项目资助管理、执行欧盟促进农产品方案及运维煤炭和钢铁研究基金等。

（二）欧盟国际科技合作的主要战略

1. 首次制定：1996年发布《研究与技术开发国际合作展望》

1996 年 5 月，欧盟理事会发布《关于研究与技术开发国际合作展望的决议》（Council Resolution of Perspectives for International Cooperation in the Field of Research and Technological Development），该决议是针对 1995 年 10 月欧盟委员会提交的《研究与技术开发国际合作展望》并结合欧洲议会对外关系、发展与合作等委员会的意见发布的。这是欧盟首次针对研究与技术开发（Research and Technological Development，RTD）制定国际科技合作战略原则，亦是欧洲议会和部长理事会对相关问题首次进行辩论，充分体现了欧盟对国际科技合作的高度重视①。决议对未来欧盟国际科技合作的发展目标、研究与技术开发领域与第三国合作的原则、"差分"合作战略等均进行了明确和规划。

《研究与技术开发国际合作展望》提出了未来几年欧盟开展国际科技合作的指导原则和目标及拟采取的八项行动。指出，欧盟开展研究与技术开发活动的目标是加强欧洲的竞争力、开发面向未来市场的技术和欧盟科技伙伴关系，面对21世纪重大问题分担责任并推进研究与技术开发，推动发展中国家可持续经济增长以及科技信息共享。欧盟开展国际科技合作政策要与其他政策保持目标一致，与科技政策相互协调。

值得注意的是，欧盟对开展国际科技合作的对象按照地理经济区域进行了分类并采取"差分"的合作战略。对感兴趣合作的邻近国家或地区如中欧、波罗的海国家和地中海伙伴国家，保持牢固的科技合作关系；对于美国、日本、加拿大和澳大利亚等高度工业化国家，保持和发展研究与技术开发的机会，联合针对全球气候变化、公共卫生等挑战开展项目合作；对于拉美和亚洲等发展中国家继续保持优先关系，对于新兴经济体开展合作，对于相对落后国家针对需求开放项目等给予支持；对于国际组织和政府间协会，通过与联合国相关机构、经济合作与发展组织（Organization for Economic Cooperation and Development，OECD）和国际热核聚变实验堆（International Thermonuclear Experimental Reactor，ITER）计划等大规模大科学活动积极对话开展合作。

2. 创新发展：2012年制定《科学、技术和创新的国际合作：应对不断变化的世界的战略》

2012年欧盟委员会发布的《科学、技术和创新的国际合作：应对不断变化的世界的战略》报告核心内容延续了欧盟的一贯原则，欧盟加强与国

---

① 古征元、百华：《欧盟的国际科技合作战略》，《全球科技经济瞭望》1998年第1期。

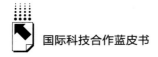
际伙伴的对话以应对全球挑战，在互利共赢的基础上开展合作，研究与创新的国际活动与欧盟的政策密切协调相互一致，保持欧盟在研究与创新方面的世界领先地位并加强其经济和工业竞争力。

该战略的创新点在于，一是提出"科学外交"并将其作为主要工具，将研究与创新国际合作作为改善与关键国家和地区关系的一种方式，反之亦然；二是提出将"地平线2020"计划对非欧盟参与者完全开放，使得欧盟研究人员能够与世界上最优秀的"大脑"合作；三是提出制定与主要合作伙伴的多年合作路线图。此外，该战略还提出要加强欧盟在国际组织和多边论坛中的作用，加强研究与创新合作执行、治理、监测和评估。

3. 新形势下新战略：2021年发布《全球研究与创新方法：变化中的欧洲国际合作战略》

2021年的《全球研究与创新方法：变化中的欧洲国际合作战略》提出欧盟应促进基于规则的多边主义，在研究和创新合作中寻求互惠开放，以共同应对全球性挑战。该战略重申欧盟对国际开放与在研究和创新方面的基本价值观的承诺，在欧盟的外交和安全政策中更加关注"科学外交"，提出欧盟的研究和创新计划将继续对世界开放。

该战略值得关注的一点是调整与优先国家和地区的合作，这一点与以往战略从根本上一脉相承，又根据国际形势进行了调整。该战略提出，欧盟应以一种微妙的、统一的方式，以平等、尊重基本权利和共同价值观的方式与非欧盟国家进行接触。欧盟将中国视为应对全球性挑战的合作伙伴、经济竞争对手和系统性竞争对手，提出将采取措施，挖掘中国新的研究和创新潜力。

4. 其他相关战略：科学、研究与创新等科技合作战略规划

2020年以来，正值欧洲研究与创新的关键时刻，除了2021年新发布的国际合作战略外，欧盟部门和协会层面也针对研究与创新发布了相关战略规划，以不断加强科技创新合作。

2020年，欧盟研究与创新总局发布了《研究与创新战略规划（2020—2024）》（Research and Innovation Strategy 2020-2024），确定欧洲绿色协议、适合数字时代的欧洲、更强大的欧洲等七大研究与创新策略，提出要与成员国、国际合作伙伴等开展广泛的科技合作。2021 年，科学欧洲（Science Europe, SE）公布了《科学欧洲战略规划（2021—2026）》（Science Europe Strategy 2021-2026）。提出将为欧洲研究确定长期前景，推动欧洲研究区政策的实施，促进成员国之间的合作，加强全球层面的研究和基于研究的创新。该规划的提出，恰逢"地平线欧洲"计划启动以及对欧洲研究区重新关注的关键时期，也是欧洲研究与创新受到气候变化、数字化转型影响的重要时期，对于欧洲的研究创新与科技合作有着重要的作用。

（三）欧盟国际科技合作的举措

1. 系统性开展科技合作计划项目并不断扩大开放程度

国际合作有助于欧盟研究人员获得欧盟以外的知识，确保欧盟企业在全球范围内保持竞争力。允许国际科研伙伴共同参与研究项目，是欧盟实现国际合作战略目标的重要方式。为加强欧盟及全球层面的研究与创新合作，欧盟设置了多项科技合作计划项目，构成了包括前文提到的三大计划在内的完整的项目体系，对于推动欧盟国际科技合作起到了至关重要的作用。其中，以欧盟研发框架计划最为核心，自 1984 年以来，经过 40 年的发展，开放程度不断加深，国际化水平不断提升，涉及领域广泛，参与国家范围也不断扩大，是欧盟开展国际科技合作的典型成功范例。

欧盟第七期研发框架计划更为重视合作研究，在每个主题领域专门设立了国际合作专项。欧盟研究与创新总局发布的《国际合作 从地平线 2020 到地平线欧洲》（International cooperation-From Horizon 2020 to Horizon Europe）提到，欧盟第八个框架计划"地平线 2020"共有来自 124 个非欧盟国家的 4700 名申请者参与；非关联国家成功率为 18%，这一数字高于欧盟平均水平的 15%[①]。《欧盟科学、研究和创新绩效 2024》报告提到欧盟框架计划的贡献时指出："2021 年，欧盟框架计划的研发资金占公共研发支出的 9.2%，占欧洲

---

① European Commission, Directorate-General for Research and Innovation, International Cooperation-From Horizon 2020 to Horizon Europe, Publications Office of the European Union, 2022, https：//data. europa. eu/doi/10. 2777/834104.

总研发支出的 3%。""欧盟框架计划是欧盟层面的重要工具，创造单个国家单独行动无法创造的协同效应。有助于促进跨国合作，应对欧盟范围内的挑战，减少重复工作，允许欧盟范围内的竞争并制定统一标准。"①

2. 针对特定领域设置专门计划项目

欧盟还针对特定领域设置了相关计划项目，为框架计划等起到了补充作用，推进了与各国专业领域的科技合作。早期针对信息技术、通信技术、数字技术等制定了多项欧洲多国合作的专项研发计划。其中，1984 年 2 月启动的欧洲信息技术战略研究计划（ESPRIT），可以说是欧洲层面众多研究和创新计划中的第一个；1985 年发布欧洲工业技术基础研究计划（BRITE），为期 4 年，旨在增加传统工业领域中先进技术的应用；1986 年的创新与技术转移战略计划（SPRINT）虽然是为期两年的过渡计划，但是非常成功。近年来，欧盟针对数字技术、卫生、能源、农业等全球关注的问题，发布了各专项计划和战略（见表 1）。

表 1 近年来欧盟特定领域专项科技合作计划（部分）

领域	项目	时间	内容和目的
数字技术	数字欧洲计划（Digital Europe Programme）	2021~2027 年	旨在提升欧盟的战略数字能力并促进数字技术的广泛部署。主要支持超级计算、人工智能、网络安全、先进数字技术等关键领域的项目。总预算超过 79 亿欧元[1]
健康	第四个欧盟卫生计划（EU4Health）	2021~2027 年	在周期内提供 51 亿欧元，预算达到以往卫生计划的 10 倍以上，用于改善和促进欧盟的健康、应对跨境健康威胁等[2]
农业	欧盟共同农业政策（2023~2027）（Common Agricultural Policy，CAP）	2023~2027 年	欧盟共同农业政策（CAP）最早于 1962 年启动，旨在保障农民利益、供应食品、应对气候变化和促进农业可持续发展

---

① European Commission, Directorate - General for Research and Innovation, *Science, Research and Innovation Performance of the EU-A Competitive Europe for A Sustainable Future*, Publications Office of the European Union, 2024, https://data.europa.eu/doi/10.2777/965670.

续表

领域	项目	时间	内容和目的
能源	欧盟能源战略（Energy Strategy）	2010~2050 年	欧盟能源战略，是欧盟实现巴黎协定承诺和能源联盟目标的长期战略，制定了 2014 能源战略、2020 能源战略、2030 能源战略和 2050 能源路线图等。旨在通过支持新的低碳技术、可再生能源的发展，推动可持续发展和环境保护

注：［1］European Commission. The Digital Europe Programme. ［2024-08-29］. https：//digital-strategy. ec. europa. eu/en/activities/digital-programme.

［2］European Commission. Questions and Answers：EU4Health Programme 2021-2027. （2021-03-26）［2024-08-29］. https：//ec. europa. eu/commission/presscorner/detail/en/qanda_ 21_ 1345.

资料来源：根据欧盟委员会官方网站资料梳理。

3. 大力开展多边和双边科技合作

根据《全球研究与创新方法：变化中的欧洲国际合作战略》，依托"地平线欧洲"等科技计划，欧盟在研究和创新领域一直保持着强有力的双边、区域合作以及与各国际组织的接触。

双边合作方面，基于共同利益和优先事项，欧盟与包括中国、澳大利亚、巴西、加拿大、印度、日本、南非、瑞士、美国等在内的 20 个国家签订了与研究与创新相关的双边科技协定①。在资金方面，中国、澳大利亚、巴西、加拿大等国家与欧盟建立了共同供资机制，共同为"地平线欧洲"提供资金。合作研究模式方面，根据是否受到欧盟资助，分为受益人和关联合伙人两类。欧盟委员会还专门成立了"欧洲科研人员网络"（Euraxess Worldwide），便于在欧洲与世界各地研究人员之间建立联系，提供相关政策和信息支持，并在中国、东盟、拉丁美洲和加勒比地区、印度、日本、韩国、澳大利亚和新西兰、非洲和北美（美国和加拿大）等多个国家和地区

---

① European Commission. Bilateral Cooperation：Science and Technology Agreements with Non-EU Countries. ［2024-08-29］. https：//research-and-innovation. ec. europa. eu/strategy/strategy-2020-2024/europe-world/international-cooperation/bilateral-cooperation-science-and-technology-agreements-non-eu-countries_en.

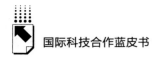

设立专门代表。

在区域合作方面，与非洲、拉丁美洲、东南亚等区域保持了对话和接触，确保与其他欧盟政策和活动的协同作用，是双边合作的有效补充。欧盟还与联合国（United Nations，UN）各机构、经济合作与发展组织、国际能源机构（International Energy Agency，IEA）等开展科技合作。例如，通过与联合国—欧盟高级别对话，同联合国定期讨论研究与创新议题，与联合国教育、科学及文化组织（United Nations Educational，Scientific and Cultural Organization，UNESCO）、联合国环境规划署（United Nations Environment Program，UNEP）、联合国工业发展组织（United Nations Industrial Development Organisation，UNIDO）、世界卫生组织（World Health Organisation，WHO）、国际原子能机构（International Atomic Energy Agency，IAEA）分别在开放科学、生物多样性和海洋、创新政策、大流行病防备和卫生研究、核安全和安保等方面开展合作。

4. 加大欧盟与第三国合作的经费保障

国际科技合作经费的投入对于国际科技合作广度和深度的发展至关重要。欧盟设置专门的预算计划并制定融资框架，用于与欧盟以外的第三国合作。2021 年 6 月，欧盟传播总局（Directorate-General for Communication）发布《全球欧洲——邻里、发展和国际合作文书》（Global Europe-The Neighbourhood，Development and International Cooperation Instrument，NDICI），提到欧盟拨出 794.6 亿欧元用于 2021~2027 年与欧盟以外的第三国合作，与前一个长期（2014~2020 年）预算相比预算增加 12%[①]。

全球欧洲将成为欧盟的主要融资工具，提高欧盟对外政策的有效性，加强与内部政策的协调，以更快地应对新的危机和挑战，促进可持续发展、繁荣、和平稳定。该文书提出三大支柱性计划，一是地理支柱，主要促进与第三国的对话与合作；二是专题支柱，用于支持人权、民主等，补充地理支柱

---

① European Commission，Directorate-General for Communication，Global Europe-The Neighbourhood，Development and International Cooperation Instrument，Publications Office of the European Union，2021，https：//data. europa. eu/doi/10. 2775/89242.

的活动；三是快速反应支柱；用于欧盟有效干预预防冲突并应对危机，提高合作伙伴国家的韧性，满足欧盟外交政策需求。此外，还有 95.3 亿欧元作为补充性灵活资金，用于应对新挑战和优先事项。地理支柱部分，每个区域根据各自国家和区域的需求和优先事项开展合作，并匹配不同额度的预算资金，这与欧盟的战略优先事项相符合，也与欧盟针对不同伙伴的"差分策略"一脉相承（见图 1、图 2）。

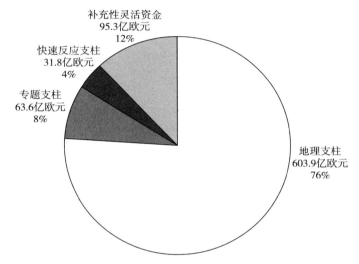

图 1　NDICI-Global Europe 欧盟与欧盟以外的第三国合作整体预算

资料来源：《全球欧洲—邻里、发展和国际合作文书》及相应计算。

该计划还包括一个针对地理支柱资助的外部活动的投资框架，从公共和私营部门筹集额外资金，由欧洲可持续发展基金（European Fund for Sustainable Development，EFSD）和外部行动保证（External Action Guarantee）的两部分组成，加上私营部门和杠杆效应，可能会在该计划预算周期内调动超过 5000 亿欧元的投资。

5. 优化国际科技合作和国际研究项目管理

欧盟还成立了代表公共组织的组织，协助成员建立国际合作新机制，优化国际科技合作和国际研究项目管理。2011 年，欧洲多个科研和基金组织

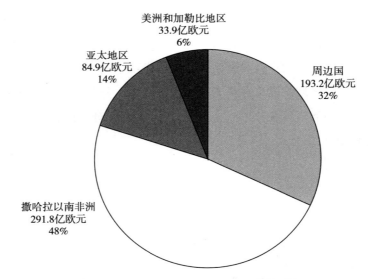

图 2　NDICI-Global Europe 地理支柱预算

资料来源：《全球欧洲—邻里、发展和国际合作文书》及相应计算。

的代表联合成立名为"科学欧洲"的科学机构，资助或开展欧洲优秀的开创性研究。现有来自 29 个欧盟和非欧盟国家的 40 家机构组成，成员机构每年大概有超过 250 亿欧元用于研究[①]。

"科学欧洲"支持 12 个成员组织发起一项跨欧洲倡议"Weave"协议，这是首次由如此多的资助者制定倡议来促进结构性的双边和三边科学合作。Weave 旨在简化合作研究提案的提交和选择程序，为科研人员开展国际合作研究提供便利。Weave 基于"牵头机构代理原则"[②]，涉及两个或三个欧洲国家或地区的研究人员联合申请项目时，选择牵头机构作为协调申请人，向其对应国家或地区的 Weave 资助组织提交提案，只需进行一次评估，后续将资助建议传达给其他合作伙伴机构，用于批准预算，有助于保障科研人员开展跨国研究的便利性和提高积极性。目前已有来自德国、奥地利、捷克、波兰等 11 个国家的 12 个资助机构加入并实施该协议。

---

① Science Europe. ［2024-08-31］. https：//www. scienceeurope. org/.
② 鲍悦华：《欧盟国际科技合作机制及对我国的启示》，《上海质量》2022 年第 8 期。

三 欧盟开展国际科技合作的特色和成功经验

（一）高度重视顶层设计，引领科技合作方向

欧盟开展国际科技合作，最显著的特点之一就是制定前瞻性和引导性的顶层设计。设置专门的机构、制定一脉相承又不断更新的战略，进行严谨细致地分类指导，引领科技合作方向，从其宏观性、前瞻性和定期性来说，有点类似于我国的"五年规划"及各领域专项规划，如科学和技术发展规划。

管理机构方面，欧盟有专门的机构如欧盟研究与创新总局、欧洲研究执行机构和创新与技术研究所等，分别负责研究、科学和创新战略的制定、研究基金管理和框架计划项目资助管理、创新网络及框架计划中的创新项目等工作，各司其职，密切合作。国际科技目标方面，欧盟国际科技合作一贯遵循一致原则：国际合作须服务于欧盟的整体利益；保持欧盟研究创新优势、增强欧盟经济与工业竞争力，符合欧盟科学、技术和经济社会发展目标；以欧盟的对外政策和发展援助计划为根本，与欧盟其他政策保持一致和互补，建立跨部门小组组织协调。项目和研发方面，设置系统、完善、互补的项目体系，为欧盟内专家和各国专业人士搭建科研和交流平台，激发创新主体的能动性。

（二）建立全球伙伴关系，扩大欧盟"朋友圈"

欧盟通过系列国际科技合作战略、计划和文书，从顶层设计、具体举措和经费保障层面，促进全球伙伴关系的建立，欧盟的全球伙伴范围和合作领域进一步扩大。

以"地平线欧洲"为例，欧盟研究与创新总局发布的《地平线欧洲实施情况关键数据（2021-2023）》（Horizon Europe Implementation Key Figures 2021-2023）提到，与"地平线2020"相比，"地平线欧洲"开放程度进一

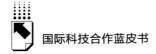

步扩大，地理覆盖范围更广，引起了 187 个国家的兴趣①。欧盟与日本开展数字健康与老龄化：老年人的智能生活环境相关合作，与印度初创企业加强在电动汽车电池回收技术方面的合作；加拿大研究人员和组织获得了与欧盟同行平等参与"地平线欧洲"的机会，截至 2024 年 7 月，加拿大机构参与该计划下的 155 个项目，已从该计划收到超过 600 万欧元。截至 2024 年 7 月 3 日，已有 19 个国家以欧洲经济区（EEA）成员资格、欧盟加入国、候选国和潜在候选国或第三国家和地区等不同身份加入，与韩国、瑞士、日本和新加坡的会谈也在进行中②。

（三）分类施策，针对不同类型伙伴采取"差分策略"

欧盟对不同的合作国家采取不同的合作定位和策略，这一点在欧盟各国际合作战略和框架计划中均得到充分体现。值得一提的是，针对周边国家合作，欧盟于 2004 年提出《欧洲睦邻政策》（European Neighbourhood Policy，ENP），旨在加强同与欧盟关系密切的 16 个东部和南部邻国的关系，促进周边国家的稳定和繁荣。"地平线 2020"和"地平线欧洲"即针对国际合作伙伴国家和地区分别制定了不同的合作方式，根据研发创新能力、市场准入机会、对国际承诺的贡献以及现有的研发创新框架条件确定不同合作领域，这和欧盟《全球研究与创新方法：变化中的欧洲国际合作战略》等国际合作战略一脉相承。

"地平线 2020"对于欧洲经济区、欧洲自由贸易联盟和欧盟扩大国家，重点是促进融入欧洲研究区；对于欧洲邻国政策国家，目标是支持创新空间，包括学术领域的流动性和能力建设；对于工业化国家和新兴经济体，重点是提高竞争力，共同应对全球挑战；对发展中国家来说，重点是促进

---

① European Commission, Directorate – General for Research and Innovation, Horizon Europe Implementation– Key Figures 2021 – 2023, Publications Office of the European Union, 2024, https：//data. europa. eu/doi/10. 2777/646835.

② European Commission. Canada Joins Horizon Europe Programme. ［2024 – 08 – 29］. https：// ec. europa. eu/commission/presscorner/detail/en/IP_ 24_ 3626.

其可持续发展和应对全球社会挑战，如绿色经济、气候变化、农业、食品安全和公共健康等。"地平线欧洲"则扩大对第三国联盟的开放程度，继续对工业化国家和发展中国家进行全面开放，继续资助中低收入国家；开展有针对性的行动，按照欧盟的优先事项开展战略性的国际合作。

（四）坚持研究创新基本价值观，加强监管与评估

欧盟一直坚持对国际开放和研究创新方面的基本价值观的承诺，关于国际研究的原则和价值的多边对话是欧盟国际合作战略的关键因素。多边对话于 2022 年 7 月启动，汇集了全球六大洲 46 个国家利益相关组织的代表①。自 2022 年 10 月以来，已经举办了 8 次多边研讨会，主题分别为学术自由、道德和研究诚信、性别平等和包容性、开放科学、卓越研究、知识价值化、研究安全、鼓励与中低收入国家建立公平的研究和创新伙伴关系。

欧盟高度注重科技创新与社会价值相结合。"地平线 2020" "明确将'责任式创新'（Responsible Research and Innovation，RRI）纳入政策范围，并将其重要性提升至全球战略高度"②。"地平线欧洲"制定了具有欧洲价值观的科学、技术和创新整体原则，包括学术自由，研究伦理和诚信，性别平等、多样性和包容性，开放的数据和开放的科学，加强标准化研究以及循证决策。

监管和评估方面，欧盟认为研发、技术和创新合作是动态发展的，应采取必要的工具和方法，对相关合作进行监管和评估。欧盟会对框架计划进行事前评估、中期评估、事后评估和定期监测等，从是否符合预设目标，计划实施情况，跨部门协调及欧盟增值是否实现，针对优先计划、最初设定的量化指标和配套计划等进行评估，并根据评估结果对计划进行调整。

---

① European Commission. Multilateral dialogue on principles and values. ［2024－08－29］. https：// research － and － innovation. ec. europa. eu/strategy/strategy － 2020 － 2024/europe － world/ international－cooperation/multilateral－dialogue－principles－and－values_ en.

② 薛桂波、安多尼·伊瓦拉、赵一秀：《欧盟责任式创新政策演变及对中国政策的启示》，《自然辩证法研究》2016 年第 11 期。

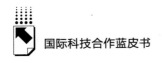
四 欧盟开展国际科技合作对北京的启示

北京市始终坚持创新引领，出台了《北京国际科技创新中心建设条例》《北京市推进"一带一路"高质量发展行动计划（2021—2025年）》等多项相关规划和政策文件并采取多项措施，主动融入全球创新网络，促进与不同国家和地区的科技合作与交流。然而，科技革命和大国博弈相互交织的新形势以及国际科技创新中心建设背景下，北京也面临一定的压力和挑战，国际科技合作在统筹协同、监督评估、国际化创新生态环境建设、统筹开放和安全等方面仍有不足之处。欧盟在开展国际科技合作方面的许多做法，对于北京拓展国际科技合作新路径具有重要的借鉴意义。

（一）进一步完善国际科技合作顶层设计

综观欧盟开展国际科技合作的历程，前瞻性的顶层设计起到了重要甚至关键性的作用。面对新形势，北京市可在现有国际科技合作的顶层设计和系统布局基础上，进一步完善市级层面统筹协调机制。强化政府和民间力量的"双轮驱动"，进一步发挥高校、科研院所、企业、协会学会等多种主体的力量；结合现阶段发展需求，进一步强化关键技术的战略布局，充分发挥政府引领作用，系统性开展国际科技合作项目；加强现有国际科技合作资源整合，加强信息和资源共享，搭建国际科技合作平台，发挥聚合协同作用。

（二）不断扩大北京的国际"朋友圈"

不断促进全球伙伴关系的建立并针对不同类型的伙伴采取不同的合作定位和策略，是欧盟国际科技合作的重要特点之一。截至2023年6月，北京市、区两级国际友好城市和友好交流城市达260个，共有113家国际组织在京落户，各类国际组织总部和代表机构数量均居全国首位①。未来，可与共建"一带一路"国家和地区建立更加广泛的科技合作网络，提高科技合作的质量与水平。充分利用市、区两级友好城市和在京国际组织、各类峰会论坛等国际合作交流平台，拓展多元化合作伙伴，积极融入全球创新网络。同时，结合不同伙伴的特点，针对不同国际科技合作重点，有针对性地制定合作策略和措施，分别制定合作路线图，系统开展交流合作。

（三）加大科技计划和项目开放

"国家科技计划对外开放是吸引国际科技智力资源、促进国内外科研合作的有效举措。"② 对非欧盟参与者开放和其较高的开放程度，是欧盟框架计划的重要特点。2023 年北京市自然科学基金开始试点设立外籍学者项目③。2024 年，北京市自然科学基金第一批项目中，资助外籍学者"汇智"项目 61 项，资助经费 1168.6 万元④，占第一批项目资助总金额的 5.06%。未来，可对外籍学者项目进行充分跟踪评估，探索加大科技计划、项目开放和转变开放模式的可行性，如实施科学交流计划、尝试设立面向全球的科学研究基金等，吸纳国际顶尖专家学者在京开展科研工作，汇聚全球智力资源。

（四）完善国际研究创新经费投入和监督评估机制

多元化经费投入和有效的监督评估是欧盟开展有效国际科技合作的有力保障。"加大全社会科技经费投入是促进技术进步、实现创新驱动、推动高

---

① 《北京国际交往中心功能建设实现"五个全面提升""一核两轴多板块"空间新格局加速形成》，《北京日报》2023 年 6 月 27 日。

② 黄宁：《构建开放创新生态：政策重点与现实挑战》，《全球科技经济瞭望》2023 年第 6 期。

③ 北京市自然科学基金委员会办公室：《关于 2023 年度北京市自然科学基金外籍学者项目申报的通知》，北京市人民政府网站（2023 年 5 月 23 日），https：//kw.beijing.gov.cn/art/2023/5/23/art_736_643556.html。

④ 北京市自然科学基金委员会办公室：《关于发布 2024 年度北京市自然科学基金第一批项目资助决定的通知》，北京市人民政府网站（2024 年 6 月 20 日），https：//kw.beijing.gov.cn/art/2024/6/20/art_736_677266.html。

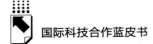

质量发展的必然要求。"① 未来，可探索通过鼓励社会各界捐赠、建立研究创新基金、积极探索科研活动协同合作众包众筹和完善融资保障机制等方式，畅通社会投资渠道，构建多元化的研究投入体系。此外，不断优化国际科技合作项目和科技成果转化评价机制，遵循科技创新和成果评价的原则，强调以科技创新质量、绩效及贡献为主导的评价理念，借助专业的评价机构力量，组建专业性评价团队，为国际科技合作和成果转化提供制度保障。

参考文献

范英杰、刘丛强：《欧盟科技国际合作战略分析及启示》，《中国科学基金》2017 年第 4 期。

路蒙佳：《欧盟科技创新战略及其对中欧科技合作的影响》，《中国科技论坛》2024 年第 1 期。

黎懋明、殷广、李平等：《英国的科技管理与欧盟的科技计划评估》，《中国科技论坛》1995 年第 6 期。

弗朗索瓦·卢斯、周瑞、亨利·德·格罗索夫等：《国际新形势下欧盟–中国战略合作机遇——政治、环境和科技挑战》，《当代中国与世界》2021 年第 2 期。

孙艳：《欧盟参与科技创新国际合作的机制和经验》，《国际经济合作》2014 年第 12 期。

张健雄：《欧盟经济政策概论》，中国社会科学出版社，2006。

隗颖洁：《欧盟科技一体化发展政策研究》，武汉大学硕士学位论文，2020。

---

① 贾永飞、尹翀：《加大基础研究投入 给科技创新注入"强心剂"》，《中国科技奖励》2021 年第 3 期。

B.16
英国国际科技合作经验及其对北京的启示

刘 畅*

摘 要： 新一轮科技革命和产业变革深入发展，国际科技合作是增强国家科技创新能力的重要举措。英国的科学技术实力仍处于世界领先地位，其国际科技合作机制和举措对于北京加快国际科技创新中心建设具有借鉴价值。脱欧后，英国提出重返"全球英国"战略，锚定全球"科技超级大国"目标，重新架构科技管理体系，建立全球科技创新合作网络，积极参与多边国际科研合作并优化移民政策等，不断加强英国在全球科技领域的领导力。北京应借鉴其成功经验，完善国际科技合作顶层设计，积极融入全球科技创新网络，明确优先合作领域，积极打造类国际化创新生态环境，加快国际科技创新中心建设。

关键词： 英国 国际科技合作 国际科技创新中心 北京

引 言

世界百年未有之大变局加速演进，新一轮科技革命和产业变革深入发展，全球性挑战不断加剧，仅凭一国之力难以解决全球问题，国际科技合作逐渐成为应对全球挑战和共同突破科技难题不可或缺的路径①。2024 年 7 月

---

* 刘畅，北京外国语大学博士研究生，北京市科学技术研究院国际与区域合作中心高级经济师，研究方向为国际科技合作与国际传播。

① 张建、李昕龙：《俄罗斯科技外交的发展进程、实践路径与启示》，《俄罗斯研究》2024 年第 3 期，第 35~67 页。

18 日，第二十届中央委员会第三次全体会议审议通过《中共中央关于进一步全面深化改革、推进中国式现代化的决定》中指出，"扩大国际科技交流合作，优化高校、科研院所、科技社团对外专业交流合作管理机制。"北京市委书记尹力在 2024 年 7 月 23 日围绕"深入学习贯彻党的二十届三中全会精神，加快推进中关村新一轮先行先试改革"到海淀区调研，并指出"进一步深化科技交流合作机制改革，在推进国际科技开放发展上当先锋作表率"，为北京推进国际科技创新中心建设提出了更高要求。

英国作为传统科技强国，曾是近代全球主要的科学中心之一，现今英国的科学技术实力仍处于世界领先地位。根据世界知识产权组织（World Intellectual Property Organization，WIPO）发布的 2023 年全球创新指数（Global Innovation Index，GII），英国排名全球第四[①]。脱欧后，为保持其在全球科技领域的领先地位，英国积极布局国际科技合作，实施一系列重返全球"科技超级大国"举措，其成功经验对于北京加快国际科技创新中心建设具有借鉴价值。

一 英国国际科技战略与合作机制

2020 年，英国"脱欧"取得历史性突破，1 月 31 日英国正式"脱欧"，结束了长达近 50 年的欧盟成员国身份。2021 年，为超越欧洲立足全球，英国提出重回"全球英国"战略以及成为全球"科技超级大国"目标。为此，英国制定纲领性文件，重组成立相关科技部门和机构，描绘国际科技合作路线图，旨在进一步增强全球科技事务中的影响力。

（一）发布纲领性战略文件，开启"全球英国"下的"科技超级大国"

2021 年 7 月，英国约翰逊政府发布纲领性战略文件，充分阐述了科技

---

① The World Intellectual Property Organization（WIPO）. ［J/OL］.（2023 - 05）https：//www. wipo. int/documents/d/global - innovation - index/docs - en - wipo - pub - 2000 - 2023 - en - main - report-global-innovation-index-2023-16th-edition. pdf.

的战略先导地位。《竞争时代的全球英国：安全、国防、发展和外交政策综合评估报告》（"Global Britain in a Competitive Age：the Integrated Review of Security，Defence，Development and Foreign Policy"，以下简称《竞争时代的全球英国》），锚定英国在"全球英国"视野下以科技创新为驱动来打造超级大国的战略目标，明确数字时代要依靠科技作为根本支撑，在人工智能等关键领域确立领先优势，抢占未来发展制高点，以期塑造全球性大国角色和领导地位。此外，《竞争时代的全球英国》指明国际合作对科技创新的引领作用，通过优化英国全球创新合作关系网络和积分制移民体系，不断吸引海外顶尖人才和外资，将英国打造为全球服务、数字和数据中心，为英国加强国际科技合作做出了顶层设计和统筹谋划。

2023 年 3 月，为尽快成为"科技超级大国"，英国发布《英国科技框架》（UK Science and Technology Framework）文件，明确国际科技合作愿景并制定了科技行动指南。文件以深化国际合作在内的 10 项关键行动内容为引领，以巩固在 2030 年之前英国作为科学和技术超级大国的地位。在国际科技合作方面，《英国科技框架》提出支持关键技术和部门发展的国际伙伴关系、塑造全球科技格局、保护自身安全利益的愿景。此外，文件制定了多项国际合作措施和目标及科技领域的初期工作，如推出 1.19 亿英镑的国际科学合作基金等（见表 1）。

表 1　英国国际科技合作措施、目标和初期工作

英国国际科技合作	具体内容
措施和目标	1. 建立多样化的重点科技国际伙伴关系
	2. 推动长期研究和基础设施伙伴关系
	3. 设立开发国际合作基金
	4. 有效部署科学创新网络
	5. 权衡开放合作和投资的安全风险
	6. 建立基于科技知识和创新网络的外交网络

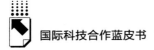

续表

英国国际科技合作	具体内容
初期工作	1. 推出 1. 19 亿英镑的国际科学合作基金
	2. 扩大英国的技术特使网络，建立外交网络
	3. 建立英国技术专家中心
	4. 发展与新兴和领先技术国家的伙伴关系

资料来源：《英国科技框架》文件。

（二）重组国家科研管理体系，制定国际科技合作路线图

1. 成立英国科学、创新和技术部（Department for Science, Innovation & Technology, DSIT）

在《竞争时代的全球英国》的战略框架下，英国政府重组科研管理机构和体系，成立英国科学、创新和技术部（DSIT）来应对技术变革带来的机遇和挑战。2023 年 2 月，原商业、能源和工业战略部（Department for Business, Energy & Industrial Strategy, BEIS）与数字、文化、媒体和体育部（Department for Digital, Culture, Media and Sport, DCMS）两个机构进行调整，与科技相关的管理职能和人员整合重组为 DSIT。新组建的 DSIT 肩负实现英国"科技超级大国"的使命，职责包括建立世界一流的研究领域和全球创新合作网络，提升全国科技研发投入水平，使英国始终处于全球科技最前沿地位。

DSIT 于 2023 年 3 月发布《英国国际技术战略》（The UK's International Technology Strategy），制定了加强国际科技合作的重点领域和优先行动图，锚定人工智能、量子技术等六大重点合作领域以及十项优先行动（见表 2)①。

---

① GOV. UK. [J/OL]. The UK's International Technology Strategy, (2023 - 03 - 22), https：// www. gov. uk/government/publications/uk - international - technology - strategy/the - uks - international-technology-strategy#chapter-2-our-6-strategic-priorities.

表 2　英国国际科技合作的重点领域和优先行动

名称	具体内容
六大重点合作领域	人工智能、量子技术、工程生物学、半导体、电信和数据
十项优先行动	1. 利用国际合作来支持英国科学和技术框架的实施,通过与重点合作国家的交流,制定英国跨政府的国际科技合作实施计划
	2. 在国际技术战略、实施计划和伙伴关系中坚持英国的利益和原则,提供基于价值观的技术领导
	3. 创建新的专业技术中心,作为英国合作伙伴关系的一部分。为合作国家提供获取英国知识的途径,以支持全球的可持续增长
	4. 建立广泛和有能力的技术外交网络。增加英国技术特使的数量,在英国的全球合作网络中积极活动,并通过培训、借调和招聘等方式提高英国科技外交官的能力
	5. 塑造全球科技治理体系,创建经济合作与发展组织(Organization for Economic Co-operation and Development, OECD)的全球科技论坛
	6. 与世界各地的主要合作伙伴建立优先的科技合作关系,实现互利的目标并释放新的机会
	7. 用好英国在国际电信联盟(International Telecommunication Union, ITU)理事会的席位,塑造全球技术标准生态系统
	8. 利用英国外交部对外研发资助,为全球性挑战提供英国方案
	9. 与产业界合作,协调政府各部门的工作;促进英国领先技术的出口,吸引外国直接投资进入英国的技术领域
	10. 通过英国驻外使馆和高级委员会,在全球推广英国的最佳技术

资料来源:《英国国际技术战略》。

2. 重组英国科研与创新署(UK Research and Innovation, UKRI)

英国科研与创新署（UKRI）重组后于 2018 年 4 月正式运行，成为英国最大的科学研发公共资助机构。UKRI 在英国科研创新体系建设与发展中发挥重要作用，重组后的 UKRI 首次统筹 9 家委员会，包括 7 家理事会和 2 家区域研究署（见表 3）。作为英国科技创新的引擎，UKRI 每年总预算超过 80 亿英镑①，并由 BEIS 提供资助，在制定各学科领域国际科技合作战略与政策、推动英国的国际科技合作中扮演着重要角色。

① UK Research and Innovation. ［J/OL］. UKRI Strategy 2022-2027, (2023-03-16), https: // www. ukri. org/wp - content/uploads/2022/03/UKRI - 210422 - Strategy2022To2027Transforming TomorrowTogether. pdf .

表3 英国科研与创新署（UKRI）委员会组成

机构	类别	委员会名称
英国科研与创新署委员会	理事会	1. 艺术及人文科学研究理事会（Arts and Humanities Research Council，AHRC）
		2. 生物技术与生物科学研究理事会（Biotechnology and Biological Sciences Research Council，BBSRC）
		3. 经济和社会研究理事会（Economic and Social Research Council，ESRC）
		4. 工程和物理科学研究理事会（Engineering and Physical Sciences Research Council，EPSRC）
		5. 医学研究理事会（Medical Research Council，MRC）
		6. 自然环境研究理事会（Natural Environment Research Council，NERC）
		7. 科技设施理事会（Science and Technology Facilities Council，STFC）
	研究署	8. 英国创新署（Innovate UK）
		9. 英格兰研究署（Research England）

资料来源：英国科研与创新署官网。

2022年3月，UKRI首次发布五年期战略《2022—2027年战略：共同改变未来》（UKRI Strategy 2022 to 2027：Transforming Tomorrow Together，以下简称《战略》），致力于构建一个卓越的科研创新体系，推动以创新为驱动的经济，确保英国科技领域的领先地位。《战略》明确了六大战略目标以及16个优先事项等，改变了以往仅由其独立法人下属研究理事会和机构各自制定重点方向、没有总体层面战略统筹的现状。2022年10月，UKRI制定发布《国际战略框架》（UKRI International Strategic Framework），首次提出了UKRI整体国际科技合作原则和路径，通过遵循参与度、互联互通等四大原则，实施加强国际基础设施合作等六大战略，利用全球人才签证和基金等渠道吸引国际科研人才，同时增强英国在重要国际科技组织的影响力（见图1）。

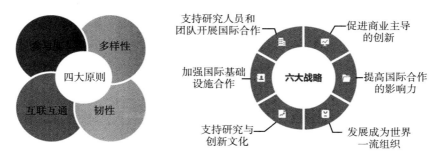

图 1　UKRI 国际科技合作四大原则和六大战略

资料来源：UKRI《国际战略框架》。

二　英国国际科技合作具体举措

英国首相鲍里斯·约翰逊（Boris Johnson）在《竞争时代的全球英国》前言中指出，"英国将向世界开放，自由地走自己的路，拥有遍布全球的朋友和合作伙伴网络，并有机会建立新的、更深层次的关系"。为实现全球科技超级大国愿景，英国通过建立全球科技创新合作网络、设立多个国际科技合作基金、积极参与多边国际科研合作、调整签证移民政策，在世界范围内共享知识和数据等突破性科技成果，吸引全球科技人才，加强英国在重要国际组织中的领导力，影响全球科技创新格局。

（一）建设遍布全球的科技创新合作网络

英国通过科技外交加强与世界各地联系，建立遍布全球的科技研究与创新中心、海外办公室，积极融入全球创新网络。为应对国际科技创新合作需要，英国外交部（Foreign，Commonwealth & Development Office，FCDO）与英国商业、能源与产业战略部（Department for Business，Energy & Industrial Strategy，BEIS）在 2000 年建立管理科学与创新网络（Science and Innovation Network，SIN）。SIN 与派驻地的科学创新社区密切合作，促进英国和东道国合作共赢。SIN 在全球 40 多个国家和地区拥有大约 100 名官员，在信息与通信技术等 10 个战略性新兴科技领域促进英国科技合作。① SIN 官员中外派人员和当地招聘人员数量保持合理平衡，大概 1/2 人力资源集中在亚洲，1/4 在欧洲。与此同时，英国科研创新机构 UKRI 与英国各使馆以及高级官员合作，在北美（华盛顿特区）、印度（新德里）、欧洲（布鲁塞尔）和中国（北京）分别设立海外办公室，并且在冈比亚、乌干达、南极洲和北极圈的斯瓦尔巴特群岛也有著名的研究设施，吸引了世界各地的科技合作伙伴。

（二）建立多层次国际科技合作资助体系

英国通过设立多个国际基金，建立了多层次、多样化的国际科技合作资助体系，不断推动英国科研机构和科研人员深层次参与国际科技交流合作。国际科学伙伴关系基金、牛顿基金和全球挑战研究基金在资助目标、资助方式、资助方向及资助对象等方面各具特色，从不同维度构建了多层次国际科技合作资助体系。

1. 国际科学伙伴关系基金（International Science Partnerships Fund, ISPF）

英国政府承诺，到 2025 年通过国际科学伙伴关系基金（ISPF）投入 3.37 亿英镑②，用于资助本国研究人员和创新者能够与国际合作伙伴合作，开展多学科研究项目，解决时代最重要的议题：地球、健康、技术和人才。该基金于 2022 年 12 月启动，初始资金为 1.19 亿英镑。2023 年 11 月，又宣布追加 2.18 亿英镑，用于与中低收入国家建立研究和创新伙伴关系，以支持可持续发展。ISPF 是英国优先考虑战略性国际科学伙伴关系承诺的一部分，将帮助英国及其合作伙伴联合研究并获得更大产出。ISPF 由英国科学、

---

① Science and Innovation Network，（2022-12-10），https：／／www. gov. uk／world／organisations／uk-science-and-innovation-network.

② GOV. UK.［J/OL］. International Science Partnerships Fund（ISPF），（2023-11-03），https：／／www. gov. uk/government/publications/international-science-partnerships-fund-ispf/international-science-partnerships-fund-ispf.

创新和技术部管理，由英国领先的研究机构包括英国皇家工程院等 10 家单位组成的联盟提供。通过基金，英国与美国、加拿大和澳大利亚合作开展了全球清洁能源和气候变化中心项目，加快社会经济发展和技术创新，推动能源转型，使英国继续在应对气候变化中发挥全球领导作用。

2. 牛顿基金（Newton Fund）

牛顿基金是一项旨在加强英国与新兴知识经济体之间研究和创新伙伴关系的倡议，以促进国家经济发展和社会福利。该基金总投资为 7. 35 亿英镑①，根据政府间协议支持英国和其他国家建立 17 个伙伴关系，牛顿基金合作伙伴国家是：巴西、智利、中国、哥伦比亚、埃及、印度等。通过牛顿基金继续加强英国的研究和创新体系，支持英国更广泛的繁荣和提升全球影响力。牛顿基金的一个显著特征是要求每个伙伴国家匹配相应的资金。这种模式从一开始就将合作融入研究中，并改变了英国与伙伴国家的关系，进一步加速合作。英国商业、能源与产业战略部（BEIS）2022～2023 财年向 UKRI 追加拨款 2370 万英镑②，其中一部分分配给牛顿基金，用于确保一些新的后续活动执行和各种国际伙伴关系维护。这些项目主要针对以全球粮食安全和健康为重点的项目，以配合英国政府应对全球挑战的国际发展战略。

3. 全球挑战研究基金（Global Challenges Research Fund, GCRF）

全球挑战研究基金（GCRF）以国际合作为特色，是英国官方发展援助（UK's Official Development Assistance，ODA）的一部分，支持对影响发展中国家的全球问题的前沿研究和创新，提高英国与发展中国家在研究、创新和知识交流方面的能力。GCRF 于 2016 年启动，至 2021 年预算投资 15 亿英镑，资助应对全球挑战的杰出研究项目和研究人员，促进英国研究人员与主

---

① Department for Business, Energy & Industrial Strategy . ［J/OL］. （2020 - 08），https：//assets. publishing. service. gov. uk/government/uploads/system/uploads/attachment _ data/file/1165497/newton-fund-operational-framework. pdf.

② UK Research and innovation. ［J/OL］. Additional funding boost for GCRF and Newton projects，（2022-06-28），https：//www. ukri. org/news/additional-funding-boost-for-gcrf-and-newton-projects/.

要伙伴国家科技合作，支持发展中国家的下一代研究带头人，实现联合国可持续发展目标。基金由英国商业、能源与产业战略部（BEIS）实施整体战略监管，通过 9 个执行合作伙伴进行资金分配，其中包括英国研究理事会、英国航天局及其他资助机构等。BEIS 对 GCRF 进行全面的战略监督，但GCRF 对个人研究优先事项和卓越性的决定权独立于 BEIS。

GCRF 由 BEIS 研究和创新 ODA 委员会（BEIS Research and Innovation ODA Board）监督，该委员会由英国大学、科学、研究和创新部长（UK's Minister for Universities，Science，Research and Innovation）担任主席。GCRF 对需要紧急研究的情况做出快速反应，与牛顿基金形成互补。GCRF 共资助 120 多个国家和地区 500 多个项目，例如联合危地马拉研究人员利用地球观测和卫星导航技术监测该国森林滥伐状况和土地使用的变化。

（三）积极参与多边重点科技合作

英国积极参与多边科技合作，包括参与"地平线欧洲"科技计划（Horizon Europe）、尤里卡（Eureka）计划等，同时还发起并参与重点国际基础设施建设和研究，包括开放研究领域（Open Research Area，ORA）和欧洲核子研究中心（European Organization for Nuclear Research，CERN）等，从而在世界范围内共享知识和数据等突破性科技要素，并通过加强英国在重要国际组织中的领导力，影响开放研究领域全球科技创新格局。

1. 开放研究领域

ORA 起源于 UKRI 的经济和社会研究委员会（Economic and Social Research Council，ESRC）与法国、德国和荷兰之间的一项协议，共同呼吁，资助最高质量的联合研究项目来加强社会科学领域的国际合作。ORA 根据研究人员的工作地点和每个机构的资助规则，在各国家机构之间分配资金。到 2023 年底，ORA 已资助了 60 多项国际合作提案。

2. 欧洲核子研究中心

CERN 拥有来自超过 75 个国家的 13000 多名研究人员，主要任务是探索宇宙本质，英国是 12 个创始成员之一。CERN 已产生多项世界级突破性科技重大进步，包括万维网、正电子发射断层扫描仪探测器、触摸屏、光纤传感器和超级计算等。在 CERN 项目中，英国科学家参与了 8 项诺贝尔奖项目中的 3 项，包括 2013 年希格斯玻色子研究的诺贝尔物理学奖项目。

（四）多措并举网罗全球顶尖人才

为成为国际人才的首选地，英国不遗余力优化移民制度和政策，吸引世界各地最优秀的科学家、研究人员和创新者来到英国并定居，通过各类人才签证计划最大力度网罗全球顶尖科研人才。

1. 全球人才签证（GLOBAL TALENT VISA）

英国内政部（Home Office）在 2020 年推出"全球人才签证"，以此来吸引全世界顶尖的科研人员和技术人才。和以往的签证相比，"全球人才签证"不区分国籍，无名额上限、审批速度快，最快 3 年便可申请永久居留。为网罗全球科技人才，"全球人才签证"中的研究与创新人才审批不是英国内政部而是由 UKRI 管理，使得签证申请人能够被科研机构快速评估，确保全球顶尖科技人才快速进入英国科研创新领域。

2. 高潜力人才签证（High Potential Individual visa）

2022 年 5 月，英国内政部启动高潜力人才签证，这是继"全球人才签证"后的又一力举，旨在吸引事业刚刚起步的"最聪明和最优秀"的人才到英国就业。该签证对申请人条件进一步放宽，规定全球排名前 50 院校中的海外高校过去 5 年的毕业生均可申请，无国籍要求、无需英国雇主担保。通过后可获得为期 2 年或 3 年的工作签证，并允许携带家属。未来若符合条件，该签证还可以转为其他长期就业签证。根据英国政府网站此前发布的清单，符合条件的 50 所大学包括哈佛大学、耶鲁大学、麻省理工学院等 20 所美国高校，以及加拿大、德国、法国、澳大利亚、瑞士、日本、中国、新加坡等国的高校。其中，中国高校有香港大学、香港中文大学、清华大学、北京大学。

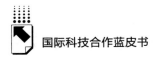

三　英国国际科技合作主要特点

（一）重视顶层设计与统筹

2021年以来，英国相继发布纲领性文件并重组科研管理体系，从顶层进行设计规划与战略统筹。从政府层面、科技部、创新研究机构分别出台不同层面政策和文件，包括《全球英国战略报告》《英国国际技术战略》《国际战略框架》等，构建了由高到低的三级国际科技合作机制（见图2）。这些战略已成为英国各部门对外科技合作的纲领性文件，决定了国际科技合作重点领域、优先事项、重点项目等，同时也是英国政府、科研机构和企业界国际科技合作协调基础。此外，英国重构科研管理体系，成立英国科学、创新和技术部并重组英国国家科研与创新署（UKRI）等机构，把人工智能等五项新技术与生命科学和绿色科技结合起来，首次整合前沿领域，集中领导权，以便更好地执行既定的战略目标。

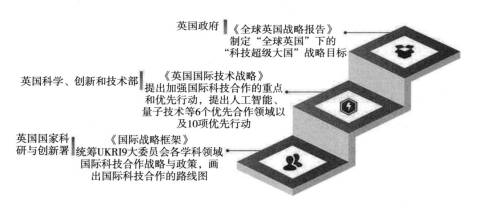

图2　英国三级国际科技合作机制

资料来源：《全球英国战略报告》《英国国际技术战略》《国际战略框架》。

（二）超越欧洲，积极融入全球创新网络

脱欧后英国开启了历史新篇章，从政府层面提出"全球英国"远大愿

景，目标在 2030 年成为全球科技超级大国。此后，英国积极发展超越欧洲、具有全球视野的科技创新伙伴关系和创新网络，与之在全球事务中的角色定位相适配。通过进一步拓展与重点区域国别开展双边科技人才交流、政府间国际科技项目合作，积极参与重要多边国际科技组织、大科学基础设施建设与研究、重要国际科技合作计划等，深入跟踪了解不同海外驻地知识、数据和科技产业信息并从中受益。

（三）明确竞合领域，实行"分类合作"战略

世界百年未有之大变局之下，新一轮科技革命和产业变革深入发展，科学研究不断突破人类认知边界，科技革命与大国博弈相互交织，高技术领域成为国际竞争最前沿和主战场。英国战略性划分国际科技合作竞合领域，明确人工智能、量子技术、工程生物学、半导体、电信和数据为六大优先合作领域，同时对美国等发达国家、中国等新兴市场国家、其他发展中国家分别采取了有区别地"分类合作"策略。对发达国家维持和加强双边关系，积极参与科学基础设施和国际多边科技合作项目，解决全人类共同面对的挑战。对新兴市场国家，英国以期在互利基础上开展双边合作。对其他发展中国家，英国积极通过各类合作基金开展经济援助和研发投资，提高国际影响力和引领力。

四　对北京国际科技合作的启示

习近平总书记在 2024 年 6 月 24 日全国科技大会、国家科学技术奖励大会、两院院士大会上的讲话指出："深入践行构建人类命运共同体理念，推动科技开放合作。在开放合作中实现自立自强。"[1] 北京拥有丰富的高校、科研院所和人才资源，在开展国际科技合作方面具有独特优势，但仍然存在前沿顶尖人才匮乏、类国际化的创新生态环境有待优化等不足。应进一步完

---

[1] 习近平：《在全国科技大会、国家科学技术奖励大会、两院院士大会上的讲话》，中国政府网（2024 年 6 月 24 日），https：//www.gov.cn/gongbao/2024/issue_ 11466/202407/content _ 69 63180 html。

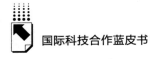

善国际科技合作顶层设计，积极融入全球科技创新网络，明确优先合作领域，积极打造类国际化创新生态环境，为北京国际科技创新中心建设提供有力支撑。

（一）进一步完善顶层设计和全局性安排

深入推进落实有关北京市开展国际科技合作的纲领性文件，做好国际科技合作顶层设计。对优先合作领域、重点国别、交流计划、合作项目、人才、经费投入等进行全局性规划。统一协调全市科技相关机构，统筹科研院所、高校、国际科技组织等科技资源，从不同部门和角度给予政策、科技资源和资金等方面的支持和指导，形成多个部门和机构共同发力、各有侧重、协调互补的北京国际科技合作体系。以国际合作打造创新高地，统筹科技资源抢占科技竞争和未来发展制高点。

（二）积极融入全球科技创新网络

积极谋篇布局，形成层次清晰、关系稳定、有所侧重的全球科技创新网络体系。签订双边科技合作战略协议，在全球重点地区设立海外办公室，构建与重点国家的科技合作伙伴网络；鼓励参与多边重点国际科技项目，设立或引进落户国际科技组织，积极拓展海外科技创新平台网络；充分发挥中资科技企业和民间科技研究机构和组织的作用，在海外开展不同于官方的科技领域交往与合作，建立非政府间、多元、灵活的科技合作关系。

（三）"量体裁衣"制定国际科技合作策略

在科技革命与大国博弈相互交织的新时期，要将合作对象所在的区域和需求与北京科技优势与科研方向相结合，"量体定制"国际科技合作策略。研判当前世界科技发展前沿与趋势，在国家总体科技战略下明确划分优先合作领域。对发达国家、"关键小国"、共建"一带一路"国家实施不同的合作策略，找到优先合作领域和重点合作项目，制定有区分的合作路线图。持续扩大对共建"一带一路"国家科技资助和对青年人才培养规模，联合

"关键小国"在新兴和前沿技术领域开展合作，与欧美共同应对全球科技挑战难题。

（四）积极打造类国际化创新生态环境

习近平总书记强调："国际环境越复杂，我们越要敞开胸怀、打开大门，统筹开放和安全，在开放合作中实现自立自强。"① 国际科技合作是大趋势，发展科学技术必须具有全球视野。要秉持开放性理念，积极打造类国际化创新生态环境，探索创新人才、要素跨境流动便利化措施。进一步放宽科研人员出国限制，开通国际网络"绿色通道"；加强国际化人才培养与引进，实行更加积极开放和有效的国际人才引进签证政策；设立面向国际的科技合作与科学研究基金和国际奖学金，吸引全球青年顶尖人才和高层次科学家，加快形成具有国际竞争力的人才制度体系；鼓励国际科技组织在京落户；进一步构建开放创新的合作生态，构筑汇聚全球智慧、科技资源和重要平台的创新高地。

参考文献

陶斯宇、甘泉、董瑜：《英国公共科研机构的历史演进与新变革》，《中国科学院院刊》2022 年第 8 期。

史冬梅、王晶：《英国脱欧后科技创新的新举措及启示》，《科技管理研究》2023 年第 11 期。

---

① 人民日报评论员：《在开放合作中实现自立自强——论学习贯彻习近平总书记在全国科技大会、国家科学技术奖励大会、两院院士大会上重要讲话》，中国政府网（2024 年 7 月 1 日），https：//www.gov.cn/yaowen/liebiao/202407/content_ 6960320. htm。

B.17
德国民间科技合作模式及对北京的启示

郭不昃　李睿*

摘　要：　德国的民间国际科技合作历史悠久，其国际科技合作特色在于政产学研一体化的协同创新、多层次的国际合作策略，促进了国际合作与业务发展。德国的研发投入主要集中在企业，凸显了企业在国际科技合作创新中的主导地位，从而推动全球科技合作，汇聚世界各地的创新资源，并通过"三方合作"模式，助力国际科技多边合作发展。本文通过分析德国国际科技合作发展历程、合作模式等特色经验，就加强民间科研创新主体的国际交流合作、建立国际科技交流合作平台、健全科技成果转化机制、吸引国际科技人才等方面为北京民间国际科技合作发展提出借鉴性启示建议。

关键词：　国际科技合作　德国　民间合作　国际合作

引　言

在全球科技竞争日益激烈的背景下，国际科技合作已成为推动科技创新和经济发展的重要途径。德国，作为一个历史悠久且科技实力雄厚的国家，其在民间国际科技合作领域积累了丰富的经验和独特的模式，对全球科技创新产生了深远影响。德国以其发达的科研体系、高水平的创新能力和深厚的科技底蕴，在全球科技舞台上扮演着举足轻重的角色。其民间国际科技合作不仅促进了本国科技的创新与进步，还通过多层次、多领域的

---

* 郭不昃，北京市科学技术研究院国际与区域合作中心研究实习员，研究方向为国际科技合作；李睿，北京市科学技术研究院国际与区域合作中心助理研究员，研究方向为工商管理。

国际合作策略，汇聚了全球的创新资源，推动了国际科技合作的多边发展。特别是在"政产学研"一体化的协同创新模式下，德国政府、企业、高校及科研机构紧密合作，形成了强大的科技创新合力，为全球科技创新树立了典范。

一 德国开展国际科技合作的发展历程与成效

学术交流和科技合作对于可持续的德国外交政策发挥着重要的作用。德国的科学外交积极塑造这一网络，并倡导全世界的科学和研究自由。德国各时期的民间国际科技合作发展历程各具特色，均在各时代背景下为当时社会德国的全球强盛科技地位奠定基础。

（一）1945年前：德国已有占据领先地位的工业基础

近代的德国起源于普鲁士王国。普鲁士王国有重视教育的传统，1810 年，德国创立了柏林大学（Humboldt-Universitat zu Berlin），成为现代大学制度的鼻祖。发达的教育造就了高素质的国民，德国时任宰相奥托·爱德华·利奥波德·冯·俾斯麦（Otto Eduard Leopold von Bismarck）在 1871 年实现德国统一时，不仅推动了政治和军事领域的发展，还在文化和教育方面取得了巨大成就。德国成为世界上最重要的文化中心之一，吸引了众多知识分子、艺术家和学者。大学和研究机构的发展使德国成为学术研究的重要基地，产生了众多杰出的科学家和思想家，如阿尔伯特·爱因斯坦（Albert Einstein）等。正值第二次工业革命兴起，在德国工业的发展中，创新使得科技强大，使得德国的科技力量占据领先地位。世界第一台大功率直流发电机、第一台电动机、第一台汽车等发明创造均诞生于德国，奠定了德国在汽车、冶金、电力、化工等各个领域的领先地位。

德国高度重视教育和技术，德国在第二次工业革命以后，在海外积累的资本有很大一部分都用来发展本国的教育事业，为德国培养出各式各样的人才。在第二次世界大战前，德国获得了世界一半以上的诺贝尔奖，涌现出马克斯·普朗克（Max Karl Ernst Ludwig Planck）等一大批科学家，在各行业领军人物的带领下，德国的科技创新让全世界为之瞩目。统一后的德国用了 30 多年的时间超过了英国，成为欧洲第一、世界第二大经济强国。德国现代工业的基础逐渐形成后，随着西门子（Siemens AG）、通用电气（General Electric Company）等大公司的规模性发展，德国工业后来居上，迅速赶上并超过英、法等国（自 19 世纪中叶起，德国开始建立系统的科学技术组织，包括公共、私人与混合型科研机构以及大型工业企业。德国非官方的工业与企业研发部门是世界上最早成型的企业研发体系）。1907 年，德国在各个制造领域，特别是在技术密集型制造领域的生产率都已领先于英国，"德国制造"模式逐步走向国际经济舞台。经过这一段时间的发展，德国的制造业突飞猛进，不仅完成了工业化，还成为仅次于美国的世界制造中心。在经济总量上，1913 年，德国成为世界第二大经济体。1914 年，德国不仅完成了工业化任务，建立起完整的工业体系，成为欧洲头号工业强国，同时也成为那个时代先进制造业的成功范例。1913 年，德国拥有 34.9% 的世界生产能力，相比之下美国为 28.9%，英国为 16%。约有 25% 的德国生产能力用于出口。德国占据世界出口的 46%，随后是英国占 22%，美国占 15.7%。① 在美国申请专利也可以作为德国产业技术能力的一个总体指标。

（二）1945~1990年：二战战败后高度重视教育和科技发展

作为第二次世界大战战败国，德国在 20 世纪 50 年代的科技政策重点是恢复科研及教育体制，重建被战争摧毁的教育基础设施和大学研究中心。德意志民族历来就有"思维严谨，办事认真，崇尚科学，敢于创新"的文化氛围，通过大幅增加科研经费、不断调整科技行政管理部门、新建一批科研机构及大力引进先进技术，到 20 世纪 60 年代末集中协调型的科

---

① 张明妍：《德国科技发展轨迹及创新战略》，《今日科苑》2017 年第 12 期，第 1~14 页。

技体制初步建立，多层次、配套齐全的科研机构基本定型。德国对教育和科技的重视一如既往，自 20 世纪 80 年代以来，德国将创新置于国家发展核心位置，不断出台创新驱动发展战略与规划，形成了连续性的创新战略和系统性的创新政策制度，成为引领和保障德国创新驱动发展方向的重要手段。

（三）1990年至今：将科技创新摆在核心位置

德国从二战后就开始将科技创新摆在国家发展全局的核心位置，在战后恢复阶段、科技振兴阶段、平稳发展阶段、两德统一调整阶段分别针对其不同的发展现状和侧重进行了创新驱动发展的顶层设计，制定了不同的创新驱动战略规划，同时辅以系统性的政策设计和标准化的行动计划。完善的顶层创新体系极大地提升了德国的创新能力，推动德国成为全球创新强国。

自 1990 年两德统一后，德国研发投入总量逐年大幅度增加。作为一个统一的联邦制国家，德国联邦和 16 个州政府各自行使科技管理职能，每个州对其教育都具有立法权，并进行研发活动资助，每个州约有 50% 的公共研发支出来自州政府。德国积极参加国际科技合作并于 1985 年与法国联合提出尤里卡计划（European Research Coordination Agency），其宗旨是集中科技研发机构的技术和经济力量，通过促进"市场导向"性的技术研发合作，应用先进的技术及提供有成本效益的产品、加工方法和服务等途径，最终达到增强全球的竞争性和创建更好的生活素质的目的，1995 年进行的 720 个项目中，德国参加了 238 项。

2003 年 3 月，德国联邦政府提出"2010 年议程"方案，重申加强科技研发强度的重要性，并对科技体制进行改革。2004 年，德国启动"主动创新"战略，链接经济界和学术界。2006 年，德国首次发布《德国高技术战略》（The High-Tech Strategy），高技术战略帮助提高了德国在全球竞争中的地位，成功增加并整合了科研与创新投资。2012 年，德国政府推出《高科技战略行动计划（High-tech Strategic Action Plan）》，计划

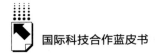

2012~2015 年投资 84 亿欧元，以推动在《德国 2020 高科技战略（2020 High-tech Strategy of Germany）》① 框架下 10 项未来研究项目的开展②③。2013 年 4 月，在汉诺威工业博览会上，德国正式推出《德国工业 4.0 战略计划实施建议》④ 并将该战略作为经济领域的重点发展对象。⑤ 2014 年，德国高科技论坛组织取代了科研联合小组，成为高科技战略计划的主导方。此时的高科技战略主旨修订为：应对全球挑战，使德国成为世界科技创新的领导者。德国在实施科研国际化战略，尤其是战略目标三"加强与发展中国家的长期科技教育合作"的过程中，特别注重根据合作对象的需求特点选择合适的机构，为其量身定制研究项目。2018 年 9 月，德国联邦政府发布了《高技术战略 2025》（Federal Government Report on the High－Tech Strategy 2025)⑥，作为未来 4 年德国促进科技创新进步的指导方针。该战略聚焦三大行动领域，包含 12 个优先发展主题和 12 项重点任务。此外，《高技术战略 2025》涵盖了德国联邦政府研究和创新政策的各个领域，采用了一种以任务为导向的方法，有利于促进来自知识界、企业界和社会的不同主体共同参与到战略实施过程中。该战略的最终目的是通过研究与创新实现竞争力提升、环境保护和社会公平的有效耦合。至今，德国已与 50 余个国家

① 黄娅娜：2020 High-tech Strategy of Germany. 2022－01－20 ［2024－08－05］. https：//www. zgbk. com/ecph/words？SiteID＝1&ID＝71700&SubID＝57078。

② Federal Government of Germany. Federal Government Report on the High－Tech Strategy 2025. 2018－09 ［2024－09－05］. https：//www. aufstiegs－bafoeg. de/SharedDocs/Publikationen/de/bmbf/FS/657232_Bericht_zur_Hightech－Strategie_2025_en. pdf？__blob＝publicationFile&v＝2.

③ Federal Government of Germany. Federal Government Report on the High－Tech Strategy 2025. 2018－09 ［2024－09－05］. https：//www. aufstiegs－bafoeg. de/SharedDocs/Publikationen/de/bmbf/FS/657232_Bericht_zur_Hightech－Strategie_2025_en. pdf？__blob＝publicationFile&v＝2. 于慎澄：《德国创新驱动战略的发展路径》，《政策瞭望》2016 年第 10 期，第 49~50 页。

④ 德国国家科学与工程院（acatech）：《确保德国制造业的未来——对实施"工业 4.0"战略计划的建议》，2014－04－04 ［2024－08－09］，https：//wenku. baidu. com/view/97bd5eacbb4cf7ec4afed0f2. html？_wkts_＝1727574510568。

⑤ 陈强、霍丹：《德国创新驱动发展的路径及特征分析》，《德国研究》2013 年第 4 期，第 86~100、127~128 页。

⑥ 《德国"高科技战略 2025"内容概要》，中华人民共和国商务部网站，http：//m. mofcom. gov. cn/article/i/dxfw/jlyd/201901/20190102828287. shtml。

签署了科技合作协定或协议，还是 30 余个国际科学组织及科研机构的成员国。①

二 德国开展国际科技合作的特色和成功经验

（一）官产学研一体化多方驱动下的协同创新

德国的科研体系以其完整性和配套齐全而著称。其研究力量的合理配置，得益于政府对内整合创新体系、对外聚合创新资源的战略。德国的创新政策特别强调多元主体的参与，包括政府、企业、科技界以及社会力量，通过紧密合作和信息共享，实现知识的创新转化。这种模式因其治理结构的完善、组织运营的高效、创新能力的高水平以及科研绩效的卓越，赢得了国际社会的广泛赞誉。

在联邦层面，联邦教研部和联邦经济与技术部分别负责科研与教育活动以及技术政策的制定。政府资助的非营利研究机构代表了德国科学研究的核心力量，其中有四大学会：马克斯·普朗克科学促进学会（Max Planck Institute for the Advancement of Science，MPIAS，简称马普学会）是德国的一家非营利性科研机构，主要从事自然科学、生物科学、人文科学和社会科学等领域的国际顶尖水平基础研究；弗劳恩霍夫协会（Fraunhofer-Gesellschaft）是德国的一个应用科学研究机构，成立于 1949 年 3 月 26 日，主要从事应用技术的研究，致力于科研成果的转化；亥姆霍兹联合会（Helmholtz Association of German Research Centres，HGF）主要从事基础性研究、预防性研究和关键技术研究；莱布尼兹科学联合会（Wissenschaftsgemeinschaft Gottfried Wilhelm Leibniz e. V.）定位于问题导向的研究，同时也提供咨询与服务。企业作为创新的主体，是推动科技成果转化为实际应用的关键力量。德国政

① 中华人民共和国商务部：《德国"高科技战略 2025"内容概要》，http：//m. mofcoFraunh ofer. The Fraunhofer - Gesellschaft，https：//www. fraunhofer. de/en/about - fraunhofer. html. 2024. 08. 28m. gov. cn/article/i/dxfw/jlyd/201901/20190102828287. shtml。

府通过政策引导，将科研机构、高校和企业联结为紧密的创新合作伙伴。这种合作模式充分发挥了各类创新主体的作用，共同致力于创新驱动。

在国际合作方面，德国形成了官产学研协同合作的模式。这种模式的形成不仅得益于联邦政府和州政府之间的相互协调，也依赖于德国双元制教育模式下公共科研机构所发挥的作用。以弗劳恩霍夫协会为例，该机构成立于1949年3月26日，是德国且欧洲最大的应用科学研究机构，截至2017年5月，每年的研究经费为28亿欧元；在2016年，该协会技术发明数达6762件，已申请专利608项；截至2023年7月，弗劳恩霍夫协会共有超过30000名员工，2018年至2023年7月每年的研究预算为29亿欧元，其中25亿欧元用于科研合同，约占2/3的研究经费来自工业合同和由政府资助的研究项目[①]。

弗劳恩霍夫协会致力于开展国际合作，在美国设有研究中心，在亚洲多个国家设有代表处，通过这些机构协会，在世界范围内促进业务与合作。高度专业化的公共科研机构在德国开展国际科技合作的过程中发挥了重要作用。弗劳恩霍夫协会与中国科技、企业、教育界的合作有超过25年的历史，协会于1999年在北京设立了弗劳恩霍夫北京代表处，弗劳恩霍夫协会的跨学科研究团队与工商业界和公共部门合作，将原始思想转化为创新产品、工艺和服务并实施与其相关的研发和应用。弗劳恩霍夫协会北京代表处在全国范围内宣传和推广Fraunhofer品牌，建立和维护与政府、科研机构和工商业界的关系，支持中国合作伙伴与德国弗劳恩霍夫协会之间的研发合作，将中方对弗劳恩霍夫的技术需求以及弗劳恩霍夫协会对中国伙伴的合作需求进行匹配，负责项目的沟通和协调，最终促成信息交流、技术转化、委托科研及联合研发的顺利进行，实现共赢局面。

（二）跨国公司成为推动国际科技合作重要力量

德国科技创新体系的一个显著特色是拥有一批高度重视科技研发、具有

---

① Fraunhofer-Gesellschaft. https：//www. fraunhofer. cn/plus/list. php？ tid = 3. 2023 - 07 - 09 - 2024-05-07.

强大创新能力的企业。这些企业在全球隐形冠军企业中占据了重要位置，成为德国创新的隐形力量。它们的存在是德国科技实力的重要体现。企业研发的核心作用：在德国的国际科技合作体系中，企业研发部门扮演着至关重要的角色。它们不仅是创新的驱动力，也是技术进步和知识传播的关键节点。以德国西门子股份公司（SIEMENS AG）为例，自 1840 年成立以来，西门子不仅在德国本土，更在全球超过 190 个国家和地区设立了分公司，展示了德国跨国公司的全球影响力和创新能力。德国的研发投入主要集中在企业，约占总研发投入的 70%。这一比例凸显了企业在推动科技创新中的主导地位。同时，80% 的大型企业集团拥有独立的研发机构，这些机构不仅是企业内部创新的引擎，也是国际科技合作的重要平台。科研基金的巨额投入：德国每年在科研基金上的投入超过 800 亿欧元，占 GDP 的 2% 以上。这一庞大的资金投入不仅为科学研究提供了充足的资源，也为国际科技合作提供了坚实的基础。汽车工业的创新引领：在汽车工业领域，德国的创新尤为突出。平均每年产生 3650 项专利，这一数字不仅确保了德国在全球汽车工业中的领先地位，也显示了德国在技术创新和知识产权保护方面的卓越成就。

通过这种以企业为主导的研发模式，德国在全球科技创新领域中持续发挥着引领作用。企业与政府、科研机构和国际伙伴的紧密合作，不仅推动了德国自身的科技进步，也为全球科技创新贡献了宝贵的经验和资源。

（三）多层次国际科技合作筹措全球创新资源

德国政府正积极推动全球科技合作，以汇聚世界各地的创新资源。其合作策略分为两个层面：一方面，与西欧和北美等发达国家的合作聚焦于尖端科研、共建大型科研基础设施，以及促进青年科学家的培养与交流。这些合作不仅加深了科技领域的相互理解和协作，也为双方带来了共同的科技进步与创新。另一方面，德国与中国、印度、南美等发展中国家的合作则更注重开发这些国家的创新潜能。德国通过吸引这些国家的学生来德国学习，并努力留住优秀人才，同时宣传德国作为研究目的地国家的优势和吸引力，促进技术转移，加强国际科技合作。

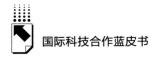
近年来，德国提出了"三方合作"的科技合作创新模式，即以德国为稳定援助方、金砖五国为合作方、传统发展中国家为受援助国，旨在助力多边合作和国际科技援助。同时，在合作过程中，针对不同的国家选择不同的合作领域。例如，德国针对非洲国家制定了《非洲战略 2014-2018》，提出援助重点是科研和教育，为西非经济共同体实施气候友好型电力市场援助方案，向区域内的 15 个国家提供技术援助和资金支持。[①] 德国针对中国提出《中国战略 2015-2020》[②]，提出加强科研和教育的双边合作，从之前"授之以鱼"的资金、技术和人才输入逐渐向"授之以渔"的注重培养发展中国家人才、支持教育体系方面转变。

（四）德国推动民间国际科技合作成效

德国的目标是设计一种具有竞争力、安全性和可持续性的现代数字经济。民间科研主体充分利用数字化变革带来的机遇，打造有利于公民工作的环境，人力资源及其技能将继续成为工作环境和社会政策领域的焦点。通过"数字质量基础设施"项目提升"德国制造"在数字世界的影响力。

首先，德国民间国际科技合作有效强化德国科创能力。德国为了能在未来继续保持创新国家地位，推动民间科技主体在三个方面开展变革性发展：一是核心科技创新研究方面的发展；二是对高精尖专业领域人才的培训和再教育；三是倡议社会科研机构与民间主体参与科技合作。以《研究与创新公约》《加强大学教学水平公约》《高校教育创新公约》三大科学领域的重要公约为基础，德国将再为大学和研究机构提供超过 1600 亿欧元的资金。在人才培养方面，德国高校联合民间研究机构，通过《加强大学教学水平公约》全面提升高校质量和基础教学设施。在民间主体参与方面，德国联

---

① 张锐、张瑞华、李梦宇等：《碳中和背景下发达国家的气候援助：进展与问题》，《全球能源互联网》2022 年第 1 期，第 63~70 页。

② 《中国政府网、德政府发布〈中国战略〉旨在加强德中科教合作》，https：//www. gov. cn/ xinwen/2015-10/29/content_ 2955494. htm。

邦政府重视公民科学，在各专业计划中增加公民科学相关项目，通过"公民科学资助措施"支持 13 个试验性项目，倡议公民与其他国家科研人员和机构联合申报相关项目，有效加大国际科技合作力度。

其次，优化民间国际科技合作环境。德国正在致力于建立一种以开放、敏捷、有远见和信任为特征的创新文化。致力于把知识转化为实际应用，增强企业家精神，在国内外合作中利用知识和创新网络。为此，需要支持新的合作形式，开辟空间、推广创意，调动德国未开发的潜力。① 一方主导可以帮助加速项目进展，提高合作效率，但被支持方技术、知识、资源等将更加依赖主导方，容易损害被支持方的技术创新能力。跨国企业合作、技术转移也是较常见的一方主导型合作模式，例如发达国家在他国提供技术支持，他国提供资金和人力，引进发达国家的技术。德国宝马汽车公司（Bayerische Motoren Werke AG）在我国合肥市建立一家新的电动汽车研究中心。该研究中心将研发电动汽车的电池、电动机等核心技术，并与中国的合资伙伴合作生产电动汽车。该合作被认为是德中在新能源汽车领域的标志性项目，这需要宽泛的创新概念，综合考虑技术创新、非技术创新和社会创新，并将社会作为核心行动者。德国民间国际科技合作环境建设以确保繁荣、促进社会进步、实现生态兼容为基础原则，进一步优化构建强大的研究和创新场景。

最后，以人为本推动人工智能等领域技术发展。技术创新必须服务于社会进步是德国民间科技企业与研究机构在人工智能研究发展过程中始终贯彻的第一原则，从而利用技术和经济革新造福人民，实现民众健康生活及男女平等。推出《欧盟工业 5.0》，采取支持措施保障数字化就业的安全和健康的同时，弗劳恩霍夫协会等民间研究机构也会针对性研究新技术研发及评估社会创新的机会和风险。德国与欧盟的国家联合开发人工智能，从而达到世界领先水平②。德国具有人工智能领域的专业化力量，而与欧洲各国家间开展

① 叶乘伟：《当代国际科技合作模式研究》，广西大学硕士学位论文，2005。

② 《全球智库动态 欧盟工业 5.0：韧性可持续的工业未来》，澎湃新闻，https：//www. thepaper. cn/newsDetail_forward_20377425。

相关国际合作，能够有效加大人工智能的时间应用。德国的科研机构与企业利用人工智能型商业模式及人工智能产品激发新一轮创业动力。德国在大力发展以欧洲标准为基础的人工智能技术的同时，也做到了以人为本，从而保护公民的数据主权。

三　德国民间国际科技合作对北京的启示

近年来，随着全球化的不断发展，国际科技合作逐渐成为一种趋势。德国在国际科技合作方面已经积累了丰富经验，其成熟模式和成功经验对北京开展国际科技合作具有重要的借鉴意义。北京加强与世界各国的民间科研创新主体的交流合作，可以有效推动科技进步和经济社会的进一步发展；在当前国际环境"后发性赶超"的处境下，有助于北京积极开展国际科技合作的新模式。

（一）搭建民间国际交流合作平台，鼓励民间科研主体开展国际科技交流

务实推动高校、科研机构、民间智库、科技企业等科研主体之间的人才交流项目，并与其他国家建立更深刻更广泛的科技教育合作关系。积极鼓励在京科学家以个人身份加入国际科技组织履职，同时，在京各科技协会应更加积极地与国际各科技学会进行联系，并开设线上讨论会、研讨会等，促进最新科研成果的交流与学习。鼓励在京国际科技智库或机构牵头组织开展一些科技成果博览会，特别是在新兴领域如人工智能、生物科技等领域，举办博览会让各国的最新科研成果得以展示，提供相互交流学习的平台。只有真正"走出去、请进来"，才能更好地将国际科技合作的成果引进来，促成合作成果务实落地。积极举办国际科技交流与实践活动，持续向国内民间科研主体"输送新鲜血液"，推介可供合作或转化的科技项目；同时鼓励在京科研主体"打铁还须自身硬"，积极消化学习外来先进技术的同时实现科技成果二次突破。

（二）健全支持科技成果转化机制，倡导加强科研成果的运用

通过科企对接、技术转移等形式来实现科技合作。引进国际前沿技术，开展有偿或无偿引进国际上某方面前沿的技术，将其间接应用于北京市的科研或者直接应用于人民群众的生产活动中，能够有效地加强中国与他国间的国际科技合作，推进科学技术繁荣发展的同时，一定程度上改善民生环境。同时，针对关键科技领域，借鉴国外成功经验，简化民间科研主体科技成果作价投资、专利开放许可等环节审查流程，加大创新改革力度，探索职务科技成果转化由事后激励向事前权益结构性分置的创新模式转变，健全转化利益分配机制，细化政策操作指引，形成一批典型案例和可复制可推广的经验做法，推动实现科技成果能转化、科研人员会转化。

（三）延续已有科技合作，吸引国际科技人才

充分结合我国国情，发挥北京的主观能动性，在与其他国家已有合作方式的基础上从延长合作链条和拓宽合作范围两个层面创新、延续民间国际科技合作。科技人才是最为重要的创新资源，挖掘高精尖科技人才及其潜能，增强科技人才流动性，延长人才交流与培养方面的合作链条，增加青少年的科技交流活动，加强青少年的科技教育培训交流，不断加强青少年人才之间的交流，提高人才的创新意识和综合素质。要通过各种方式将国际科研人才吸引、留住、成才，进一步为北京科研事业贡献智慧力量。采取组建联合科研团队、特聘教授等更为灵活的方式，吸引国外最顶尖专家为北京的科研事业服务，并利用这些顶尖人员的关系建立起国际研究网络。

（四）优化民间国际科技合作机制，强化科技企业科技创新地位

对科研基金项目的分类机制、资助机制和考核机制进行优化，例如类别机制区别化，分为基础科学研究、应用科学研究、民用科学研究等，类别化的分类会让科研基金的框架更加合理；资助机制方面，政府资助、高校参

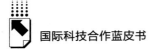
与、企业支持的各类项目应该互相补充、相辅相成；考核机制方面，制定一套用于考核和验收科研项目的规章制度，设立专门的机构用于协调、推进、监督、考核。对于有关北京市长远利益的重大项目，引导国际智库、高校、科研机构、科研人员攻坚克难。与此同时，完善知识产权保护机制以及相关法律法规建设，在加强技术合作的同时，加强知识产权保护，确保科技创新和经济发展的可持续性，确保国际科技合作能长期持续。

以科技企业为主导建设国际合作机制和科技成果转化应用体系，有利于高效链接国际科研环境与国内市场，引导"国际+国内"同向发力，提高科研攻关的精准性、针对性和实效性。推动科技企业成为科技创新的"出题者"和"组织者"。搭建技术供需平台，围绕国际共性技术难点、海外产业共性技术需求，引导其他高校、科研院所等民间科研主体与科技企业共同就应用基础研究问题开展科研攻关；推动科技企业主导的国际化产学研融合创新。聚焦全球前沿技术创新等重大需求，支持科技领军企业联合上下游、产学研力量，组建体系化、任务型创新联合体。

参考文献

范英杰、刘丛强：《欧盟科技国际合作战略分析及启示》，《中国科学基金》2017年第4期。

张公一、吕文婷、张书博：《国际科技合作创新博弈分析》，《哈尔滨工业大学学报》（社会科学版）2012年第1期。

李楠：《基于自主创新的国际科技合作平台运行机理研究》，吉林大学硕士学位论文，2008。

李建峰：《德国的国际科技合作》，《全球科技经济瞭望》2003年第11期。

B.18
新加坡"科研社区"的国际科技
合作模式及启示

周子荷*

摘 要： 新加坡通过制定国家科技发展规划、集中科研资源配置、吸引国际人才以及推动科研成果产业化等措施，成功构建了高度国际化的科研合作网络。建议北京应借鉴新加坡的经验，通过精准选择合作伙伴、灵活调整合作策略以及合理配置科研资源，进一步提升自身在国际科技合作中的竞争力和影响力。

关键词： 新加坡科研社区 国际科技合作 创新驱动 产业化合作

引 言

新加坡的科研社区在过去几十年中发展迅速，成为全球科技创新领域中的重要节点。通过精细化的政策制定、国际化的科研合作以及卓越的资源配置，新加坡不仅提升了本国的科研实力，还构建了广泛的国际合作网络。其成功的国际科技合作模式，不仅体现在与发达国家如美国、欧洲的双边合作中，还通过与东南亚及共建"一带一路"国家的多边合作，巩固了其在全球科技创新中的核心地位。本文将探讨新加坡科研社区的发展历程、其国际科技合作模式，并分析这些模式对中国北京提升国际科技合作竞争力的启示。

---

* 周子荷，北京市科学技术研究院研究实习员，研究方向为国际科技合作。

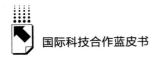

一　新加坡科研社区概述

（一）新加坡科研社区的发展历程

1. 早期阶段（20世纪70~80年代）

在 20 世纪 70 年代，新加坡政府认识到科技与教育对于国家发展的重要性，开始系统地推进科技与教育的发展。当时的战略目标是提升新加坡的工业基础并促进经济多样化。为此，新加坡政府设立了多所高等教育机构和科研机构，旨在培养本地科技人才和增强科研能力。1980 年，新加坡大学与南洋大学合并成为新加坡国立大学（National University of Singapore，NUS）①，成为新加坡首屈一指的高等教育机构。新加坡国立大学的成立标志着新加坡高等教育系统的现代化和国际化进程的开始。

2. 快速发展阶段（20世纪90年代）

1991 年是新加坡科研发展的重要里程碑年份。从 1991 年起，新加坡每五年推出一次"国家科技发展五年规划"——从 2016 年开始为"研究、创新与企业计划"（Research，Innovation and Enterprise Plan，RIE）② ——以为接下来五年国家的研发投入设定重点领域与方向。新加坡国立研究基金会（National Research Foundation，NRF③）是新加坡总理公署下设的部门，负责通过每五年推出一次的"国家科技发展五年规划"来设定若干个基础及应用研究并重的研发投入重点领域，并以此进行资源配置，以实现战略目标。新加坡近 20 年的国家科技发展五年规划如见表 1 所示。

---

① 新加坡国立大学简称"新国大"，位于新加坡共和国，归教育部管辖，是新加坡首屈一指的世界级顶尖大学；是亚洲大学联盟、全球大学校长论坛、Universitas 21 等组织的成员学校。

② 新加坡为接下来五年国家的研发投入设定重点领域与方向的计划。

③ 新加坡政府设立的一个关键机构，成立于 2006 年，隶属于新加坡总理公署，旨在促进国家的研究、创新与企业发展，负责制定和实施国家层面的研究与发展战略。

表1　2000~2021年新加坡国家科技发展五年规划

计划	年度	预算额（亿新元）	主要目的及内容	重点领域
科学与技术计划	2001~2005	60	NSTB重组为科技研究局(A＊STAR)，启动新加坡生物医学科学计划	信息与通信、电子制造、生命科学
科学与技术计划	2006~2010	135	成立国家研究基金会（NRF），推动环境与水技术、互动与数字媒体研究计划	生物医药、环境与水技术、交互与数字多媒体技术
研究、创新与企业计划2015	2011~2015	160	加强基础研究；吸引和发展科研人才；提高竞争性研究基金资助金额，鼓励公私研发合作；支持科技商业化	电子技术、生物医药、信息通信与多媒体、工程技术、清洁技术
研究、创新与企业计划2020	2016~2020	190	聚焦在先进制造与工程技术、健康与生物医药科学、城市解决方案与永续发展、服务与数字经济等四项具有竞争优势的重点领域	先进制造技术和工程、生物医学、环境科学与可持续发展、服务业和数字经济
研究、创新与企业计划2025	2021~2025	250	注重在制造贸易与连接性、人类健康与潜力、城市解决方案与永续性、"智慧国家"与数字经济四项重点领域发力	制造、贸易和连接性，人类健康与潜能，城市解决方案与可持续发展，"智慧国家"和数字经济

资料来源：《新加坡研究、创新与企业计划》（Research, Innovation and Enterprise Plan, RIE）。

在国家科技发展五年规划下，科研投入显著增加。新加坡投入了大量资金建设科研基础设施和支持科研项目。这种大规模的投入为新加坡的科研活

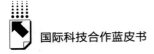
动提供了坚实的物质基础，使得新加坡能够在多个科技领域迅速发展。此外，科研机构的重组和创建也极大地推动了新加坡科技的快速发展。1991年成立的国家科学技术委员会后来重组为新加坡科技研究局（Agency for Science，Technology and Research，A＊STAR）①。A＊STAR 负责推动新加坡的科研活动，促进科学研究与产业之间的联系。它在生物医学、信息通信技术、材料科学等多个领域进行了大量的研究和开发，极大地提升了新加坡的科研水平。

3. 国际化阶段（2000年后）

进入 21 世纪，新加坡加速推进国际科技合作，吸引全球顶尖人才和企业落户，推动科研的国际化发展。新加坡通过实施开放的人才政策，吸引了大量国际顶尖科研人才和专家。新加坡国立大学、南洋理工大学等高校、科研机构推出多项奖学金项目，为来自世界各地的科研人员提供丰厚的资助和支持。此外，新加坡还大力吸引跨国企业，许多跨国公司在新加坡设立了研发中心，开展前沿科技研究。例如，IBM、微软和谷歌等公司在新加坡的研发中心不仅推动了本地科技创新，还促进了新加坡与全球科技界的紧密合作。新加坡政府注重加强国际合作，通过与国际知名大学和研究机构的合作，进一步提升了科研水平。例如，南洋理工大学与加州大学伯克利分校的交换项目，以及新加坡国立大学与 IBM 在量子计算领域的合作，都是新加坡国际科研合作的重要成果。

（二）当前新加坡科研社区的结构与组成

当前，新加坡的科研社区呈现多层次、多方位协同的结构，包含多个关键组成部分，涵盖高校和科研机构、企业以及政府部门。每个部分在推动科研创新和科技发展方面都扮演着重要角色。

1. 高校和科研机构

高校和科研机构在新加坡科研社区中起着至关重要的作用，其中包括新

---

① 新加坡科技研究局是新加坡贸易和工业部下属的自治研究机构，旨在促进新加坡科研和人才的整合，以协助新加坡向知识型经济体转型和迈进。

加坡国立大学（NUS）、南洋理工大学（Nanyang Technological University，NTU）① 和新加坡科技研究局（A＊STAR）等。

（1）新加坡国立大学（NUS）

作为亚洲顶尖大学之一，新加坡国立大学（NUS）在科研领域有着广泛的项目和深厚的学术积累。该大学的研究项目覆盖从生命科学到工程技术的各个领域，不仅在基础研究方面表现突出，在应用研究和技术转移方面也取得了显著成就。例如，新加坡国立大学在生物医学工程、量子计算、人工智能等领域都有世界领先的研究团队，并且与全球多所顶尖大学和研究机构保持密切合作，推动科学前沿的发展。

（2）南洋理工大学（NTU）

南洋理工大学（NTU）以其在工程、技术和自然科学方面的卓越研究成就而著称。南洋理工大学的科研优势体现在多个领域，例如环境工程、材料科学、纳米技术等。该校的研究不仅局限于实验室，还注重将科研成果应用于实际问题，解决社会和环境挑战。南洋理工大学与多所国际知名机构合作，包括麻省理工学院（Massachusetts Institute of Technology，MIT）② 、加州大学伯克利分校（University of California，Berkeley）③ 等，开展联合研究项目，共同推动科技创新。

（3）新加坡科学技术研究局（A＊STAR）

新加坡科学技术研究局（A＊STAR）是新加坡主要的科研机构，致力于推进生命科学、物质科学和工程领域的前沿研究。A＊STAR下设多个研究所和中心，包括基因组研究所、生物工程和纳米技术研究所等。A＊STAR不仅在基础研究方面取得了重要进展，还注重推动科研成果的产业化，支持新加坡的科技企业发展。A＊STAR与新加坡本地大学以及国际科

---

① 南洋理工大学是新加坡一所综合类研究型大学，其前身是成立于1955年的南洋大学。

② 麻省理工学院位于美国马萨诸塞州剑桥市，是美国培养高级科技人才和管理人才、从事科学与技术教育的研究型私立大学，是以理工科为主的综合性世界一流大学。

③ 加利大学伯克利分校位于美国加利福尼亚州伯克利市，是公立研究型大学，被誉为"公立常春藤"，是美国大学协会成员，全球大学校长论坛成员，入选英国政府"高潜力人才签证计划"。

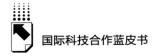
研机构保持紧密合作，共同推动全球科学技术的发展。

2. 企业

在新加坡科研社区中，企业发挥着关键作用，它们不仅是技术创新的重要推动力量，还在推动科研成果的产业化、促进经济发展和提升国家竞争力方面发挥着不可或缺的作用。新加坡的多家本地企业在技术创新和应用研究方面都设有专门的研发部门，这些部门在企业的整体发展中发挥着至关重要的作用。

通过设立专门的研发部门，企业能够迅速响应市场需求，开发出具有竞争力的新产品和新技术。以新加坡电信（Singapore Telecommunications Limited，Singtel）① 为例，这家公司是东南亚最大的电信公司之一。Singtel的研发方向主要集中在 5G、网络安全、人工智能和大数据等领域，旨在通过技术创新提升用户体验和服务质量。他们的研发团队不仅在本地进行研究，还与全球顶尖的科技公司和研究机构合作，其研发部门在 5G、人工智能和大数据等领域取得了显著成果，为新加坡的数字经济发展奠定了坚实基础。

企业在新加坡科研社区中也为经济发展提供了强大动力。通过不断的技术创新和科研投入，企业不仅提升了自身的市场竞争力，也促进了新加坡整体经济的增长和转型。

3. 政府部门

在新加坡，政府部门在科研社区中扮演着关键角色，并发挥了多方面的重要作用。新加坡政府的参与和支持对推动国家的科研发展至关重要，具体体现在以下几个方面。

首先，政府通过制定国家级科研战略和政策，为科研社区设定了明确的发展方向。新加坡政府自 20 世纪 80 年代以来就制定了一系列的科研发展规划。例如，国家研究基金会（NRF）和新加坡科学技术研究局（A∗STAR）

---

① 新加坡电信简称新电信，是新加坡最大的电信公司，公司在 25 个国家拥有 4 亿用户。新电信是全世界最大的移动电话服务商，集中于提供互联网接入、IPTV（Mio TV）、手机（新电信流动）和固网电话服务。

在推动新加坡科研进步中发挥了核心作用。政府通过这些机构，确立了新加坡在生物医学、信息通信技术、纳米技术等领域的研究重点，旨在将新加坡打造成全球科研和创新的枢纽。

其次，政府部门通过大力投资科研基础设施，支持科研项目的实施。新加坡政府在科研领域的财政投入非常可观，根据最新的研究、创新与企业计划2025（RIE2025），新加坡将在未来五年内投入250亿新加坡元，这相当于其国内生产总值（GDP）的约1%。这一预算比前一个五年计划（RIE2020）的190亿新加坡元增加了31%。这些资金将用于推动四大关键领域的发展：制造业、贸易与连通性；人类健康与潜能；城市解决方案与可持续性以及智慧国家与数字经济。这些资金不仅用于基础研究，还支持应用研究，以确保科研成果能够快速转化为实际应用，推动新加坡经济的发展。

再次，政府还通过促进国际合作与人才引进，增强新加坡科研社区的全球竞争力。新加坡政府积极推动与国际顶尖科研机构和大学的合作，通过设立联合研究中心、启动跨国科研项目等方式，促进国际学术交流与合作。同时，政府也非常重视对高端人才的引进，通过"全球人才计划（Global Talent Program，GTP）"等一系列政策，吸引世界各地的顶尖科学家和研究人员来新加坡工作与生活，为科研社区注入新鲜的力量。

最后，政府在推动科研成果的商业化和产业化方面也发挥了重要作用。新加坡政府通过政策支持和提供平台，帮助科研机构和企业将科研成果转化为市场可行的产品和服务，通过促进产学研合作，推动科研成果的商业化进程，为新加坡经济带来新的增长点。

新加坡政府在科研社区中不仅是政策的制定者和资金的提供者，更是国际合作的推动者和科研成果商业化的引导者。通过多方位的支持，政府为新加坡的科研发展提供了坚实的基础，提升了国家在全球科研领域的竞争力与影响力。

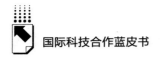
二 新加坡科研社区的特点

（一）高效的政策支持：政府推出多项激励政策和资金计划，推动科研发展

新加坡政府在科研发展中扮演了举足轻重的角色，尤其在政策支持方面。政府推出了一系列激励政策和资金计划，为科研社区提供了强有力的支持。除新加坡的"研究、创新与企业 2025 计划"（RIE2025）外，政府还通过新加坡国立研究基金会（NRF）设立了多个专项研究计划，旨在支持国家战略性研究领域的发展。通过这些政策，新加坡在多个关键领域，如人工智能、生物技术和清洁能源方面，取得了显著进展。尤其是在人工智能领域，新加坡的"智慧国家"计划（Smart Nation）① 得到了全球的关注和认可，成为东南亚地区人工智能研究和应用的领导者。在瑞士洛桑国际管理发展学院（International Institute for Management Development，IMD）② 发布的《2024 年全球智慧城市指数报告》中（见表 2），新加坡排名世界第五、亚洲第一。此外，新加坡的"全球创新联盟"（Global Innovation Alliance，GIA）是新加坡政府推出的一个战略性计划，旨在加强新加坡与全球主要创新中心之间的联系，促进跨境合作与创新。目前已在 18 个全球创新城市建立了合作网络，包括旧金山、纽约、柏林、慕尼黑、北京、上海、班加罗尔、东京、雅加达和伦敦等。每个 GIA 中心都根据所在地区的特色，提供量身定制的支持和资源，以帮助新加坡企业和人才更好地融入当地市场。通过这些政策，新加坡不仅巩固了其在科研领域的领先地位，还促进了科研成果的产业化和全球化发展。

---

① "智慧国家"计划是由新加坡发布的城市计划，旨在通过广泛应用数字技术和数据科学来提升国家的经济、社会和生活质量。

② 瑞士洛桑国际管理发展学院是全球顶尖商业管理学院，坐落于瑞士西部城市洛桑，成立于1990 年，是两所商学院合并的总称，其前身是 1946 年 Alcan 先生在日内瓦创立的国际管理学院（IMI）和 1957 年 Nesti 先生在洛桑创立的国际经济管理与发展学院（IMEDE）。

表 2   2024 年全球智慧城市指数

城市	2024 年智慧城市排名	2024 年智慧城市评级	2023 年智慧城市排名	较上年变化
苏黎世	1	AAA	1	—
奥斯陆	2	AA	2	—
堪培拉	3	AA	3	—
日内瓦	4	AAA	9	+5
新加坡	5	A	7	+2
哥本哈根	6	AA	4	−2
洛桑	7	AA	5	−2
伦敦	8	A	6	−2
赫尔辛基	9	AA	8	−1
阿布扎比	10	BB	13	+3
斯德哥尔摩	11	A	10	−1
迪拜	12	BB	17	+5
北京	13	BB	12	−1
汉堡	14	BBB	11	−3
布拉格	15	A	14	−1
台北	16	A	29	+13
首尔	17	AA	16	−1
阿姆斯特丹	18	A	15	−3
上海	19	A	25	+6
香港	20	A	19	−1

资料来源：瑞士洛桑国际管理发展学院发布的《2024 年全球智慧城市指数报告》。

（二）国际化的合作环境:与全球多个国家和地区建立紧密的科研合作关系

新加坡作为一个国际化的城市国家，在科研合作方面展现出了高度的开放性和包容性。政府通过多种途径促进与全球科研机构、大学和企业的合作，形成了一个高度国际化的科研环境。

新加坡与全球多个国家和地区建立了紧密的科研合作关系。例如，新加坡—麻省理工学院研究与技术联盟（SMART）是由麻省理工学院（MIT）与新加坡国家研究基金会（NRF）于 2007 年合作成立的大型研究企业。

SMART 是麻省理工学院在美国境外设立的第一个研究中心，也是迄今为止唯一一个研究中心。它也是麻省理工学院最大的国际研究项目。麻省理工学院的教职员工在 SMART 设有实验室，指导博士后研究员和研究生，并与新加坡和亚洲的大学、研究机构和行业的研究人员合作。该中心专注于多个前沿领域的研究，如生物系统与工程、环境与水资源及未来城市发展等。这种国际合作不仅提高了新加坡的科研水平，还促进了新加坡与世界其他科研中心之间的知识交流和技术转移。

（三）先进的基础设施：拥有世界一流的实验室、研究设施和科技园区

纬壹科技城（One-North）① 科技园区是新加坡科研基础设施的典范。这个占地 200 公顷的科技园区，汇集了众多世界知名的研究机构和企业，如 A*STAR、辉瑞制药和谷歌等。One-North 不仅提供先进的实验室和研究设施，还设有孵化器和加速器，帮助初创公司和科研团队将创新理念转化为市场产品。例如，位于纬壹科技城（One-North）的启汇城（Fusionopolis），是一个专注于信息通信、媒体和物联网（IoT）领域的研究中心。这里的研究人员不仅能够利用最先进的设备进行研究，还能通过与科技园区内其他企业的合作，加速科研成果的产业化进程。

此外，新加坡的生物医药领域也拥有世界级的科研设施。位于 Biopolis 的"新加坡生物成像联盟"（The Singapore Bioimaging Consortium，SBIC）② 是亚洲领先的生物医药研究中心之一。SBIC 致力于开发和应用最先进的影像技术，以推动癌症、心血管疾病和神经疾病等领域的研究。这些设施不仅为科研人员提供了优越的研究环境，还吸引了大量国际顶尖人才来到新加坡，从而提升了新加坡在全球科研领域的声誉。

---

① 纬壹科技城（One-North）是新加坡的一个创新园区，专门为研究与开发、科技创新以及企业孵化提供支持。
② 新加坡生物成像联盟是新加坡纬壹科技城（One-North）中的一个关键组成部分，专注于生物医药与生命科学领域的研究与发展。

（四）多元化的科研领域：涵盖信息技术、生物医药、材料科学、环境科学等多个领域

新加坡的科研社区不仅在政策支持和基础设施方面表现突出，还在科研领域的多元化发展上取得了显著成就。新加坡的科研涵盖了多个关键领域，如信息技术、生物医药、材料科学、环境科学等，这种多元化的发展使新加坡在全球科研版图中占据了一席之地。

在信息技术领域，政府通过"智慧国家"计划，积极推动人工智能、大数据和物联网等前沿技术的发展。新加坡政府还与谷歌、微软等全球科技巨头合作，建立了多个研发中心和实验室，进一步促进了信息技术的创新与应用。例如，谷歌在新加坡设立的人工智能研究中心，专注于开发新一代的机器学习算法和自然语言处理技术。这些研究不仅提升了新加坡在人工智能领域的国际地位，还推动了相关技术在教育、医疗、金融等行业的广泛应用。

在生物医药领域，新加坡也取得了卓越的成就。新加坡政府通过 A * STAR 等机构，积极推动生物医药研究的发展。Biopolis 作为新加坡生物医药研究的核心区域，汇聚了来自全球的顶尖研究人员和机构。近年来，Biopolis 在癌症研究、基因组学和再生医学等领域取得了一系列重要突破。

材料科学是新加坡另一重要的科研领域。新加坡的材料科学研究主要集中在纳米技术、功能材料和可持续材料等方面。新加坡国立大学的材料科学与工程系在这一领域拥有世界领先的研究能力。

在环境科学领域，新加坡的研究也取得了显著进展。作为一个资源匮乏的城市国家，新加坡在水资源管理、环境保护和可持续发展方面进行了大量研究。例如，新加坡国立大学的环境研究所（Institute for Environment and Sustainability，IRES）① 在水处理技术方面取得了突破，利用太阳能光电催化处理废水，这一技术能够有效处理水中难以去除的有机污染物，为废水处理提供了新思路。

---

① 环境研究所是新加坡国立大学专注于环境科学与可持续发展研究的重要机构。

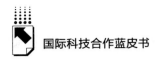

三　新加坡科研社区的国际科技合作现状及模式

（一）新加坡科研社区的国际合作现状

新加坡科研社区近年来在国际合作方面取得了显著进展，成为全球研究网络中的重要节点。新加坡政府通过各种政策和资金支持，鼓励科研机构与国际同行建立合作关系，特别是在关键领域如生物医学、人工智能、环境科学等方面。

首先，新加坡的多所顶尖大学和研究机构，如新加坡国立大学（NUS）、南洋理工大学（NTU）和新加坡科技研究局（A＊STAR），与全球各大高校和科研机构保持紧密联系。这些机构积极参与国际科研项目，共同攻克科学难题。此外，新加坡还与多个国家签署了科研合作协议，通过双边和多边合作框架，推动跨国研究。

其次，新加坡注重吸引国际人才，通过灵活的签证政策和优越的科研环境，吸引世界各地的顶尖科学家和研究人员到新加坡工作。这种国际化的人才流动为新加坡的科研社区带来了多样化的视角和创新思维，进一步提升了科研成果的质量。

最后，新加坡在科研资金方面也具有国际竞争力。政府设立了多个专项资金，用于支持与海外合作伙伴的联合研究项目。这不仅促进了科研成果的全球共享，还提升了新加坡在国际学术界的影响力。

新加坡在推动开放科学方面表现突出，倡导科研数据的公开共享和跨国合作。这种开放的科研文化为国际合作提供了有力支持，促使新加坡成为亚太地区乃至全球科研网络中不可或缺的一部分。

新加坡科研社区的国际合作现状呈现高水平的国际化、广泛的合作网络以及强大的科研支持体系，这些因素共同推动了新加坡在全球科研领域的持续发展和提升影响力。

（二）合作模式分析

新加坡作为全球科技创新的领军者之一，充分意识到国际合作对科研发展的重要性。在这一背景下，新加坡科研社区的国际科技合作模式日益多元化，主要通过双边合作和多边合作两大途径展开。双边合作使新加坡能够与关键国家或地区建立深度和密切的关系，而多边合作则帮助其在更广泛的国际平台上发挥作用，推动全球科技进步。

1. 双边合作模式

（1）与中国的双边合作

中国作为世界第二大经济体和科技强国，与新加坡的科研合作也非常密切。两国在城市化、环境治理、可再生能源和智慧城市等领域展开了深入合作。这种合作不仅有助于解决两国在快速城市化过程中面临的共同挑战，还推动了绿色科技的发展。

新加坡与中国的苏州工业园区就是双边合作的典范。这个项目不仅是两国经济合作的重要成果，也为两国在城市规划和环保科技领域的科研合作提供了平台。此外，新加坡与中国在智慧城市领域的合作也日益深化，双方通过数据共享和技术交流，共同推进智能交通、智能建筑和智慧城市管理系统的发展。

（2）与美国的双边合作

新加坡与美国在科研领域的双边合作历史悠久且成果丰硕。两国在生物医药、信息技术和能源等多个领域展开了广泛的合作。美国是全球科技创新的领导者，新加坡通过与美国的合作，不仅可以引进先进的科研技术和经验，还能够参与到全球最前沿的研究项目中。

例如，新加坡国立大学（NUS）与麻省理工学院（MIT）共同创立了新加坡-麻省理工学院科研与技术联盟（SMART）。这一合作平台使两国研究人员能够在机器人技术、数据科学和城市解决方案等领域开展前沿研究。同时，新加坡还与美国多家科技巨头如谷歌、微软等建立了战略合作伙伴关系，这不仅推动了新加坡在人工智能和云计算领域的发展，还为其培养了大

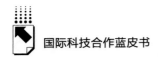

批高技能科技人才。

（3）与欧洲的双边合作

新加坡与欧洲国家，尤其是德国、英国和法国，在科技创新领域的合作同样表现突出。新加坡与这些国家的合作，借鉴了其在工业 4.0、可持续发展和高等教育领域的先进经验。

以德国为例，新加坡与德国的合作主要集中在工业制造和工程技术领域。两国在智能制造、物联网和自动化技术方面的合作，不仅推动了新加坡制造业的转型升级，也为其在全球产业链中占据更高的附加值提供了支持。新加坡科技研究局（A ∗ STAR）与德国弗劳恩霍夫协会（Fraunhofer - Gesellschaft）的合作是两国在科研领域合作的一个重要体现，两者在多个领域建立了战略性合作伙伴关系。这种合作结合了 A ∗ STAR 在生物医药、先进制造和工程等领域的研究能力与弗劳恩霍夫协会在应用研究和技术开发方面的优势，推动两国在科技领域的深度合作。

2. 多边合作模式

在双边合作之外，新加坡还积极参与多边合作，借助国际平台，与多个国家和地区在更广泛的领域内开展合作。这种合作模式有助于新加坡在全球科技创新网络中发挥更为重要的作用，推动国际科技合作向更高水平发展。

（1）通过区域性合作组织推动科技合作

新加坡是东南亚国家联盟（Association of Southeast Asian Nations，ASEAN）① 的重要成员国，并且在多个区域性科技合作组织中发挥着积极作用。通过这些组织，新加坡能够与东南亚其他国家密切合作，共同应对区域内的科技挑战，如气候变化、公共卫生和可持续发展。例如，新加坡在东盟科学、技术与创新合作中推动了多个跨国科技项目的实施。这些项目涵盖了农业科技、气候变化应对、生物多样性保护等领域，为区域内的科技合作提供了坚实的基础。此外，新加坡还通过与东盟其他成员国合作，提升了区域

---

① 东南亚国家联盟于 1967 年 8 月 8 日在泰国曼谷成立，秘书处设在印度尼西亚首都雅加达。截至 2023 年，东盟有 10 个成员国：文莱、柬埔寨、印度尼西亚、老挝、马来西亚、菲律宾、新加坡、泰国、缅甸、越南。

内的科研能力建设和技术转移。

（2）参与全球性科技合作网络

新加坡在国际科技合作中还积极参与全球性合作网络，例如，通过与联合国（the United Nations，UN）、世界卫生组织（World Health Organization，WHO）、经济合作与发展组织（Organization for Economic Co-operation and Development，OECD）[①] 等国际组织的合作，推动全球科技发展。新加坡与WHO 的合作主要集中在公共卫生领域。新加坡通过分享其在传染病防控方面的经验和技术，积极参与全球健康安全网络的建设。此外，新加坡还参与了 OECD 主导的多个国际科技合作项目，例如数据科学与技术创新方面的合作，这不仅提升了新加坡在全球科技治理中的话语权，也为全球科技政策的制定提供了新加坡的经验和视角。

（3）与新兴市场国家的多边合作

除了与发达国家的合作，新加坡还积极参与与新兴市场国家的多边科技合作。例如，在"一带一路"倡议的框架下，新加坡与中国、东南亚、南亚等国家和地区展开了广泛的科技合作。这种合作不仅有助于新加坡在全球科技合作中开拓新的增长点，也为其提供了参与全球科技治理的新途径。通过与新兴市场国家的合作，新加坡能够将其在城市治理、环境保护、科技创新等领域的经验和技术向外输出，促进这些国家的可持续发展。

3. 双边与多边合作模式的互补性

新加坡科研社区的双边和多边合作模式并不是相互孤立的，反而是相互补充、互为促进的。双边合作通常聚焦于与特定国家或地区的深入合作，通过集中的资源投入，取得实质性成果。而多边合作则提供了一个更为广泛的合作平台，使新加坡能够在全球科技网络中发挥更大作用。例如，新加坡与美国的双边合作不仅推动了两国在人工智能、医疗科技等领域的共同发展，

[①] 经济合作与发展组织是由 38 个市场经济国家组成的政府间国际经济组织，旨在共同应对全球化带来的经济、社会和政府治理等方面的挑战，并把握全球化带来的机遇。其前身是成立于 1948 年的欧洲经济合作组织，于 1961 年更为现名，目前成员国总数 38 个，总部设在法国巴黎。

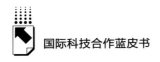

还通过多边合作，将这些科技成果在更广泛的国际平台上推广和应用。新加坡通过在东盟框架下的多边合作，将其与欧洲国家在可持续发展领域的双边合作成果向整个东南亚地区推广，推动了区域内的绿色科技进步。

四　新加坡国际科技合作模式的启示

新加坡作为一个科技创新驱动的国家，其国际科技合作模式具有高度战略性和系统性。通过对政策的精细化优化、合作策略的灵活调整以及科研资源的高效配置，新加坡在全球科技合作中取得了显著成效。这种模式对北京具有重要的借鉴意义，特别是在优化政策、调整合作策略以及合理配置科研资源方面，以下将从这三方面进行详细分析。

（一）政策优化：灵活精准与可持续并重的新加坡科技政策体系

新加坡在推动国际科技合作方面，首先依赖于一套灵活而高效的政策体系。这些政策不仅在吸引国际科研人才、促进技术转移等方面发挥了关键作用，还为科研机构和企业创造了一个有利于创新的环境。

1. 政策灵活性与精准性

新加坡的科技政策展现出高度的灵活性和精准性。例如，新加坡政府根据不同领域的需求制定了专门的政策，如针对高科技领域的人才引进政策、科研资金支持政策，以及知识产权保护政策。这些政策的制定不仅充分考虑了全球科技发展的趋势，也紧密结合了新加坡的国家利益。对于北京而言，在科技政策制定上可以借鉴新加坡的灵活性和精准性。例如，北京可以根据不同的科技领域和区域需求，制定更具针对性的科研政策，鼓励不同类型的科技创新。尤其是在吸引国际科研人才方面，北京可以参考新加坡的经验，进一步优化人才引进政策、科研经费资助政策以及科研成果转化机制，以提升科技政策的整体效率。

2. 长远性与可持续性

新加坡的科技政策不仅注重短期的科研成果，还关注长期的科技发展规划。例如，新加坡政府通过建立长期的科技发展基金、设立专项科研计划等方式，确保了国家科技创新的可持续性。这种长远的政策视野，使得新加坡在科技合作中能够始终保持战略优势。北京可以从这一点汲取经验，在制定科技政策时，注重长远规划与短期目标的平衡，确保科技发展的可持续性。同时，北京也可以借鉴新加坡的做法，通过设立专项基金或长期项目，支持关键技术领域的持续研发和国际合作。

（二）合作策略调整：精准布局与灵活调整

新加坡在国际科技合作中，展现出高度的策略性和灵活性。通过调整合作策略，新加坡能够在全球科技网络中找到最佳位置，最大化其科研优势。

1. 精准定位合作伙伴

新加坡在选择合作伙伴时，注重与各国科技优势的互补性。例如，与美国的合作主要集中在高科技领域，与中国的合作则聚焦于城市治理和可再生能源等领域。这种精准的合作伙伴选择，使得新加坡能够在国际合作中，利用不同国家的科技优势，提升自身的科研能力。北京也应该在国际科技合作中更加注重与合作伙伴的科技互补性。通过精准定位合作伙伴，在全球科技网络中找到最佳合作对象，推动国内科技创新的快速发展。例如，在与发达国家合作时，重点引进其先进技术与管理经验，而在与新兴市场国家合作时，注重科技成果的推广和应用。

2. 灵活应对国际环境

新加坡在应对全球科技合作环境变化时，展现出极大的灵活性。面对不同的国际形势，新加坡能够快速调整其合作策略，以适应新的国际环境。例如，在全球科技竞争日益激烈的背景下，新加坡通过加强与东盟、欧洲等地区的合作，扩大其国际科技合作网络。对于北京来说，全球科技合作环境同样复杂多变。因此，北京在国际科技合作中，也需要展现出高度的灵活性和应变能力。通过不断调整合作策略，可以更好地应对全球科技竞争，保持在国际科技合作中的主动权。

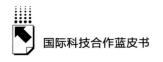

（三）科研资源配置：高效集约与全球布局

新加坡的科研资源配置展现出高度的效率与科学性。通过合理配置科研资源，新加坡在国际科技合作中取得了显著成效，为全球科技创新做出了重要贡献。

1. 集中资源发展重点领域

新加坡在科研资源配置方面，注重集中资源发展重点领域。例如，在生物医药、信息技术、可再生能源等领域，新加坡通过集中投入科研资金、引进国际顶尖人才、建设高水平科研机构，推动了这些领域的快速发展。这种资源的集中配置，使得新加坡在国际科技合作中，能够迅速取得突破性进展。北京在科研资源配置上，可以借鉴新加坡的经验，进一步集中资源发展国家重点科技领域。通过加大对这些领域的科研投入、引进国际科研人才和技术，推动北京在全球科技竞争中的快速崛起。同时，北京可以通过设立国家级科研中心和实验室，为国际科技合作提供更为优质的平台。

2. 优化科研资源的跨国配置

新加坡通过国际科技合作，充分利用全球科研资源，提升了其科研能力。例如，新加坡与多个国家和地区在科研项目上的联合投入，使得其能够在多个领域获得全球最前沿的科研成果。这种科研资源的跨国配置，使得新加坡在国际科技合作中始终保持领先地位。对于北京而言，优化科研资源的跨国配置是提升国际科技合作效益的关键。通过加强与国际科研机构的合作，尤其是与发达国家在高科技领域的合作，北京可以更加充分地利用全球科研资源，提升国内科研水平。同时，通过设立国际联合实验室、参与全球科技项目，北京还可以推动国内科研成果的国际化进程。

新加坡在国际科技合作中通过政策优化、合作策略调整和科研资源配置，取得了显著的成效。这一模式对北京具有重要的启示意义。通过借鉴新加坡的经验，北京可以在科技政策上更加灵活精准，在国际合作中更加注重策略性与灵活性，并在科研资源配置上更加集中与优化。这样，北京不仅能在全球科技竞争中占据更有利的位置，还能推动自身科技创新的持续发展，为全球科技进步做出更大贡献。

参考文献

王亮、周靖、李莲英：《典型发达国家国际合作对中国与"一带一路"国家科技创新合作的启示》，《科技管理研究》2023 年第 2 期。

沈云怡、孟繁超、韩炳阳等：《从科技评估视角分析中国与新加坡科技创新实力及合作现状》，《世界科技研究与发展》2024 年第 5 期。

杨骏：《中新科技合作园区花落重庆意味着什么》，《重庆日报》2024 年 3 月 28 日。

魏成、谭景柏、沈静等：《创新导向下的新加坡纬壹科技城开发理念与规划管控实践》，《规划师》2024 年第 6 期。

杨燕萍、何俊波：《新加坡科技创新机制及优势科技产业的研究》，《大众科技》2023 年第 12 期。

B.19
美国智库人才建设与管理机制
及对北京的启示

马向南 张婷婷 夏 蕊*

摘　要： 本文梳理出美国智库在人才建设与管理方面的人才组织机制、人才选用机制、人才激励机制、人才发展机制、人才流转机制等五大机制，并提出北京智库未来需要在人才配置、人才交流、人才储备、人才评价等方面借鉴美国智库人才建设经验，以更好地加强和创新北京特色新型智库建设，为实现国家治理体系和治理能力现代化奠定基础。

关键词： 美国智库　人才建设与管理　北京智库

引　言

美国是现代智库的起源地，宾夕法尼亚大学发布的《全球智库报告2020》显示，从国别来看，美国以2203家的数量遥遥领先，是全球拥有智库机构最多的国家，且种类繁多，包括布鲁金斯学会（Brookings Institution）、兰德公司（RAND Corporation）、美国传统基金会（Heritage Foundation）等世界一流的综合型智库，也有专门研究教育、科技、环保政策等专业性智库。美国智库不仅在制定国内和外交政策方面发挥着关键作

---

* 马向南，北京市科学技术研究院国际与区域合作中心综合办公室主任，高级经济师，研究方向为人才发展、科技创新管理；张婷婷，北京市科学技术研究院国际与区域合作中心人事管理专员、助理研究员，研究方向为人才管理、科技创新管理；夏蕊，北京市科学技术研究院国际与区域合作中心财务助理，高级经济师，研究方向为科技创新管理。

用，而且在培养人才方面也投入了大量精力，建立了人才组织、选用、激励等多项机制，拥有丰富的经验和成功案例。人才是智库影响力的核心因素，人才的活力在很大程度上依赖于机制的建立。北京智库在现有人才管理的基础上，可借鉴美国智库人才建设与管理机制，通过创新人才机制来激发人才的活力，从而显著提升智库的影响力。

一　美国智库人才队伍建设现状

（一）美国智库的人才队伍组成背景多元化

美国智库的人才队伍主要由来自不同背景的专业人士组成，这些人才构成了智库的核心竞争力，主要包括已离职的政府部门官员、高等学府学者、企业界的杰出人士及其他智库专家，以及毕业于高等学府的硕士和博士等。这些研究人员所涉及的领域包括经济学、政治学、国际关系，以及社会学、法律、科学与技术等学科。美国众多智库机构积极聘请了来自各个国家的研究人员，这些国际背景的研究人员能够帮助智库更好地理解不同国家的政治、经济和社会状况，从而在制定政策建议时更加全面和准确，这对跨国研究和国际合作尤为重要。此外，近年来美国智库积极倡导性别平等和族裔多样性，努力提高女性和少数族裔在研究团队中的比例，有助于拓宽智库的视角和研究范围。美国智库多样化的人才背景赋予了它们在研究与咨询领域的全面视角和丰富资源，同时，这种多样化的团队结构也反映了美国社会的多元文化和开放性，增强了智库在全球舞台上的影响力和竞争力。

（二）美国智库的人才队伍结构类型科学化

美国智库高度重视人员配置的科学性和合理性，旨在提高工作效率。美国智库人才一般有三种类型（见图1）：高端智囊通常指具有较高地位的政府高层官员以及具有显著影响力的知名学者。他们倾向于通过出版著作和发表文章等方式来传播他们的观点，并对政策制定过程产生影响。独立研究领域的专家，凭借其独特的思维和个性，在特定领域内进行深入研究，并主导关键项目的进行。多能型综合人才具备研究技能、策划与执行能力、宣传推广以及筹款等多重技能，满足了智库多元化运作的需求，为智库的整体发展提供了全面的助力。美国智库人才队伍的科学化配置，不仅产出高质量的研究成果，还确保这些成果得到有效的传播和应用，从而对政策制定产生实质性的影响。

高端智囊

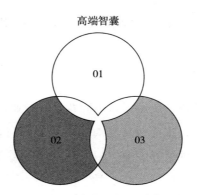

独立研究领域专家　多能型综合人才

图1　美国智库人才构成类型

（三）美国智库的人才队伍渠道储备多样化

美国智库人才储备具有多样化特点，不仅体现在成员的性别、种族和文化背景上，还包括专业技能和研究领域的多样性。第一，通过招聘有关领域的名牌大学应届硕士和博士毕业生，为智库带来新鲜的视角和创新的想法。第二，邀请政府部门卸任的官员加入，这些人通常具有丰富的实践经验，了解政府内部运作机制，能够为智库的研究提供宝贵的一手资料和深入的政策见解，有助于智库更好地理解政策制定的过程，并能够为智库的研究成果提供更具操作性的建议。第三，聘请高级讲师教授，为智库的研究项目提供深入的分析和高水平的理论支撑。他们的加入不仅提升了智库的研究能力，还增强了智库在学术界的声誉。比如胡佛研究所有超过

80%的研究人员在斯坦福大学各个院系任教，通过多种形式集聚相关领域专家开展合作研究，研究所外请专家比例高达50%，极大地提高了研究所的研究能力。第四，引进各行业人才精英。美国智库与研究所和企业有着密切的联系，经常从这些机构聘请专家加入智库的研究队伍中，这些行业精英通常具有丰富的实践经验和技术专长，能够为智库的研究提供实际案例和行业洞察，有助于智库的研究成果更加贴近现实世界的需求。第五，其他智库专家兼职。美国智库人才的流动性较强，兼职现象较为普遍。在常规渠道人才引进的基础上，美国部分智库邀请社会各界知名人士组成顾问团，聘请外部资深专家担任高级学者。同时，美国智库大量接收访问学者参与项目研究，以借助外部智力资源服务智库发展，通过这些人员的关系资源，进一步扩大智库对政府和社会的影响力。美国智库人才队伍的多样化储备，不仅提升智库的研究能力和政策建议的质量，还能增强智库的影响力和可持续性发展。这对于智库在日益复杂多变的政策环境中保持竞争力至关重要。

（四）美国智库的人才队伍培养模式体系化

美国智库机构高度重视人才队伍培养，通过构建完善且系统化的人才培养体系，吸引、培养人才，提升人才质量，从而确保其研究质量和政策建议的影响力。第一，成立研究生院。在美国，部分智库内部拥有研究生院，这些学院为人才的培养提供了有力支持。例如，兰德公司于1970年成立帕迪兰德研究生院[①]，专注于政策分析与研究领域。该学院提供政策分析博士研究和分享兰德研究项目的实践经验，让学员能够兼顾学术课程和实际研究。第二，对新入职人员进行岗位指导。布鲁金斯学会为刚步入研究领域的人员提供丰富的培训课程和成长途径，涵盖写作、演讲技巧等方面。第三，设立人才培养项目。布鲁金斯学会、美国企业公共政策研究所（American

---

① 《兰德公司帕迪兰德研究生院》（2024年8月30日），http：//www.rand.org/jobs/research-departments.html。

Enterprise Institute for Public Policy Research，AEI）以及卡内基国际和平基金会（Carnegie Endowment for International Peace）等智库均有人才培育项目，涵盖对青年研究人员实施导师制、专业发展课程以及参与实际政策咨询等内容。此外，美国部分智库还为青年研究人员提供参与政府部门、企业以及高等学府等实践项目的实习机会，让他们对决策的全过程有深入的认识，并积累一定的社会关系网络。美国人才队伍的体系化培养，能够确保其人才库的活力和多样性，为智库的长远发展奠定坚实的基础。

二　美国智库人才建设与管理经验

美国智库拥有强大的团队和科学的治理体系，呈现多样化、专业性、独特性和客观性的特征。人才建设是智库生存和发展不可或缺的关键因素，智库在构建充实的人员队伍之后，还需通过合理高效的人员选拔机制、灵活的人才引进机制、人才激励措施、人才流动机制以及专业教育和培训等人才发展手段，不断提高智库研究水平与竞争力。

（一）科学合理的人才组织机制

美国智库对工作人员配置的科学性和合理性非常重视。第一，美国智库致力于实现研究人员与非研究人员的合理配备，通常会根据其战略目标、研究项目的特性、资金来源以及管理理念进行调整。尽管没有统一的配置比例标准，但大部分智库仍保持一个相对均衡的态势，以确保研究工作得到充分保障，同时维持行政、财务、通讯和对外关系等功能的高效运作。美国智库追求动态平衡，定期对人员配置进行评估，依据项目需求和市场变动来调整，例如，当智库承担新的研究项目或重点发生变化时，它可能会相应地增加或减少某一领域的研究人员数量，或者调整非研究人员的比例，以确保整个团队能够高效运作。第二，采用"多学科交叉的矩阵研究机制"来调配研究人员解决复杂问题。在研究课题的实施与推进过程中，他们依据学科划分不同部门，抽调研究人员，构建跨学科的研究团队。例如，一个专注于气候变化的研究项目可能需要经济学家、环境科学家、政策分析师以及传播专家共同参与。这种灵活的配置使得研究人员能够在不同的项目中发挥自己的专长，同时也能够学习其他领域的知识。采用多学科交叉的矩阵研究机制，使得研究人员进行跨学科综合研究变得更为便捷，从而促进智库在多学科领域开展深入研究。

（二）灵活多样的人才选用机制

在美国，智库在人才选拔与任用方面展现出了高度的灵活性和开放性，这有利于吸引并保留高层次专家和研究人员。第一，通过实习生制度选拔优秀人才。美国智库非常重视实习生制度，通过这种方式从高校中筛选出具有杰出才能的毕业生。智库与高等教育机构构建了长期协同的伙伴关系，这种合作涵盖了设立奖学金、提供实习岗位、共同组织学术研讨会及协同开展研究项目等多个方面。通过这些举措，智库不仅能够提前接触到未来的潜在人才，还能够为年轻人提供宝贵的实践机会和职业发展的平台。第二，多数智库提供了适应性的工作安排以及短期合同，这使得在不同领域之间转变或寻求阶段性职业发展的人士被吸引。这种灵活的工作制度不仅有助于智库吸引多元化的专业人才，还能够让智库根据项目需求快速调整团队结构。第三，以研究项目为目标招聘员工。美国智库常以研究项目为目标招聘员工，这意味着智库能够快速组建专注于某一特定议题的团队，并在项目完成后解散或重新配置团队。这种做法有助于智库集中资源解决特定问题，并且能够根据项目的进度和需求灵活调整团队规模和结构。在人才培育领域，美国大部分智库秉持适度兼职与专职相结合的策略，通过实施灵活的选择机制与使用方法，维持一定的人员流动，从而确保团队活力与生机。

（三）创新有效的人才激励机制

美国智库确保人才创新与创业活力旺盛、吸引并保留顶尖人才的关键策略之一是实施高效的激励机制。为了激发智库人员的积极性和创新能力，智库组织通常实施了多样化的激励策略。第一，物质奖励，这一类激励方式在众多激励形式中占据主导地位，通过为员工提供丰厚的薪酬和福利来激励他们。例如，兰德公司的研究人员所取得的薪酬相较于具有相似学术背景的大学教授而言，高出 1/3。另外，兰德公司推出了"勋章奖"[①]，这是兰德公司的最高荣誉，表彰为支持兰德公司的使命和优先事项做出杰出贡献的个人，获奖者将获得额外的奖励和认可。第二，环境激励，即为员工创造优质的工作环境与生活环境。以兰德公司为例，其为研究团队配备的办公环境具备现代化、全天候开放的特点，同时配备了专职研究助理和先进的数据库与计算网络支持。第三，晋升激励，美国智库会根据绩效评估的结果，对表现优异的员工提供职位晋升的机会。第四，荣誉激励，通过认可和提升个人的职业声望来增强员工的归属感和内驱动力。例如，美国国会研究服务部门通常通过提升其工作人员的学术声望以实现激励目标。布鲁金斯学会运用其"杰出研究员"的荣誉，以表彰在特定政策领域做出显著贡献的成员。

（四）完善实用的人才发展机制

美国智库高度重视研究人员的职业发展，为新员工提供职业规划咨询，协助他们设立并达成职业目标，同时采用多样化的策略对人才进行全方位培养。主要包括：第一，组织内部培训。众多美国的大型智库均设有研究院，其职能为培养具备政策分析和项目研究技能的专业人才，为企业人才储备提供关键支持，尤其是年轻团队。第二，外部实习机会。多数智库为新成员提供外部实习机会，促使他们在政府部门、企业以及大学等部门工作，以便对这些部门的决策过程有更深入的理解。第三，项目支持。在美国，众多智库机构倾向于为年轻的研究者提供项目或计划，让他们有机会独立进行研究，并与资深学者协同合作，以此帮助他们在特定领域确立职业生涯。第四，访

---

① 《兰德公司"勋章奖"》（2024 年 8 月 30 日），https：//www. rand. org/multimedia/video/2018/06/05/leonard-schaeffer. html。

问研究。美国智库机构根据研究主题和目标，派遣研究人员到国外其他研究机构进行访问调研。第五，专题研讨。定期举办研讨会，让员工有机会展示研究成果，探讨当前政策变动，能够促进内部知识的分享，为员工提供一个展示自己研究成果的平台。

（五）务实高效的人才流转机制

美国智库的人才流转非常频繁，这有助于保持政策建议的新鲜度和多样性。美国智库作为政府管理人才的储备库，在很大程度上得益于其独特的"旋转门"机制。正如"旋转门"概念提出者、美国知名智库专家理查德·哈斯指出，"智库应发挥两大人才功能，一是作为天资聪颖的政府官员的来源地，二是成为那些希望吸引新思想或暂时离开政府部门人员的暂居地"。这一机制深深植根于美国的政治体制之中，并成为美国智库的一个显著特征。美国每四年一次的总统选举后，许多卸任官员转向智库从事政策研究，如有部分政府部门官员卸任后加入布鲁金斯学会、战略与国际研究中心、外交关系委员会等智库组织成为高级研究员、担任高级副总裁职务（见表1）。与此同时，美国智库专家有机会进入政府担任要职，如布鲁金斯学会、战略与国际研究中心、外交关系委员会等智库组织也有部分学者加入政府部门，推动智库观点融入政府决策中（见表2）。

表1　（曾）担任政府职务的智库学者（部分）

智库	学者	（曾）担任政府职务
布鲁金斯学会	布鲁斯·琼斯（Bruce Jones）	联合国中东和平进程特别协调员的特别助理、国务院和世界银行脆弱国家问题顾问
	伊丽莎白·费里斯（Elizabeth Ferris）	联合国难民与移民峰会高级顾问
战略与国际研究中心	尼科斯·查福斯（Nikos Tsafos）	阿拉斯加州议会商务顾问
	雷切尔·埃勒胡斯（Rachel Ellehuus）	国防部长办公室欧洲和北约政策首席负责人

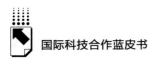

续表

智库	学者	（曾）担任政府职务
外交关系委员会	克里斯蒂娜·惠特曼 （Christine Whitman）	新泽西州第 50 任州长、乔治·布什政府环保局局长
	埃斯特·布里默 （Esther Brimmer）	国务院国际组织事务局助卿

表 2　进入政府部门任职的智库学者（部分）

智库	学者	加入的政府任职部门（或职位）
布鲁金斯学会	大卫·史蒂文	联合国基金会高级研究员
战略与国际研究中心	杰米·克劳特	财政部恐怖主义融资和金融犯罪办公室中东区主任
外交关系委员会	彼得·特罗德森	海岸警卫队上校、国防部海岸警卫队联络员

这种智库专家与政府官员之间的双向流动，即所谓的"旋转门"，不仅为智库提供了丰富的政策研究资源，同时也确保了政府能够持续获得高水平的人才支持。另外，美国部分智库与学术界、非政府组织（NGO）、私营部门等之间也存在大量的人才流转。比如，布鲁金斯学会经常有来自世界各地的学者进行短期访问研究。彼得森国际经济研究所（Peterson Institute for International Economics）的研究员可能会为跨国公司提供国际贸易方面的建议。世界资源研究所（World Resources Institute）与环保组织合作进行可持续发展领域的研究。美国学者肯特·韦弗（Kent Weaver）指出，智库在作为政府人才供应方方面的作用，很大程度上源于行政精英的渗透。

（六）庞大高效的人才信息储备机制

美国智库通过多种途径建立和维护一个庞大且高效的人才信息储备机制。第一，建立专家库。许多美国智库，如布鲁金斯学会，拥有一个庞大的专家库，覆盖了从经济政策到国际关系等多个领域，而且专家信息完全对公众开放，便于开展学术交流，也便于公众直接与专家互动，同时可以输入专家的论文或专著进而查询专家的相关信息。第二，建立人才储备池。卡内基和平基金会①等智库在其官方网站上提供专家的具体信息和研究方向，专家可以属于不同的研究项目。此外，卡内基和平基金会也建有自己的人才储备池，从合作的数百家高校中建立自己的人才储备池，从本科毕业的学生中选拔优秀的人才参与到初级学者计划中，通过让其参与项目和为资深研究员担任科研助理而不断在政策研究方面培养其能力。美国智库通过建立和维护一个庞大且高效的人才信息储备机制，不仅能够吸引和保留顶尖人才，还能够确保其团队在不断变化的政策环境中保持竞争力。

三　美国人才管理经验对北京的启示

北京智库具有政策研究、基础研究以及人才培养等多重功能。多年来，智库已经成为实现国家治理体系和治理能力现代化的重要支撑，智库人才队伍建设也取得了积极进展，但仍然存在体制机制不新、人才流动不畅、激励措施有限、领军人物缺乏等问题，在一定程度上制约了智库的跨越发展。例如，在北京虽然从政府部门退休的人员进入智库从事研究和管理工作很常见，但智库人员进入政府部门工作的渠道却不够畅通。随着全球化进程的加快，更多具有智库等私营部门工作经验的优秀人才由于体制机制的障碍，很难进入政府部门工作并为政府提供决策支持；北京智库在信息库建设方面仍存在改进的空间，在北京多家智库官方网站上，关于专家信息介绍相对较少，主要集中在专家简介方面。再如，北京部分智库尚未建立人才储备库，主要依赖自身的专家学者进行研究。美国智库在人才建设与管理方面拥有很多值得借鉴的成功经验，形成了有效的人才管理机制。这些成功经验，为北京智库在人才培养方面提供有力的支撑，实现人才的多角度、多层次、高水平建设。基于美国智库人才管理方面的论文、著作，总结出对北京智库人才建设的五方面启示。

---

① 《卡内基和平基金会》（2024 年 8 月 30 日），https：//carnegieendowment.org/？lang＝en。

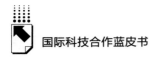

（一）构建多元化人才队伍，优化北京智库人才布局

北京智库借鉴美国顶尖智库选拔人才和培育多元化人才的经验，培养适应智库发展需求的多元化人才队伍。第一，扩大队伍的行业背景。在招聘人才时，北京智库应更为注重行业背景的多样性，吸纳来自学术界、政府、新闻媒体、企业以及非政府组织等领域的多元化人才。第二，建立多领域的专家团队。北京智库涵盖了政治、经济、社会、科技、教育等多个领域业务，因此需要组建一支具备多学科背景和多领域研究经验的专家团队。第三，明确岗位种类和人员身份。北京智库需明确划分研究团队与行政管理团队，研究团队由多学科领域专家组成的专家团队、研究助理人员以及专业顾问等组成，而行政管理团队则需涵盖项目管理、技术支持以及媒体传播等领域专业人员。优化配置研究人员、辅助人员以及行政人员，建立一支结构多元化的人才队伍。第四，扩大人才储备途径。人才储备途径不局限于招聘高校毕业生，还可以邀请政府退休官员、企业精英、其他智库专家以及国内外顶尖专家，从而提升人才队伍的多元化和国际化水平。

（二）构建"中国式旋转门"机制，畅通北京智库人才交流机制

建立人才"旋转门"机制，使更多的具有公共部门工作经验的管理者到智库工作，鼓励各智库培养优秀的研究人才并将其推荐到公共部门和重点企业工作实习，以提高研究成果的质量，可为政府决策提供更加科学的参考依据。一方面，智库邀请政府决策部门人员参与研究，与智库人才探讨相关问题，为智库发展注入新鲜血液，将大大提升智库人才的战略水平，使政策建议的提出更具有实战需求。另一方面，推动智库人才到政府部门工作，在工作期间可将智库的战略思想和研究成果融入政府决策过程中，推动智库与政策决策层面的良好合作。通过人才"旋转门"的双向流动机制，让人才流动"活"起来，更好发挥人才最大效能。北京智库根据我国国情，建立以任职交流为主要手段，同时辅以挂职或兼职的中国特色"旋转门"机制。

（三）建设人才信息库和储备池，完善北京智库人才交流平台

美国智库在人才信息库和人才储备池方面的建设较为完善，具备较高的技术水平。例如布鲁金斯学会具备一个庞大且丰富的人才资源库，通过此库筛选出合适的研究人员、访问学者以及相关职位的候选人。北京智库应借鉴美国智库经验，首先，建立人才信息库，构建一个全面的人才档案库，录入候选人的背景信息、专业领域、研究方向以及联系方式等信息，以便于对人才的筛选、评估和匹配，实现人才资源的有效利用。其次，建立人才储备池，以便在潜在职位空缺出现时，迅速发掘具备相应能力的人才。智库机构充分利用高校和研究所的资源，定期筛选并评估潜在优秀人才，通过积累高端人才，满足智库对人才需求的迫切性。北京智库通过建立人才信息库和人才储备池增强其人才储备能力。这一举措使得智库能够汇集大量专业人才信息，确保在需要的时候迅速调用合适的专家资源，不仅提升智库的研究能力和政策咨询水平，还加强其在相关领域的影响力和竞争力。

（四）建立健全人才培养机制，不断提升智库人才的综合素养

智库的竞争力主要取决于人才。因此，新型智库的建设理念不仅要求研究人员具备深厚的学科知识，还必须持续提升他们的综合能力和全球视野。第一，设计以目标为导向的培训课程，加大专题培训的力度。针对目标导向的教学设计，课程既注重对理论基础知识的掌握，又注重对实践技能的培养，以更好地满足智库人才的学习需求，同时提升他们的研究能力和知识水平。第二，培养复合型人才。针对智库人员的综合素质，定期组织能力提升培训，注重培养具有多元文化背景和专业素养的复合型人才。通过这种培养方式，智库可以确保其成员不仅在特定领域拥有深厚的专业知识，还能跨领域协作，从而更好地应对复杂多变的政策挑战。第三，拓展智库人才的阅历体系。通过强化与其他智库的合作与交流，选拔高素质的研究人员赴顶级智库进行深入研究。同时，鼓励他们投身于实际的调研项目，以便更深入地了解国内外相关领域的研究现状，更好地适应相关领域的变化和发展需求。此

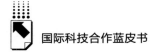
外，还可以通过举办国际研讨会、联合开展研究项目等形式，进一步拓宽智库人才的国际视野。第四，提升智库的教育水平。智库机构采取与高等院校、研究所合作的模式，充分利用教育资源方面的优势，开展硕士、博士以及博士后的培养计划，并提供在职教育项目，以实现高质量智库人才的持续输送。此外，还可以通过建立联合研究中心、实习基地等方式，进一步深化产学研合作，确保培养出的人才能够更好地适应实际工作需求，为智库注入新鲜血液的同时，也为政策研究提供坚实的智力支持。

（五）建立健全北京智库人才的评价、考核、激励机制，充分调动人才积极性

人才的评价、考核、激励机制对于智库的发展和人才的成长具有重要作用。第一，优化智库人才的考核与评价体系。完善人才发展的评价指标体系，在进行指标设定时，需综合考虑人才的文章政策影响力、学术贡献、道德品质、专业技能及知识能力等方面的多项因素，构建适应新型智库人才发展的评价指标体系。第二，完善智库人才的激励机制。对完成任务出色的项目或个人，应给予精神上的鼓励或物质上的奖励，以表彰他们做出了优异成绩；对于团队或个体在任务的执行过程中出现延误、滞后或无法完成任务的情况，应及时采取相应措施予以约束，以此激发智库人才的研究热情和创造力。同时，可以借鉴美国智库人才在物质奖励、工作环境改善、职业晋升和荣誉认可等方面的激励机制，对优秀人才进行表彰。其中物质奖励是激励机制中最直接有效的方式之一。

参考文献

James M. 2020 Global Go To Think Tank In-dex Report［R］. University of Pennsylvania Scholarly Commons，2019：152-153.

Belfer Center for Science and International Affairs. Experts［DB/OL］. https：//www. belfercenter. org/experts/all/person.

陈晓晖、刘洋：《美国智库的人才管理经验及其启示》，《中国人事科学》2019 年第 3 期。

曹略耕：《论"旋转门"机制在新型公安智库人才流动机制建设中的应用》，《智库理论与实践》2019 年第 3 期。

金志峰：《新型高校智库多元化人才管理机制探析——美国的经验与启示》，《中国行政管理》2019 年第 3 期。

孙涛：《美国智库人才队伍建设经验及启示》，《中共青岛市委党校青岛行政学院学报》2019 年第 3 期。

蒋观丽、文少保：《世界一流教育智库人才配置与管理机制研究——美国的经验与启示》，《高教探索》2021 年第 11 期。

张琳：《美国一流智库人才建设机制观察及其启示——以 13 家智库为例》，《智库理论与实践》2023 年第 3 期。

B.20
世界城市引进落地国际会议的经验及启示

龚 轶 李军凯 蒋金洁 孙文静*

摘 要: 国际会议是吸引高端资源、推进交流合作、展示对外形象的重要平台。当前,国际会议市场规模持续增长,疫情后快速复苏,会议规模和时长趋于精简高效,会议举办地聚集欧洲,城市分布更加多元。近年来,伦敦、巴黎、新加坡等世界城市积极布局,在会议推广机构建设、会议品牌打造、会议落地保障、配套基础设施、吸引国际组织落户等方面推出各类政策措施,积极举办各类知名国际会议。北京应借鉴相关经验,立足现有资源优势,系统化发力打造国际会议之都。

关键词: 国际会议 城市发展 国际交流 北京

引 言

国际会议具有汇聚全球资源、促进国际交流与合作、提升对外开放水平、打造开放包容的交往平台与国际形象的重要作用,是全球各大城市竞相追逐的会展业"明珠"。通过召开国际会议,可以高效率聚合全球物流、客流、资金流和信息流,放大会议对关联产业发展的强劲带动作用,

* 龚轶,博士,北京市科学技术研究院副研究员,研究方向为区域创新;李军凯,博士,北京市科学技术研究院国际与区域合作中心主任、研究员,研究方向为科技战略与国际合作;蒋金洁,北京市科学技术研究院副研究员,研究方向为科技政策与公共管理;孙文静,北京市科学技术研究院助理研究员,研究方向为科技政策、科技创新。

带动产业结构转型升级，显著促进城市品牌形象，提升城市国际影响力与竞争力。

近年来，国际会议市场保持稳步增长态势，虽然受新冠疫情影响显著，但随着疫情结束国际会议市场快速复苏。为吸引知名国际会议落地，新加坡、巴黎、伦敦等城市不断推出各种政策措施支持会议机构承办各类国际会议，完善配套设施，为国际会议召开提供便利。北京作为首都，在吸取其他城市经验的基础上，主动布局积极举办国际会议，必将大力提升城市的全球竞争力，有力支撑全国政治中心、文化中心、国际交往中心和科技创新中心建设。本文拟分析国际会议市场发展态势，总结世界知名城市引进落地国际会议的有益经验，为北京引进更多知名国际会议、提升全球话语权与国际影响力提供研究参考与借鉴。

一　国际会议市场稳步增长，疫情后快速复苏

目前，国际会议市场正逐步趋于疫情前稳定增长的态势，会议形式更加高效和多样，线上会议和线下会议相结合，新兴及老牌国际会议举办地的表现皆十分突出。

（一）国际会议市场规模持续增长

从近 10 年来国际会议举办的数量上看，全球国际会议市场总体上稳步发展，受新冠疫情影响，2019 年后国际会议数量有所下降，但国际会议市场快速调整，并在疫情后逐步恢复。一是国际会议举办数量总体呈增加趋势。从 2014~2023 年国际会议统计数据来看，国际会议举办数量处于稳定增长的趋势，并在新冠疫情前的 2019 年达到峰值。据 ICCA① 统计，2014~

---

①　ICCA（国际大会及会议协会）规定的国际会议的标准为至少有 50 人参加、定期组织会议（不包括一次性会议）和至少有 3 个国家参与。UIA（国际协会联盟）规定的国际会议标准为至少有 300 人参加、国外参加者至少占总数的 40%、参加会议的国家至少有 5 个和最短会期为 3 天。两个机构在统计标准上的差异使得国际会议相关指标的统计结果有所不同。

2019 年，国际会议数量增幅约为 15%，2019 年国际会议举办数量为 13254 场（见图 1）。据 UIA 统计，新冠疫情前的 2014~2019 年，国际会议数量增幅约为 2%，2019 年国际会议举办数量为 12472 场（见图 2）。二是新冠疫情对国际会议市场的正常运行产生了一定冲击。ICCA 统计数据显示，2019~2021 年国际会议举办数量大幅下降，2019~2020 年下降幅度最大，约为 37%，2021 年国际会议举办数量跌至十年来的谷底，约为 8000 场。UIA 统计数据显示，2019~2020 年国际会议举办数量下降约 66%，在 2020 年达到近十年来的最低点，为 4272 场。三是新冠疫情过后，国际会议市场逐渐恢复生机。从 ICCA 的统计数据来看，2021~2023 年国际会议举办数量持续较快增长，在 2023 年达到 10181 场，相较 2021 年增幅为 27%，国际会议市场恢复趋势明显。从 UIA 的统计数据来看，2020~2023 年国际会议举办数量实现了约 1 倍的增长，增幅 99%，并在 2023 年达到了 8486 场，这反映了国际会议市场的复苏。总体来看，国际会议市场在疫情冲击、国际冲突和地缘政治动荡等所带来的挑战以及快速变化的全球局势之中，仍持续发展壮大。

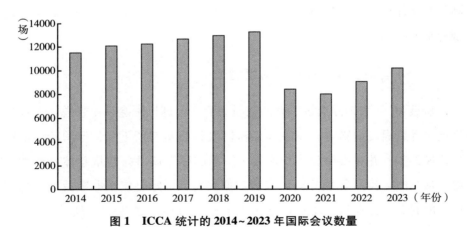

图 1　ICCA 统计的 2014~2023 年国际会议数量

资料来源：2014~2023 年《ICCA 国家及地区排名分析报告》。

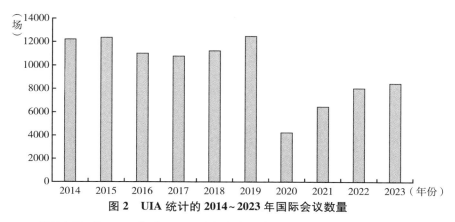

图2　UIA 统计的 2014~2023 年国际会议数量

资料来源：第 56~65 期《UIA 国际会议统计报告》。

（二）会议规模和时长趋于精简高效

中小型会议是主流会议类型。UIA 发布的 20 年滚动年平均数据显示，规模在 101~500 人的国际会议举办场次在所有规模的国际会议中占比持续领先，约占全部会议数量的一半，总体稳定在 1500 场以上；其次是小于 100 人规模的国际会议，接近全部会议的三成，这反映了国际会议的中小型化特点（见图 3）。参与人数规模在 5001~7000 人的国际会议举办场次在所

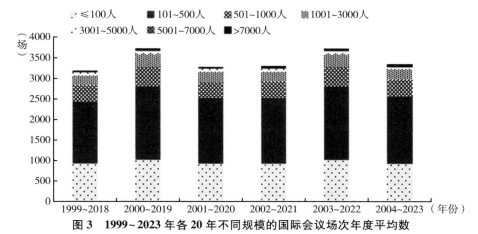

图3　1999~2023 年各 20 年不同规模的国际会议场次年度平均数

资料来源：第 60~65 期《UIA 国际会议统计报告》。

有规模的国际会议中占比最低，不足1%，平均值稳定在30场以下；其次是大于7000人的国际会议，占比约为1%；再次是3001~5000人的国际会议，占比约为2%。

国际会议举办更趋高效。UIA发布的20年滚动年平均数据显示，举办时间在3天的国际会议场次数量最多，在全部国际会议举办场次中占比最大，总体保持在26%的水平，平均值稳定在2500场以上（见图4）。举办时间为1天的国际会议数量及占比持续提升，从1999~2018年平均数量占比12%上升至2004~2023年平均数量占比14%。举办时间在5天以上的国际会议举办场次占比最低，且呈减少趋势。这也从侧面反映出国际会议效率的不断提高。

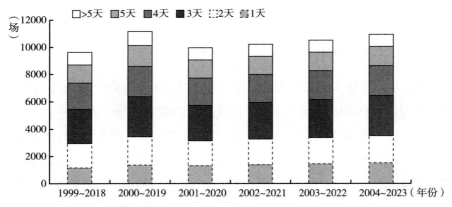

图4 1999~2023年各20年不同举办时间的国际会议场次年度平均数

资料来源：第60~65期《UIA国际会议统计报告》。

（三）举办地聚集欧洲，城市分布更加多元

国际会议举办地主要集中在欧洲，亚洲发展态势良好。UIA统计数据显示，欧洲是国际会议主要举办地，会议数量约占全球一半，呈持续领先态势，2019~2023年期间增长了8%（见图5）。其次是亚洲，占比约为20%，2020年达到国际会议举办场次占比36%的峰值，后受新冠疫情影响在2020~2022年下降41%，疫情后显著复苏，2022~2023年增幅为15%。再次是美洲，占比为17%，2019~2023年期间增幅明显，约为55%。

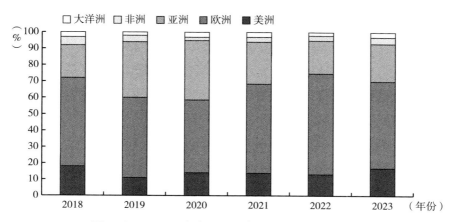

图 5　2018~2023 年各洲国际会议举办场次占比变化

资料来源：第 60~65 期《UIA 国际会议统计报告》。

从城市分布看，老牌会议城市表现依旧强劲，同时二线城市的吸引力在上升。ICCA 发布数据显示，美国仍然是举办国际性的协会会议最多的国家，意大利及西班牙紧随其后（见图 6）。在欧洲，巴黎、维也纳和巴塞罗那等

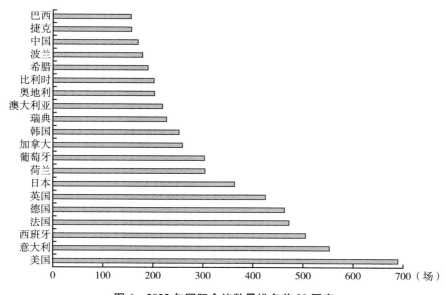

图 6　2023 年国际会议数量排名前 20 国家

资料来源：2023 年《ICCA 国家及地区排名分析报告》。

大城市一直吸引着大量会议落户，同时二线城市作为会议目的地的吸引力也在上升（见图7）。比如近年来在欧洲，西班牙毕尔巴鄂和巴伦西亚以及瑞典哥德堡等城市的活动参与度都有所提高。总体看，新兴和老牌会议目的地在满足活动组织者和参会者多样化的需求与偏好上纷纷扮演着关键角色，凸显了全球国际会议市场的多元化趋势。

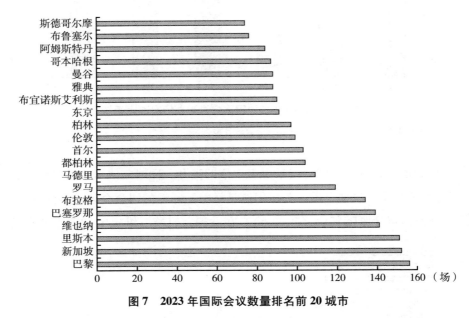

图 7　2023 年国际会议数量排名前 20 城市

资料来源：2023 年《ICCA 国家及地区排名分析报告》。

二　国内外主要城市积极参与举办国际会议

从近年来国际会议落地城市排名来看，巴黎、伦敦、新加坡、维也纳、柏林、东京等城市一直居前列，是目前世界范围内会议产业最发达的城市。同时国内城市如上海、杭州等也不断推出吸引国际会议落地的支持政策和鼓励措施，值得北京学习和借鉴。

（一）成立专门的会议推广部门进行市场营销

从世界范围来看，国际上知名的会议城市各有鲜明亮点，但相似的是会展和观光局（CVB）或会议局（VB）在其中都扮演着关键角色，如新加坡展览与会议署、伦敦会展局、维也纳会议局、巴黎旅游及会议促进局、里斯本会议局、柏林会展办公室等（见表1）。一般会议推广服务机构挂靠在当地旅游部门，负责在城市和国家层面进行会展地市场营销，推动所在地会议产业的发展。主要功能是全方位推介会议目的地城市、介绍当地会议基础设施、提供专业会议策划及推广方案、帮助申请办会牌照和许可证、寻找本地服务商以及提供咨询服务与建议、支持所在城市申办国家和国际大会等，为发展会议产业提供各方面的保障。

表 1 部分城市会展局服务内容

机构名称	隶属部门	成立年份	为国际会议策划者提供的服务	官方招商网站
新加坡展览与会议署	新加坡旅游局	1974	制定政府计划和激励方案,协助开展活动策划、牌照和许可证申请等,提供活动日历、会议场所和供应商、酒店餐饮等信息	www.visitsingapore.com/mice
伦敦会展局	伦敦发展促进署	1980	为各种活动的策划方、行业协会以及会展机构提供免费以及客观的建议、指导和支持,包括寻找合适会议场地、实地考察、竞标协助、退税帮助、综合指南策划和材料推广等	https://www.conventionbureau.london/
维也纳会议局	维也纳旅游局	1969	提供活动策划支持,提供本地服务供应商、会议厅位置、酒店分布、会议日历等信息,协助开展竞标、宣传材料制作、现场考察等	www.vienna.convention.at/

机构名称	隶属部门	成立年份	为国际会议策划者提供的服务	官方招商网站
巴黎旅游及会议促进局	无	1971	支持巴黎申办国家和国际大会,提供会议场地、本地服务供应商、会议规划师、专业媒体库等资源,提供会议日历、咨询票务服务、酒店餐饮信息等	www. en. convention. parisinfo. com/
里斯本会议局	里斯本旅游局	1987	制定激励措施,提供会议场馆设施、会议服务地图、咨询服务与建议等	www. visitlisboa. com/en/
柏林会展办公室	柏林旅游局	2001	制定激励措施,提供会议场馆设施、服务合作伙伴等信息,协助开展活动策划、大会申请、实地考察,提供事件咨询、在线推广活动等服务	www. convention. visitberlin. de/en

资料来源:根据网络资料整理。

(二)出台一系列招揽国际会议落地的保障措施

很多城市在保证会议顺利推进之余,还通过会议奖励计划、聘任"会议大使"、发布城市会议指南、培育市场化会议推广和运营团队、成立国际会议竞标服务中心等方式,提高服务机构承办高质量国际会议的积极性和服务水平(见表2)。新冠疫情期间,会议行业受影响较大,很多国家和城市出台各类措施助力会议行业发展,如新加坡政府推出新加坡商业活动资助计划(BEiS)、新加坡会展旅游优势计划(SMAP)及新加坡旅游局业务改进基金计划(BIF)等,有力促进会展业快速复苏。

表2　部分国家和城市招揽国际会议落地措施

城市	主要措施	服务内容
新加坡	"惠聚狮城"奖励计划	针对会奖团队推出大量定制化行程,以满足来自全球各地中小型团队的不同需求。提供63种独特体验覆盖了四大种类,即新加坡美食、娱乐及夜生活,主题游览及学习体验,从景点展开的定制体验及独特团建活动。 高效率配置和利用政府资源,为会议提供全方位支持。如邀请演讲嘉宾、全球营销、VIP接待及财务补助、签证和通关等。助力服务供应商推广优惠信息,依据不同会议项目和会议规模实施配套的费用补贴和政策优惠。此外,还在航空公司、酒店、购物等方面为参会者提供优惠
曼谷	支持国家战略重点领域国际会议落地	泰国政府将国际会议作为实现泰国经济转型的工具,重点围绕"泰国4.0战略"数字化企业、智能设备、机器人、物流和航空、健康旅游、未来汽车等12个重点行业吸引国际会议落地,为泰国各协会提供投标支持,帮助赢得了超过10场国际大会举办权
巴黎	专业会议推广和运营团队	巴黎市政府参与引进和培育了大量专业化会议组织机构(PCO)和目的地管理公司(DMC),联合学校、行业协会等培养了一大批具有实际操作经验和专业背景的会议人才
伦敦	发布"伦敦会议展览官方指南"	从住宿交通、餐饮服务、会议设备、宣传推广等方面提供咨询,包括扶持补贴政策、酒店会场合作伙伴、专业会议组织机构、活动和目的地管理公司以及各类服务供应商等
上海	聘任"上海会议大使"	2006年,在全国首次提出会奖旅游发展促进制度。已经累计聘请来自建筑、医学、社会科学、电子科技、物理学、信息、半导体、生物学等20多个领域的"上海会议大使",招揽了一批专业性强、层次高、人数多的国际会议落地上海
杭州	成立国际会议竞标服务中心	2017年成立,由杭州市会议大使和杭州会议中心、会议公司、酒店、航空公司和旅行社专业人员组成,为企业提供会议线索搜索分析、标书制作及竞标阐述等基础性工作

资料来源:根据网络资料整理。

(三)政府与企业携手合作打造知名国际会议品牌

多年来,伦敦通过主办和承办各类科技会展,吸引全球科技创新资源汇聚,助力提升城市科技创新竞争力与影响力。一般政府负责运用公共宣传平台和政府部门首脑为会议进行宣传推广,会议服务企业负责市场化和商业化

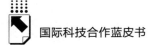

运营，形成政企合作打造兼具行业水准与商业流量的国际会展品牌。伦敦科技周（London Tech Week）是欧洲最大的科技盛事，由伦敦发展促进署（London & Partners）和会展巨头英富曼集团科技事业部（Informa Tech）联合主办。2023 伦敦科技周开幕式由英国首相苏纳克致开幕词，并与谷歌深思公司首席执行官德米斯·哈萨比斯（Demise Hassabis）围绕人工智能技术开展炉边对话，精心塑造政企合作引领科技发展的品牌形象。围绕传统产业、新兴产业和初创企业的发展需求，设置可持续发展与数字化转型、下一个技术前沿、繁荣坚韧的英国科技生态系统三个主题。为了更好地服务企业与参会人员，伦敦科技周积极为科技企业提供展示平台，会前开放申请通道，鼓励企业人员申请成为科技周演讲者；设立创新大师课向初创企业分享创业心得，帮助初创企业成长；建设创新中心馆，通过互动演示和虚拟现实加强观众体验，推进科学普及，培养专业观众；设立创新集市，通过来自不同领域和国家的品牌创始人分享创新经验，促进行业交流提升合作机会；打造创新休息室，为投资者与创新企业提供会面空间。为强化宣传推广，伦敦科技周邀请若干全球商业领袖担任大使，在世界主要城市提前组织推介会，在世界各地召开科技创新大会并设置伦敦科技周城市站，以拓展品牌影响力。

（四）完善酒店、旅游场所及配套设施等基础建设

伦敦是欧洲会议和活动策划者的主要目的地，拥有一系列高品质新酒店、场地、餐厅和交通连接，这些设施有力提升了伦敦的会议服务能力。近年来，伦敦市政府针对小中大型各类会议及会奖旅游项目，进行了大量新的酒店、场地和基础设施投资，推动建设了上千处多种类型的会议活动场地，如大量专业会议中心、高端会议酒店及顶级剧院礼堂，显著扩大了会议、活动和住宿的容量以满足国际会议市场多元化的需求。近 3 年来，伦敦市新建了 Oceandiva London、Outernet London 等新的会议活动场馆，并将伦敦展览中心扩建了 25000 平方米。新冠疫情期间，伦敦市抓住机会在两年中新开了 52 家酒店（新增 7632 间客房），仅在 2022 年就有 17 家酒店开业，The

OWO 莱佛士酒店（由白厅前旧战争办公室翻新）、梅菲尔文华东方酒店和伦敦半岛酒店以及 The Chancery Rosewood 等豪华酒店陆续开业。多切斯特酒店、伦敦大都会希尔顿酒店等世界知名的场馆和酒店也正在进行大规模翻新，随时准备"惊叹"客人，为客人提供更好的体验。此外，伦敦市政府还建设了大批具有充电、Wi-Fi、急救功能的免费设施，并开通伊丽莎白铁路线，优化会议活动配套支持，改善城市的连通性。

新加坡政府扶持建设了一批五星级酒店、会议中心、会议场地和功能性建筑，可针对不同层次的会议需求提供世界顶级的服务。新加坡目前主要有5 家专业场馆，分别为新加坡博览中心、新达城国家会议展览中心、樟宜展览中心、莱佛士会议中心、金沙会展中心，室内展览总面积为 30.2 万平方米，在亚太发达经济体中仅次于日本。新加坡政府规范整治了路标、地标的设置，做到合理清晰且大部分采用英文标注，为国际人士的出行提供了极大便利。在旅行体验方面，新开发了幻光雨林之夜、设计·乌节、星耀樟宜等多个全新项目。已拥有超过 67000 间客房的新加坡，又相继建成了新加坡拉古娜都喜天丽酒店、达士顿六善酒店、麦士威路六善酒店、YotelAir 新加坡樟宜机场酒店等多家大型酒店。到 2022 年底，新加坡预计新建成大约 2800个房间。

（五）吸引知名国际组织和机构落户

很多国际会议由相关国际组织拥有和主办，吸引国际组织落户可以充分发挥国际组织在处理国际相关专业事务、促进各领域的国际交流合作、解决国际性行业间争端和矛盾中的重要作用，打造开放合作的国际化视野和环境，提升国际事务的话语权和影响力。在新加坡政府的扶持培育下，当地拥有 150 多个国际非营利组织，吸引了近 7000 家跨国公司设立分支机构，其中 60% 在新加坡设立地区或全球总部，包括国际上最大的会议公司——励展集团将亚洲总部设立在新加坡。新加坡旅游局（STB）十分注重与知名国际组织和机构、行业协会、企业及其他相关者的交流合作。新加坡展览与会议署（SECB）通过开辟国际组织中心为会议行业从业者打造交流平台，在政府的努力争取下成为"最佳城市全球联盟""全球展览业协会（UFI）""国际大会及会议协会（ICCA）""专业会议管理协会（PCMA）""国际协会联盟（UIA）"等联盟和国际机构的成员，富集了大量顶尖的会议产业资源。

上海市充分发挥其在城市基础设施、经济影响力、人文环境、政府管理能力等方面的优势，大力吸引经济、金融、科技等各领域的国际组织落沪。一是出台相关政策，进行专项扶持。上海市人民政府办公厅发布的《上海市关于提升综合服务能力助力企业高水平"走出去"的若干措施》明确提出，"吸引集聚一批国际影响力大、服务能力强的专业服务机构和国际组织落户上海"。此外，虹桥和浦东等区还出台了经济奖励、租金补贴、人才激励的专门扶持政策。二是探索创新管理机制，形成从注册登记、涉税事务到国际职业资格认可等一套便利化、制度化管理体系。三是围绕各区产业特色建立国际组织集聚区。上海临港新片区建立国际科技组织集聚区，采取"1+1+N"建设模式，即将临港新片区作为国际科技组织注册入驻区，以上海科学会堂作为国际科技组织服务支持区，各国际科技组织结合自身特点分设日常运营区，形成多点布局、互为支撑的工作网络。浦东建立前滩国际经济组织集聚区，集中吸引培育与浦东产业特色和功能优势相关的行业协会、产业联盟、同业公会、标准制定组织、国际商会等高级别国际经济组织。

三　北京应系统化发力打造国际会议之都

近年来，北京举办大规模、高层次、国际性会议的数量不断增加，举办了"'一带一路'国际合作高峰论坛""亚洲文明对话大会""服贸会""中关村论坛""金融街论坛"等知名国际会议，为北京吸引世界目光，宣传、展示大国首都形象起到了关键作用。在国际大会及会议协会（ICCA）发布的2023全球会议目的地竞争力指数排行榜中，北京成为最具会议竞争力的中国大陆城市（不含港澳台）。2022年，北京举办26场线下国际会议，居大陆城市之首。同时，北京仍存在会议基础设施不够完善、缺少国际组织总部、引进国际权威性会议论坛较少、市场化营销手段缺失等短板和问题。因此，有必要把握国际会议市场的发展机遇，借鉴世界知名城市发展经验，通过举办国际会议汇集各种优势资源要素，将北京打造成亚太地区一流的会议举办目的地和世界"会客厅"。

一是成立专门的会议局（VB），为国际会议产业的发展提供相关的政策指导和市场营销活动。北京市文旅局于 2011 年发起成立了高端旅游与会议产业界行业性组织"北京高端旅游与会议产业联盟（BHTMIA）"和"北京高端会奖旅游服务机构（BCVB）"，但在会议目的地营销中缺少影响力，需要有专门的机构以城市作为营销主体，利用自身的物力、财力和人力资源为北京国际会议产业的发展出谋划策，在国际会议的世界市场上形成统一的宣传形象，这有利于加深会议组织者和与会者对北京城市形象的感知，从而吸引全球各类专业组织来京办会。

二是完善会议基础设施综合配套功能。目的地城市的整体城市环境和会议配套支撑能力是吸引国际会议落地的基本条件。应以国际化标准推进国家会议中心二期建设、新国展二三期建设，大兴国际机场会展设施建设、第四使馆区建设，在新建场馆规模面积和数量上与国际知名会议城市看齐，打造集展览、会议、办公、商业、餐饮、酒店等功能于一体的会展消费综合体。可通过深耕场馆的自身价值与外部衍生价值，创新会议服务模式，充分运用互联网、云计算、大数据、物联网、人工智能、VR/AR、5G 等新一代信息技术，变革服务边界，推动智慧场馆改造，完善场馆基础硬件和智能控制系统升级，提供数字化集成式服务。

三是吸引国际组织总部、国际机构落户，深化同国际知名会议服务企业、机构和组织的合作。北京缺少像 G20 峰会、世界经济论坛等有世界影响力的国际会议，造成北京在举办重要国际会议、在与其他国际组织间进行沟通时，明显缺少话语权与话语认同，政治与文化影响力难以得到发挥。目前，设立在北京的政府间国际组织总部数量与伦敦、巴黎、华盛顿、日内瓦等城市同期相比差距较大，导致高端会议资源不够密集。建议北京在国际组织、文化机构和国家之间开展密切合作，提供最佳的专业实践和服务，吸引国际组织总部落地。与国际机构业务组织者、协会和会展（会议、奖励旅游、大型企业会议、展览）行业利益相关者合作，确定增长、吸引和创建业务活动的关键机会，向他们提供有关北京会展设施、场地和行业合作伙伴的全面信息，协助商务活动组织者、公司和协会顺利办会。

四是增聘"北京会议大使"，组建专业竞标团队，整合各方面资源积极引进并定点培育高端国际品牌会议项目。"会议大使"是指一个城市招揽会议的专业人士，通常为各行业的领军人物，为当地争取更多举办国际大型会议的机会。"会议大使"计划始于新加坡、巴黎等城市，国内城市中上海于2006年最早聘任了"会议大使"，至今已有12批116位，杭州会议大使至今已有10批64位，先后为当地引来了百余个国际性、全国性、地区性会议。北京于2012年聘任了首批30位"会议大使"，涉及首都科技、医药等行业以及行业协会、高校领军人才，但近年来未予以增聘。此外，可组建专业竞标团队，建立重大会议、重点会议项目库，筛选出一批优质且有发展潜力的国际会议项目线索，整合高校科研院所资源、行政资源、社会资源、市场资源，共同申办国际性、国家级、专业型会议活动。

五是打造北京国际会议市场超级IP，引进培育"生根型"国际学术会议。对于已经形成一定国际影响力的会议品牌，如中关村论坛、金融街论坛等，通过联合、嫁接、引进战略合作者等多种方式，提高专业化程度，做大做强做优，努力办成具有国际领先水平的顶级会议。围绕十大高精尖产业培育或引进"生根型"国际协会、学会会议落户北京，让国际会议成为产业的高质量赋能平台，深度融入高精尖产业的链式整合，促进国际会议经济与产业链一体化高质量发展。

六是加强政策环境建设，提升城市服务能力。在政策环境上，用好已出台的《北京市会奖旅游奖励资金管理办法》《北京市入境旅游奖励与扶持资金管理办法》等奖励政策，除在会议落地后给予相应补贴外，还需要在前期申办阶段投入支持资金，解决协会、企业等机构担心申办失败需承担资金损失的后顾之忧。在会议服务机构管理制度上，借鉴上海、杭州经验，建立与国际接轨的会议会展服务标准，规定北京会议服务机构的基本要求、会议服务要求、管理要求及服务质量改进标准。设立"国际会议组织机构奖"，奖励国内外行业伙伴在引进国际会议上所做出的突出贡献。在对外宣传上，借鉴国外城市经验，将旅游管理部门网站作为宣传城市吃、住、行、游、购、娱的服务窗口，打造北京旅游品牌统一标识，发布"北京会议展览官方指南"，提供北京最新的旅游信息和旅游产品建议，帮助游客以及专业人士安排行程，与北京最佳的旅游业内机构建立联系，提高对北京的认知和了解。同时，利用推特、脸书等国际化传播媒介宣传北京会议旅游资源亮点。规范整治路标、地标，做到合理清晰且大部分采用英文标注，为国际人士的出行提供便利。为国外会议组织者及会议买家提供会议设施现场考察、住宿预订接待、交通运输、会后旅游、会后满意度调查等配套服务，以提升国际会议落地北京的成功率。

参考文献

金佳媚：《基于政府视角打造高端国际会议目的地对策研究》，浙江工业大学硕士学位论文，2018。

新加坡旅游局：《新中业者共享智"会"狮城 新加坡旅游局大中华区会奖业大会首进狮城》，《中国会展》2019 年第 16 期。

Abstract

"Annual Report on Beijing International Cooperation for Science and Technology Development (2024)" is jointly authored by researchers from the Beijing Academy of Science and Technology, a high-level think tank in Beijing, along with experts and scholars from other renowned scientific research institutions and research management organizations.

The general report focuses on the current status and future innovative development path of Beijing's international cooperation for science and technology, analyzing new situations and tasks of Beijing's international exchanges and cooperation for science and technology. It examines the "present tense" of Beijing's international cooperation for science and technology in terms of joint scientific research, technological transfer and transformation, S&T talent exchanges, and the ecosystem of S&T cooperation, exploring existing issues and dilemmas in current international cooperation for science and technology. It also delves into the "future tense" of Beijing exchanges and cooperation for science and technology from the perspectives of mechanisms, paths, and models.

At present, Beijing is accelerating international S&T cooperation, and the building of Beijing as an international center for science and technology innovation has achieved good results. However, Beijing needs to be further optimized in terms of joint application of international research projects, international technological transfer and and the building of overseas R&D centers, the frequency of international cooperation and the intensity of talent training and introduction, non-governmental international S&T exchanges and cooperation, and the international institutional environment for supporting S&T cooperation.

Under this background, Beijing may continue to promote innovative development in international S&T cooperation and create a new phrase of international S&T exchanges and cooperation with its own features through the following measures: further improving the municipal level coordination mechanism for international S&T cooperation, vigorously supporting the application for international research project and the exchange and cultivation of international talents, actively promoting enterprises to "go global" for overseas research and development layout, further strengthening the transformation and application of S&T cooperation achievements and intellectual property protection, enhancing the support for non-governmental S&T exchanges and cooperation, and optimizing the internationalized institutional environment supporting S&T cooperation.

In terms of innovation ecosystems, it digs into the models and mechanisms for Beijing to build an open and collaborative innovation ecosystem. It suggests that Beijing should optimize the allocation of resources, further promote the open sharing of S&T resources by relying on large-scale facilities, reduce technological dependence, expand common interest by non-governmental science and technology diplomacy, and establish a demand side of S&T achievements oriented path for international cooperation.

Regarding international organizations, it advises Beijing to leverage its existing resource advantages, develop advantageous disciplines through differentiated approaches, accelerate the introduction, cultivation as well as the innovative management of international S&T organizations, and cultivate and attract specialized talents for international organizations.

In terms of the path for Beijing to accelerate the building of international high-level think tanks and the innovative models and cooperation mechanisms for think tank exchanges and cooperation, it conducts an in-depth analysis and recommends that Beijing diversify cooperation modes, improve international exchange mechanisms, enhance resource linkage, optimize the building of environment for think tanks, and further strengthen cooperation with international think tanks.

At the same time, it studies the international cooperation mechanisms for science and technology of the EU, the UK, Germany, and Singapore, talent plans and management mechanisms of American think tanks, and the experiences of world-renowned cities in attracting and hosting international conferences, in

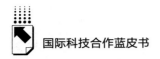

order to propose enlightenment and suggestions for Beijing. It is advocating for the continuous advancement of Beijing's international S&T cooperation through measures such as further refining the top-level design for international S&T cooperation, clarifying priority areas for cooperation, actively integrating into the global S&T innovation network, improving the investment, supervision and evaluation mechanisms for international research and innovation funds, strengthening international exchanges and collaborations among people-to-people research and innovation entities, allocating research and talent resources appropriately, and systematically striving to build Beijing into a city of international conferences.

Keywords：International Cooperation for Science and Technology；Open and Exchange；Innovation；Beijing

Contents

I General Report

Abstract : International cooperation for science and technology refers to the transnational exchanges and shared cooperation on knowledge , technology and talent , etc. , as well as platforms , systems , and policy environments which support the above activities. The main forms include scientific research cooperation , technology transfer , S&T talent exchanges , and S&T cooperation ecosystem. Currently , Beijing is accelerating international S&T cooperation , and good progress has been achieved in the building of Beijing as an international center for science and technology innovation. However , Beijing needs to be further optimized in terms of joint application of international research projects , international technological transfer and the building of overseas R&D centers , the frequency of international cooperation and the intensity of talent cultivation and introduction , the effectiveness of non-governmental international S&T exchanges and cooperation , and the international institutional environment for supporting S&T cooperation. Beijing can continue to promote innovative development in international S&T cooperation and create a new phrase of international S&T exchanges and cooperation through the following measures : further improving the municipal level coordination mechanism for

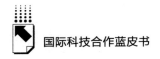

international S&T cooperation, vigorously supporting the application for international research project and the exchange and cultivation of international talents, actively promoting enterprises to "go global" for overseas R&D layout, further strengthening the transformation and application of S&T cooperation achievements and intellectual property protection, enhancing the support for non-governmental S&T exchanges and cooperation, and optimizing the internationalized institutional environment supporting S&T cooperation.

Keywords: International Cooperation for Science and Technology; Opening-up and Exchanges; Innovation Ecosystem; Beijing

Ⅱ Innovation Ecosystems

B.2 Beijing Builds an Open and Cooperative Innovation Ecosystem on The Basis of Large-scale Facilities

Gao Fei, Li Junkai and Zhang Ruiqing / 032

Abstract: Large-scale facilities hold tremendous potential for scientific research and applications, serving as crucial platforms for advancing basic research, fostering original innovation, and promoting international scientific and technological collaboration. In recent years, Beijing has significantly accelerated the construction and operation of large-scale facilities, actively engaging in international scientific and technological cooperation across a wide range of disciplines. This paper provides an overview of the global distribution, historical evolution, and collaborative frameworks of large-scale scientific facilities, offering valuable insights for establishing an open and shared ecosystem for international scientific cooperation. Beijing could optimize resource allocation, enhance the open sharing of scientific and technological resources through these facilities, actively participate in international scientific and technological cooperation, and strengthen the international exchange and collaboration of research talent.

Keywords: Large-scale Facilities; International Scientific and Technological Cooperation; Innovation Ecosystem; Beijing

B.3 Research on the System of Scientific and Technological Cooperation to Promote the Development of Beijing as an International Center for Science and Technology Innovation   *Li Junkai, Zhang Xinqiao* / 046

Abstract: Against the backdrop of intensified technological competition among major powers and the reshaping of the global science and technology innovation landscape, the development of the Beijing International Science and Technology Innovation Center faces new challenges. Driving the convergence of innovative elements and resources through scientific and technological cooperation has become a key aspect of building this center. Japan, the United States, and Singapore have demonstrated effective strategies by establishing flexible science and technology cooperation policies, building multi-stakeholder mechanisms to advance R&D collaborations, and deepening industry-oriented partnerships. Drawing on the experiences of these countries in building science and technology innovation centers, this paper proposes several recommendations to enhance Beijing's center: reducing dependency on external technology through a broad framework of international cooperation, expanding common interests through flexible science diplomacy, establishing demand-driven international cooperation pathways for scientific achievements, and continuously improving an evaluation system for international science and technology cooperation.

Keywords: International Science and Technology Innovation Center; China-U. S. Relations; Scientific and Technological Cooperation

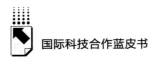
B . 4　Innovation Ecology Research to Promote International
　　　　Scientific and Technological Cooperation

Wang Huijuan , Liu Bo , Yang Hongliu and Na Chaoying / 058

　　Abstract：This paper discusses the innovation ecosystem of Beijing's interna-
tional science and technology cooperation, including its structure, dynamic
mechanism and the problems it faces. By analyzing the synergy of multiple
innovation subjects, the supporting system, cooperation network and institutional
environment in international scientific and technological cooperation are revealed.
The paper points out that although Beijing has a profound foundation for
international science and technology cooperation and innovation ecology, there are
still problems such as the scope and depth of innovation entities' participation in
international cooperation, the support system for international science and
technology cooperation, the international science and technology cooperation
network, and the policies, regulations and service system of international science
and technology cooperation. To this end, the paper puts forward optimization
methods such as giving full play to the advantages of universities and institutions,
enhancing the breadth and depth of international science and technology
cooperation; improving the support system of international science and technology
cooperation, and strengthening the support guarantee of innovation resources, so
as to further improve the quality and efficiency of Beijing's international science and
technology cooperation.

　　Keywords：Innovation Ecology；International Cooperation in Science and
Technology；Beijing

B . 5　Research on the Mechanism of Beijing's Promotion of Industrial
　　　　Collaboration and Internationalization Development

Liang Zhaonan / 076

　　Abstract：Relying on its unique political status, technological prowess and international influence, Beijing actively advances the internationalized development of industrial synergy. The article gives a brief overview of Beijing's import and export, analyses the situation of technology transactions, conducts research and case analysis on the mode and mechanism of Beijing's internationalized development of industrial synergy from three aspects: industrial chain, industrial park construction and soft cooperation. Policy recommendations for promoting the internationalized development of industrial synergy in Beijing are proposed from four aspects: park construction, "three-chain" integration, standard formulation and creation of international platforms.

Keywords: International Science and Technology Innovation Center; Industry Synergy; Internationalization; Beijing

B.6 Research on the Joint Training Path of Beijing's International Scientific and Technological Innovation Talents

Chen Huabo / 102

Abstract: At present, there are still problems such as uneven resource allocation, imperfect cooperation mechanisms, cross-cultural adaptation difficulties, and challenges in talent return and achievement transformation in the process of Beijing's international joint training of scientific and technological talents. This paper focuses on the joint training path of Beijing's international scientific and technological innovation talents. The aim is to summarize the current joint training model for Beijing's scientific and technological talents by analyzing the current situation of Beijing's scientific and technological innovation talents, Beijing's scientific and technological talent training plans and their effectiveness, the Beijing municipal government's support policies for talent training, and the situation of Beijing's international scientific and technological cooperation. This paper proposes suggestions such as optimizing resource allocation, strengthening cross-cultural adaptation support, deepening international cooperation mechanisms, and

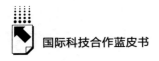

improving the policy support system, in order to build a more efficient and collaborative international scientific and technological talent training ecosystem.

Keywords: Scientific and Technological Innovation Talents; International Scientific and Technological Cooperation; Joint Training; Beijing

Ⅲ International Organizations

B.7 Research on the Structural Layout and Management Innovation for Introducing and Cultivating International Scientific and Technological Organizations in Beijing

Li Junkai, Liu Chang and Guo Buze / 121

Abstract: International scientific and technological organizations are leaders in setting international technical standards and rules, as well as setters of global scientific and technological innovation agendas. Beijing's international scientific and technological organizations started relatively late, and there is still a certain gap in terms of quantity, scale, and influence compared to cities in Europe and the United States. Beijing should draw on the development experience of European and American international scientific and technological organizations, leverage its existing resource advantages, target cutting-edge technological fields, and develop advantageous disciplines in a differentiated approaches. At the same time, Beijing should innovate the management and operation of international scientific and technological organizations, optimize their development environment, and promote the healthy and orderly development of international scientific and technological organizations.

Keywords: International Science and Technology Organization; International Cooperation; International Exchange; Beijing

B . 8 Research on Accelerating the Construction of International
Science and Technology Organizations in Beijing

Xie Jing , Ling Xinqing and Wang Huijuan / 134

Abstract: International science and technology organizations are a vital link
to connect global innovation resources and an important point for Beijing to
accelerate the construction of an international science and technology innovation
center. By reviewing the development status of Beijing's international science and
technology organization construction, such as policy support, quantity and scale,
discipline distribution and organization type, this paper deeply analyzes the
problems in Beijing's introduction and cultivation of international science and
technology organizations from three aspects: environmental support, supply side
service and domestic and international competition. Therefore, this paper proposes
to build an international innovation environment, accelerate the introduction and
cultivation of international science and technology organizations, improve the basic
safeguard measures, promote the sustainable development of international science
and technology organizations, play a leading role and seek multilateral cooperation,
in order to accelerate the construction of international science and technology
organizations in Beijing.

Keywords: International Science and Technology Organization; Non-
Governmental Science and Technology Organization; International Influence;
Beijing

B . 9 A Typical Case Study of International Organizations Promoting
Beijing's International Science and Technology Cooperation

Wang Huijuan / 152

Abstract: Based on case analysis and other methods, this study summarizes
the experience and practices of the World Intellectual Property Organization

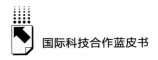

（WIPO）, one of the specialized agencies of the United Nations, in promoting international science and technology cooperation in Beijing, including joint training programs with universities, support for enterprise innovation cooperation projects, and cooperation with the government. The study finds that WIPO has effectively promoted Beijing's scientific and technological innovation and international cooperation by formulating internationally applicable intellectual property legal frameworks, establishing diverse science and technology cooperation platforms, providing systematic intellectual property training and capacity building, and promoting policy formulation and implementation. Based on this, the study proposes that international organizations should optimize cooperation mechanisms, improve project management levels, and cultivate and introduce international science and technology cooperation talents in order to promote Beijing's international science and technology cooperation.

Keywords: International Organizations; International Scientific and Technological Cooperation; WIPO; Beijing

B. 10　The Model of Intergrating into a Global Innovation Network by the Alliance of National and International Science Organizations for the Belt and Road Regions

Liu Chang, Zhang Xidi, Liu Bo and Ma Xin / 168

Abstract: International organizations are one of the important entities in buildinging global innovation networks. Through field visits, literature research and other methods, this study analyzes and summarizes the practice and model of the Alliance of National and International Science Organizations for the Belt and Road Regions (ANSO) for intergrating into a global innovation network, in order to provide reference for Beijing. It is found that ANSO intergrates into a global innovation network by actively absorbing high-quality scientific research and innovation institutions from countries along the "the Belt and Road", supporting international joint research, establishing scholarships and visiting scholar funding, and building an international scientific and technological innovation platform. Based on this, the study suggests that Beijing should leverage its existing resource advantages, gather various advantageous resource by expanding its circle of friends, conducting joint research, and building international innovation platforms, in order to establish Beijing as a key node in the global innovation network.

Keywords: International Organizations; Innovation; Global Innovation Network; Beijing

IV International Think Tanks

B.11 Research on the Path of Promoting the Construction of
International High-Level Think Tanks in Beijing

Luo Xijing, Deng Sijia and Zhang Dian / 179

Abstract: In the context of globalization and informatization, the construction of think tanks has become an important way to enhance national soft power and international influence. Many cities internationally have accumulated rich experience in think tank construction, which holds significant reference value for Beijing's advancement in building High-level international think tanks. The article aims to explore the factors influencing the emergence and agglomeration of think tanks at the city level, and delves into the formation and construction mechanisms of think tanks. Using the fuzzy-set qualitative comparative analysis, a systematic comparison was conducted of the cities where the top 25 global think tanks are located. Cities should implement comprehensive policies in multiple dimensions such as political support, academic atmosphere, international cooperation, and media dissemination to optimize the environment for think tank construction, in order to promote the increase in the number of think tanks and the emergence of top global think tanks.

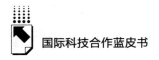

Keywords：High-Level Think Tank；Think Tank Clustering；Fuzzy Set Qualitative Comparative Analysis（fsQCA）；Beijing Think Tank

B.12 Research on Innovating International Think Tank Cooperation Mechanism to enhance Beijing's International Opening and Cooperation Capability

Wang Lei，*Chung Hyuk*；*Zhao Jingmei and Piao Linning* / 200

Abstract：This paper analyzes the concrete presentation of the global cooperation project of the Korea Research Foundation，including promoting the establishment of the global cooperation system and network，launching the global hub cooperation center and other large-scale international joint research projects，clarifies the resource sharing and collaborative innovation of international think tanks in promoting international open cooperation，and puts forward suggestions for the innovative international think tank cooperation mechanism in Beijing. In the future，Beijing should further strengthen cooperation with international think tanks，optimize cooperation mechanisms，improve project management capabilities，and pay attention to the cultivation and introduction of international scientific and technological cooperation talents.

Keywords：International Think Tank；International Open Cooperation；Korea Research Foundation；Beijing

B.13　Research on Innovative Models of Exchange and
　　　Cooperation among Internationally Renowned Think Tanks

Sun Wei, *Wang Feifei* / 222

Abstract: This study explores the innovative models of international think tank collaboration and their role in enhancing global influence. Through literature reviews and case studies, it identifies the limitations of traditional cooperation methods and proposes several innovative models, including networked cooperation, multilateral transnational collaboration, public-private partnerships (PPP), and joint stakeholder cooperation models. These approaches enhance the interaction efficiency and depth of cooperation among think tanks, strengthening their influence and voice in global policymaking. The study also highlights challenges faced by Beijing think tanks in international exchanges, such as a lack of innovation, incomplete resource coordination mechanisms, and insufficient global influence. Based on international experience, it offers recommendations to diversify collaboration models, improve international engagement mechanisms, and optimize resource coordination, providing theoretical support and empirical evidence for enhancing the international influence of Beijing think tanks.

Keywords: International Think Tank; Exchange and Cooperation; Innovative Mode; Multilateral Cooperation; Beijing Think Tanks

B.14　Research on the Multilateral Exchange and Cooperation
　　　Mechanism of ZGC Global High-Level Think Tank Alliance

Chen Xu, *Zhao Lida* / 236

Abstract: This paper explores the practices and experiences of the ZGC Global High-Level Think Tank Alliance (ZGCTA) in multilateral exchange and cooperation. Through the multilateral exchange and cooperation mechanism, ZGCTA has brought together high-quality think tank resources from both domestic and international sources, promoting resource sharing, collaborative exchanges, and cultural interactions among different countries and regions. The article highlights that think tanks play a crucial role in promoting scientific decision-making, serving social development, and fostering cultural exchanges. Furthermore, the article proposes suggestions such as building an international cooperation network, promoting knowledge and talent exchanges, advancing multilateral dialogues and policy influence, and using modern information technology and innovative tools. Since its establishment, ZGCTA has accumulated rich experience in promoting multilateral exchange and cooperation, which has provided valuable inspiration for other think tanks.

Keywords: ZGC Global High-Level Think Tank Alliance; Multilateral Exchange and Cooperation; Think Tank Development; Collaborative Innovation

V   International References

B.15   Mechanism and Implications of International Scientific
and Technological Cooperation of the European Union

Geng Nan / 254

Abstract: Under the new situation, international scientific and technological cooperation has been increasingly becoming an important engine for building an open innovation pattern and an important way to enhance the competitiveness of national and regional scientific and technological innovation. As a global leader in research and innovation, the European Union (EU) has attached great importance to the development of scientific and technological innovation and international scientific and technological cooperation, and created a model of international scientific and technological cooperation under the guidance of transnational resource integration and policies. The EU has formulated a series of international scientific and technological cooperation strategies, systematically carried out scientific and technological plans, increased funding guarantees for cooperation with other countries, strengthened top-level design, established global partnerships, classified policies for different partners, adhered to basic values of research and innovation, and strengthened supervision and evaluation. It has its own characteristics, which has certain inspiration and reference significance for Beijing to carry out international scientific and technological cooperation from the following aspects: to improve top-level design, gather a wider circle of international friends, enlarge the openness of scientific and technological plans and projects, as well as improve the funding, supenision and evaluation mechanisms for international research and innovation.

Keywords: The European Union (EU); International Scientific and Technological Cooperation; Top-Level Design; Scientific and Technological Plan

B. 16   Experience of International Cooperation for Science and Technology in the UK and Its Implications for Beijing

Liu Chang / 273

Abstract: With the deepening development of the new round of scientific and technological revolution and industrial transformation, international cooperation for science and technology has become a crucial measure to enhance national innovation capabilities. The UK remains at the forefront of scientific and technological prowess globally, and its mechanisms and initiatives for international cooperation for science and technology offer valuable insights for Beijing in accelerating the building of an international center for science and technology innovation. After Brexit, the UK has proposed the strategy of returning to "Global Britain," aiming to become a global "tech superpower." By strengthening top-level design and overall planning, reorganizing the science and technology management system, establishing a global network for scientific and technological innovation cooperation, actively participating in multilateral international scientific research cooperation, and optimizing immigration policies,

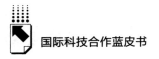

the UK has continuously deepened international cooperation for science and technology and strengthened its leadership in important in global science and technology. Beijing should learn from its successful experience, improve the top-level design of international cooperation for science and technology, actively integrate into the global innovation network, clarify priority areas for cooperation, actively build an international innovation ecosystem, and accelerate the building of an international center for science and technology innovation.

Keywords: UK; International Cooperation for Science and Technology; International Center for Science and Technology Innovation; Beijing

B.17   The Enlightenment of German Non-governmental Scientific and Technological Cooperation Model to Beijing

Guo Buze, Li Rui / 288

Abstract: Germany has a long history of non-governmental international science and technology cooperation. Its international science and technology cooperation is characterized by the collaborative innovation of the integration of government, industry, university and research, and multi-level international cooperation strategy, which promotes international cooperation and business development. Germany's R&D investment is mainly concentrated in enterprises, highlighting the leading role of enterprises in international scientific and technological cooperation and innovation, so as to promote global scientific and technological cooperation, gather innovation resources from all over the world, and help the development of international scientific and technological multilateral cooperation through the "tripartite cooperation" model. Based on the analysis of Germany's unique experience in the development process and mode of international scientific and technological cooperation, this paper puts forward some instructive suggestions for the development of non-governmental international scientific and technological cooperation in Beijing in terms of strengthening international exchanges and cooperation among non-governmental scientific research and innovation subjects, establishing international platforms for scientific and technological exchange and cooperation, improving the mechanism for transforming scientific and technological achievements, and attracting international scientific and technological talents.

Keywords: International Scientific and Technological Cooperation; Germany; Non-governmental Cooperation; International Cooperation

B.18 The International Scientific Cooperation Model of Singapore's "Research Community" and Its Implications

Zhou Zihe / 301

Abstract: This article explores the international scientific cooperation model of Singapore's research community and its implications for Beijing. It first provides an overview of the development of Singapore's research community, highlighting how the country has successfully built a highly internationalized research cooperation network through measures such as formulating national science and technology development plans, concentrating research resource allocation, attracting international talent, and promoting the commercialization of research outcomes. The paper then analyzes Singapore's flexible strategies in selecting international cooperation partners and adapting to changes in the global scientific cooperation environment. Finally, the paper suggests that Beijing could learn from Singapore's experience by precisely selecting partners, flexibly adjusting cooperation strategies, and rationally allocating research resources to enhance its competitiveness and influence in international scientific cooperation.

Keywords: Singapore Research Community; International Scientific Cooperation; Innovation-Driven; Industrialization Cooperation

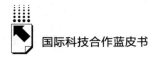

B.19　Talent Construction and Management Mechanism of
American think tank and its inspiration to Beijing

Ma Xiangnan, *Zhang Tingting and Xia Rui* / 320

Abstract: This paper starts from the research of the think-tank, combing the American think-tank in the aspect of talent construction and management of talent organization mechanism, talent selection mechanism, talent incentive mechanism, talent development mechanism, talent flow mechanism and so on five big mechanism, and draw lessons from the American think tank talent construction experience, Beijing think tank in the future need in talent allocation, talent exchange, talent reserve, talent evaluation, better strengthen and innovation Beijing characteristic construction of new think tank, for the realization of national governance system and management ability to lay the foundation.

Keywords: American Think Tank; Talent Construction and Management; Beijing Think Tank

B.20　Experience and inspiration on the introduction and
implementation of international conferences from
world cities

Gong Yi, *Li Junkai*, *Jiang Jinjie and Sun Wenjing* / 334

Abstract: International conferences are important platforms for attracting high-end resources, promoting exchanges and cooperation, and showcasing external image. Currently, the size of the international conference market continues to grow, with rapid recovery after the epidemic. The scale and duration of conferences tend to be streamlined and efficient, with conference venues gathering in Europe and more diverse urban distribution. In recent years, world cities such as London, Paris, and Singapore have actively laid out various policies and measures in the construction of conference promotion institutions, the creation of conference brands, the guarantee of conference landing, supporting infrastructure, and the attraction of international organizations to settle down. They have also actively held various well-known international conferences. Beijing should learn from relevant experience, based on its existing resource advantages, and systematically strive to build an international conference capital.

Keywords: International Conference; Urban Development; International Exchange; Beijing

皮 书

智库成果出版与传播平台

❖ 皮书定义 ❖

皮书是对中国与世界发展状况和热点问题进行年度监测，以专业的角度、专家的视野和实证研究方法，针对某一领域或区域现状与发展态势展开分析和预测，具备前沿性、原创性、实证性、连续性、时效性等特点的公开出版物，由一系列权威研究报告组成。

❖ 皮书作者 ❖

皮书系列报告作者以国内外一流研究机构、知名高校等重点智库的研究人员为主，多为相关领域一流专家学者，他们的观点代表了当下学界对中国与世界的现实和未来最高水平的解读与分析。

❖ 皮书荣誉 ❖

皮书作为中国社会科学院基础理论研究与应用对策研究融合发展的代表性成果，不仅是哲学社会科学工作者服务中国特色社会主义现代化建设的重要成果，更是助力中国特色新型智库建设、构建中国特色哲学社会科学"三大体系"的重要平台。皮书系列先后被列入"十二五""十三五""十四五"时期国家重点出版物出版专项规划项目；自2013年起，重点皮书被列入中国社会科学院国家哲学社会科学创新工程项目。

皮书网

（网址：www.pishu.cn）

发布皮书研创资讯，传播皮书精彩内容
引领皮书出版潮流，打造皮书服务平台

栏目设置

◆关于皮书

何谓皮书、皮书分类、皮书大事记、
皮书荣誉、皮书出版第一人、皮书编辑部

◆最新资讯

通知公告、新闻动态、媒体聚焦、
网站专题、视频直播、下载专区

◆皮书研创

皮书规范、皮书出版、
皮书研究、研创团队

◆皮书评奖评价

指标体系、皮书评价、皮书评奖

所获荣誉

◆2008 年、2011 年、2014 年，皮书网均
在全国新闻出版业网站荣誉评选中获得
"最具商业价值网站"称号；
◆2012 年，获得"出版业网站百强"称号。

网库合一

2014年，皮书网与皮书数据库端口合
一，实现资源共享，搭建智库成果融合创
新平台。

皮书网

"皮书说"
微信公众号

权威报告·连续出版·独家资源

皮书数据库
ANNUAL REPORT(YEARBOOK)
DATABASE

分析解读当下中国发展变迁的高端智库平台

所获荣誉

- 2022年，入选技术赋能"新闻+"推荐案例
- 2020年，入选全国新闻出版深度融合发展创新案例
- 2019年，入选国家新闻出版署数字出版精品遴选推荐计划
- 2016年，入选"十三五"国家重点电子出版物出版规划骨干工程
- 2013年，荣获"中国出版政府奖·网络出版物奖"提名奖

皮书数据库

"社科数托邦"
微信公众号

成为用户

　　登录网址www.pishu.com.cn访问皮书数据库网站或下载皮书数据库APP，通过手机号码验证或邮箱验证即可成为皮书数据库用户。

用户福利

- 已注册用户购书后可免费获赠100元皮书数据库充值卡。刮开充值卡涂层获取充值密码，登录并进入"会员中心"—"在线充值"—"充值卡充值"，充值成功即可购买和查看数据库内容。
- 用户福利最终解释权归社会科学文献出版社所有。

社会科学文献出版社 皮书系列
SOCIAL SCIENCES ACADEMIC PRESS (CHINA)

卡号：463277374937
密码：

数据库服务热线：010-59367265
数据库服务QQ：2475522410
数据库服务邮箱：database@ssap.cn
图书销售热线：010-59367070/7028
图书服务QQ：1265056568
图书服务邮箱：duzhe@ssap.cn

基本子库 SUB DATABASE

中国社会发展数据库（下设 12 个专题子库）

紧扣人口、政治、外交、法律、教育、医疗卫生、资源环境等 12 个社会发展领域的前沿和热点，全面整合专业著作、智库报告、学术资讯、调研数据等类型资源，帮助用户追踪中国社会发展动态、研究社会发展战略与政策、了解社会热点问题、分析社会发展趋势。

中国经济发展数据库（下设 12 专题子库）

内容涵盖宏观经济、产业经济、工业经济、农业经济、财政金融、房地产经济、城市经济、商业贸易等 12 个重点经济领域，为把握经济运行态势、洞察经济发展规律、研判经济发展趋势、进行经济调控决策提供参考和依据。

中国行业发展数据库（下设 17 个专题子库）

以中国国民经济行业分类为依据，覆盖金融业、旅游业、交通运输业、能源矿产业、制造业等 100 多个行业，跟踪分析国民经济相关行业市场运行状况和政策导向，汇集行业发展前沿资讯，为投资、从业及各种经济决策提供理论支撑和实践指导。

中国区域发展数据库（下设 4 个专题子库）

对中国特定区域内的经济、社会、文化等领域现状与发展情况进行深度分析和预测，涉及省级行政区、城市群、城市、农村等不同维度，研究层级至县及县以下行政区，为学者研究地方经济社会宏观态势、经验模式、发展案例提供支撑，为地方政府决策提供参考。

中国文化传媒数据库（下设 18 个专题子库）

内容覆盖文化产业、新闻传播、电影娱乐、文学艺术、群众文化、图书情报等 18 个重点研究领域，聚焦文化传媒领域发展前沿、热点话题、行业实践，服务用户的教学科研、文化投资、企业规划等需要。

世界经济与国际关系数据库（下设 6 个专题子库）

整合世界经济、国际政治、世界文化与科技、全球性问题、国际组织与国际法、区域研究 6 大领域研究成果，对世界经济形势、国际形势进行连续性深度分析，对年度热点问题进行专题解读，为研判全球发展趋势提供事实和数据支持。

法律声明

　　“皮书系列”（含蓝皮书、绿皮书、黄皮书）之品牌由社会科学文献出版社最早使用并持续至今，现已被中国图书行业所熟知。“皮书系列”的相关商标已在国家商标管理部门商标局注册，包括但不限于LOGO（ ）、皮书、Pishu、经济蓝皮书、社会蓝皮书等。“皮书系列”图书的注册商标专用权及封面设计、版式设计的著作权均为社会科学文献出版社所有。未经社会科学文献出版社书面授权许可，任何使用与“皮书系列”图书注册商标、封面设计、版式设计相同或者近似的文字、图形或其组合的行为均系侵权行为。

　　经作者授权，本书的专有出版权及信息网络传播权等为社会科学文献出版社享有。未经社会科学文献出版社书面授权许可，任何就本书内容的复制、发行或以数字形式进行网络传播的行为均系侵权行为。

　　社会科学文献出版社将通过法律途径追究上述侵权行为的法律责任，维护自身合法权益。

　　欢迎社会各界人士对侵犯社会科学文献出版社上述权利的侵权行为进行举报。电话：010-59367121，电子邮箱：fawubu@ssap.cn。

社会科学文献出版社